Ο ΕΡΩΣ ΣΚΕΠΕΙ ΤΗΝ ΠΟΛΗ

Βιβλίο του ίδιου για τη Θεσσαλονίκη:

Θεσσαλονίκης τοπιογραφία, Παρατηρητής, Θεσσαλονίκη 1990

ISBN: 960-256-170-X
Εξώφυλλο: Μαρία Βεϊοπούλου

ΕΞΑΝΤΑΣ ΕΚΔΟΤΙΚΗ Α.Ε.
Διδότου 59 – 106 81 ΑΘΗΝΑ – Τηλ. 3604885 – Fax 3613065

ΧΡΙΣΤΟΣ ΖΑΦΕΙΡΗΣ

Ο ΕΡΩΣ ΣΚΕΠΕΙ ΤΗΝ ΠΟΛΗ

ΕΡΩΤΙΚΗ ΤΟΠΟΓΡΑΦΙΑ ΘΕΣΣΑΛΟΝΙΚΗΣ

ΕΞΑΝΤΑΣ

στην Τασούλα
στη Μυρτώ

Συμφωνώ με ό,τι υποθέτω πως θέλεις να πεις: ότι δηλαδή όλες οι περιπέτειες, ακόμα κι αυτό το ταξίδι στο Θερμαϊκό, είναι Έρωτας.

ΝΙΚΟΣ ΓΑΒΡΙΗΛ ΠΕΝΤΖΙΚΗΣ
Μητέρα Θεσσαλονίκη

Ευχαριστούμε θερμά τους κ.κ. Γιώργο Αναστασιάδη, Θανάση Γεωργιάδη, Γιώργο Γιακουμίδη, Βασίλη Κολώνα, Μαριάννα Κορομηλά, Μανόλη Κανδυλάκη, Αντώνη Σατραζάνη, Βασίλη Τζανακάρη τους υπεύθυνους του ΚΙΘ και του ΛΕΜΜ, για την πολύτιμη βοήθειά τους στην ολοκλήρωση του βιβλίου και της φωτογραφικής συλλογής.

Ιδιαίτερα ευχαριστούμε το δάσκαλο συλλέκτη Άρη Παπατζήκα (Α.Π.) που μας διέθεσε ευγενικά το πλούσιο αρχείο του (με ανέκδοτες φωτογραφίες της Θεσσαλονίκης από το τέλος του περασμένου αιώνα ως το 1950), από το οποίο επιλέξαμε τις φωτογραφίες του μεσοπολέμου για την εικονογράφηση του βιβλίου.

ΠΕΡΙΕΧΟΜΕΝΑ

ΠΡΟΛΟΓΙΚΟ

Νόμισε πως όλα τα είχε γράψει για εκείνη
– μα εκείνη δεν είχε ακόμη γεννηθεί.

ΜΑΝΟΛΗΣ ΑΝΑΓΝΩΣΤΑΚΗΣ
Υ.Γ.

Το βιβλίο αυτό δεν στοχεύει να καταγράψει την ερωτική ζωή της Θεσσαλονίκης, ούτε ατομικά ερωτικά βιώματα, αλλά να οριοθετήσει ερωτικούς τόπους της πόλης, που πέρασαν ή χάθηκαν στην ιστορική μνήμη της με την πολύπλευρη διαχρονική παρουσία, να θυμίσει τόπους που σφραγίστηκαν με τη νεότητα, να ψηλαφήσει μια ακόμη πολεοδομική και ιστορική διάστασή της.

Η ερωτική τοπογραφία Θεσσαλονίκης αντιμετωπίζεται περισσότερο ως αίσθηση παρά ως επιμέρους αρχειοθέτηση και μελέτη των χώρων όπου άνθισε ο γνήσιος ή αγοραίος έρωτας ανά τους αιώνες στην πόλη. Αν, ωστόσο, δίνεται μεγαλύτερη έμφαση στους διαβόητους χώρους του αγοραίου έρωτα, είναι γιατί οι σχετικές μαρτυρίες είναι πιο έντονες και οι τόποι αυτοί έχουν αποτυπωθεί στην ιστορική μνήμη της πόλης με τη διττή παρουσία τους, την οικονομική και κοινωνική την ημέρα και την ερωτική τη νύχτα. Όπως ο ίδιος ο έρωτας δεν νοείται εκτός σώματος και δεν λογίζεται ξεκομμένος από τις άλλες ανθρώπινες αξίες και λειτουργίες της ζωής, έτσι κι οι χαρακτηρισμένοι ως ερωτικοί χώροι της Θεσσαλονίκης είναι σύνθετοι και πολυσήμαντοι. Εμπεριέχουν συνάμα ετερόκλητες λειτουργίες, ιστορικές μνήμες και αρχιτεκτονικά λείψανα άλλων εποχών, πολεοδομικές και περιβαλλοντικές αλλαγές, απωθημένες στη λήθη προσωπικές περιπτώσεις, λογοτεχνικές και καλλιτεχνικές καταγραφές. Για το λόγο αυτό η αναφορά των ερωτικών τόπων γίνεται διαστρωματικά και διαχρονικά, συνθέτοντας, όσο γίνεται, την καθολική υπόσταση των χώρων της πόλης που συνυφάνθηκαν με τον έρωτα.

Ο έρως σκέπει την πόλη επιχειρεί να δώσει το πλαίσιο, ν' αναλέσει τη μνήμη, να ξαναφέρει στους πιο ηλικιωμένους προσωπικές μνήμες και να σημειώσει τις μεταμορφώσεις της ερωτικής πολεοδομίας, με την προσδοκία, τα κενά –εκούσια και ακούσια– να τα γεμίσει ο αναγνώστης με τη δική του μυστική ερωτική περίπτωση τη συνυφασμένη με την πόλη.

Στη συλλογή του υλικού και την καταγραφή βοήθησαν πολλές γραπτές και προφορικές μαρτυρίες, τα βιβλία των νοσταλγών της παλιάς Θεσσαλονίκης, οι ποιητές και πεζογράφοι της, γυναίκες των Λαδάδικων, φίλοι που η νεότητά τους συνέπεσε με τις μεταπολεμικές δεκαετίες, προσωπικές εμπειρίες, παλιές φωτογραφίες και καρτ ποστάλ, εφημερίδες και αρχεία. Στο βιβλίο παρατίθενται πολλά αποσπάσματα κειμένων και ποιήματα που αναφέρονται στους ερωτικούς χώρους της Θεσσαλονίκης. Η παράθεσή τους υπαγορεύτηκε από δύο λόγους. Πρώτο, να υπάρχει η αμεσότητα της αίσθησης που προκάλεσαν αυτοί οι χώροι σε σημαντικούς δημιουργούς και δεύτερο γιατί η απλή βιβλιογραφική παραπομπή είναι αδιάφορη και χωρίς σημασία για το μη ειδικό αναγνώστη. Γι' αυτό η επιλογή βιβλιογραφίας περιλαμβάνει εκείνα κυρίως τα βιβλία στα οποία ανήκουν τα παραθέματα. Οι λίγες φωτογραφίες και καρτ ποστάλ εποχής από το Κέντρο Ιστορίας του Δήμου Θεσσαλονίκης, το Λαογραφικό και Εθνολογικό Μουσείο Μακεδονίας (ΛΕΜΜ) και ιδιωτικές συλλογές, αποτελούν ενδεικτικές εμβόλιμες εικόνες του κειμένου και δεν αποσκοπούν στη φωτογραφική κάλυψη του θέματος.

Ο έρως σκέπει την πόλη, τίτλος δανεισμένος από ομότιτλο άρθρο στο περιοδικό *Νέα Εστία* του Κωστή Μοσκώφ, συμπληρώνει τη *Θεσσαλονίκης Τοπιογραφία* ως δεύτερο σώμα στην προγραμματισμένη τριλογία για την αγαπημένη μας πόλη.

Παρθενώνας Σιθωνίας
Σεπτέμβρης 1993

ΕΡΩΤΑΣ ΠΟΛΙΟΥΧΟΣ

Ο ερωτικός Λόγος της πόλης περιφέρεται διάχυτος ως βλέμμα, διαπερνώντας και τις πιο πυκνές καταχνιές, στην Τσιμισκή, στην Εγνατία, στο Βαρδάρη, δείχνοντας πως ο Άλλος υπάρχει, τόσο εντός σου όσο και δίπλα σου...

ΚΩΣΤΗΣ ΜΟΣΚΩΦ
Λαϊκισμός ή πρωτοπορία;

Ο Έρως σκέπει την πόλη, διαποτίζει τα υπέργηρα τείχη της, καθολικά μονών, ελληνιστικά και ρωμαϊκά ερείπια, βυζαντινές εκκλησιές και ερημωμένα τζαμιά, εγκλωβίζεται στα χαμηλά εναπομείναντα σπίτια της καθ' ημάς Ανατολής, περιφέρεται στα στεγανά πλαστικά διαμερίσματα των πολυκατοικιών της και τα λαϊκά ξενοδοχεία, ίπταται υπεράνω των πάλαι ποτέ ερωτικών τόπων διαποτισμένων με βόγκους ηδονής: των Λαδάδικων, της Μπάρας, του Πανοράματος, της Μίκρας, του Σέιχ Σου, του Ωραιοκάστρου, των αγροτεμαχίων που φιλοξένησαν πρόσφυγες και υπαίθριους έρωτες, στη Ραμόνα, το Κουρί, τη Βάρνα, το Κουλέ Καφέ, στου Καφαντάρη, τη Σταυρούπολη, την Ηλιούπολη, την Καλαμαριά, την Κρήνη, την Αρετσού, την Αγία Φωτεινή, την Τούμπα και τη Δόξα.

Η Έρως ως υπέρτατη έκφραση – αποπομπός της ανθρώπινης μοναξιάς, ο έρωτας ως συνύφανση με το συνάνθρωπο, τον Άλλο, υμνολογείται διαχρονικά σε συνοικίες με τα σαχνισιά, στις πλατείες-πάρκινγκ, τις εκκλησιές και τα τζαμιά και στις εκλεκτικιστικού ρυθμού βίλες, στις ευώδεις λαϊκές αγορές και τα εργοστάσια, στα παγκάκια της προκυμαίας και τα έμφορτα λεωφορεία, δομημένος και αδόμητος ερωτικός λόγος, «που περιφέρεται διάχυτος ως βλέμμα, διαπερνώντας και τις πιο πυκνές καταχνιές, στην Τσιμισκή, στην Εγνατία, στο Βαρδάρη», κατά τον Κωστή Μοσκώφ, «δείχνοντας πως ο Άλλος υπάρχει τόσο εντός σου όσο και δίπλα σου...»

Ο έρωτας ως αγοραία πράξη πλανάται σε παραθαλάσσια καλντερίμια και ροζ μισόφωτα δωμάτια διαβαθμισμένων και περιθωριακών μπορντέλων και ξενοδοχείων, διαχέει τη Θεσσαλονίκη των καστρόπληκτων και των προνομιούχων κατοίκων της, προσθέτοντας ένα ακόμη επίθετο, ερωτική, κοντά στα επίθετα δόξας, πλούτου και ευθυμίας που κατά καιρούς τής χάρισαν περιηγητές και εραστές της: «Ευδαίμων Βαβυλών», «πόλις ευλίμενος και εμπορικοτάτη», «μάκαρ», «τρισόλβιος πόλις».

Ο έρωτας ως αίσθηση αιωρείται στους δρόμους της πόλης, τα μπαράκια, πλατείες και ταβέρνες, στην προκυμαία, τις ντισκοτέκ και τα καταστήματα, ως διαφυγών άνεμος βαρδάρης ή χειμωνιάτικο πούσι του Θερμαϊκού, αποχυδαΐζεται και αποχωρίζεται το Σώμα σωματούμενος, γίνεται θεσπέσιο βλέμμα παρουσίας, καταλυτής μοναξιάς, εξαγιάζεται, Έρωτας πολιούχος και πανταχού παρών.

Ο έρωτας κουρνιάζοντας σε αποδεκατισμένα σώματα μέσα σε ανήλιαγα καταφύγια, ο έρωτας ως γνήσιος εραστής που επιζεί τροπαιούχος, κατακαίοντας τις διαχρονικές και προσαρμοζόμενες στους αιώνες κοινωνικές αναστολές, λειτουργήθηκε, δοξάστηκε και τιμήθηκε στη Θεσσαλονίκη, το ερωτικό τελεστήριο της νεότητας. Αφήνοντας για τους κοινωνιολόγους τις ηθικές και κοινωνικές ιεραρχήσεις, η ερωτική αίσθηση αναδίνεται από τρισχιλιετίας σε χαμένους, παραλλαγμένους από την πολεοδομική εξέλιξη και διαστροφή ή σωζόμενους χώρους, σε κείμενα και παραδόσεις, επιβιώνει ως πολύτιμη έκφραση, που δεν πυρπολήθηκε από εισαγόμενα πρότυπα και κινήματα, στις συνοικίες και το κέντρο της πόλης, στη νεότητα του μπεμπελάκ και της άνεσης, συσπειρώνεται στα γλυκά πρόσωπα των παππούδων και των γονιών τους από τη Σμύρνη, τη Μοσχόπολη, την Ορντού, το Αϊβαλί, την Κλεισούρα, τα Γρεβενά, τη Φιλιππούπολη, την Τιφλίδα, το Μοναστήρι, τα Σφακιά, τη Σάμο, τα Βλαχοχώρια της Πίνδου, το Σουφλί, τις Σαράντα Εκκλησιές, την Πρίγκιπο, τη Μεσημβρία, το Μόναχο, την Αδελαΐδα, τη Στοκχόλμη, την Πρετόρια, την Αλεξάνδρεια της Αιγύπτου, τη Νέα Υόρκη, κοντολογίς στην ερωτική προσωπογραφία της πατίνας του χρόνου και του σήμερα απ' όλο τον ελληνισμό.

Το σύγχρονο επίθετο της Θεσσαλονίκης, ερωτική, κατασκεύασμα ερωτύλων λογοτεχνών, δημοσιογράφων, αθηναίων και αλλοδαπών εφήμερων εραστών, που αναφέρεται αυθαίρετα και ίσως χωρίς αντίκρισμα, δεν χαρακτηρίζει την ιδιαίτερη ερωτική ιδιοσυστασία των κατοίκων της, την ερωτική πρωτοτυπία ή σεξουαλική ελευθεριότητα, αλλά περισσότερο ένα ερωτικό ήθος, μια ξεχωριστή έκφραση επαφής και αίσθησης που αναδύθηκε από το συγκερασμό ερωτικών συνηθειών των πολυεθνικών λαών της πόλης και των διαφορετικών θρησκειών και νοοτροπιών, που σφράγισε την αστική συνείδηση της Θεσσαλονίκης για τον έρωτα ανά τους αιώνες. Έλληνες, Φράγκοι, Ιταλοί, Τούρκοι, Εβραίοι, Ρωμαίοι, Βούλγαροι, Πόντιοι, Θρακιώτες, Καραμανλήδες, Κωνσταντινουπολίτες, Σμυρνιοί, ορθόδοξοι, μουσουλμάνοι, ισραηλίτες, ντονμέδες, καθολικοί, άθεοι, με τους ποικίλους μεταπράτες, μισιονάριους, εμπόρους, στρατούς κατοχής και ναυτικούς, σύνθεσαν μια ανεκτική και ποικίλη ερωτική συνείδηση στους αστούς και τη φτωχολογιά της πόλης.

Δημοσιογράφοι και διανοούμενοι επιχείρησαν και αναζήτησαν από λογοτεχνικούς δημιουργούς να αιτιολογήσουν τη φερόμενη ως ερωτική ιδιαιτερότητα της Θεσσαλονίκης και το επίθετο ερωτική. Πέρα από τη διαιώνια φήμη της ερωτικής ζωής της, τους ερωτικούς ποιητές της, τα νεανικά στέκια της, που έγιναν πανελλήνια σημεία αναφοράς της ερωτικής επαφής, μια απροσδόκητη περιθωριακή σημείωση στην αυτοβιογραφία του Περικλή Βακαλίδη, συνδικαλιστή τραβεστί με το επαγγελματικό όνομα Μπέττυ, ίσως να προσεγγίζει την αιτία της ερωτικής φήμης, για τον αρσενικό της, τουλάχιστο, πληθυσμό. Γράφει η Μπέττυ:

«Οι Θεσσαλονικιοί μάς άρεσαν πολύ, γιατί είχαν τη μυστικοπαθή καύλα του ανατολίτη άνδρα που δεν έχει θιγεί σε βάθος από το δυτικό πολιτισμό.»

Ίσως, πάλι, η ερωτική Θεσσαλονίκη να απηχεί τη φήμη της παλιάς εκτεταμένης μπουρδελοπολιτείας, της Μπάρας, του Βαρδάρη και των Λαδάδικων, των ερωτικών ξενοδοχείων της Εγνατίας και των πολυπρόσωπων οίκων ανοχής με πολυεθνικές γυναίκες, στους παλιούς επισκέπτες της, που αναβιώνει στο παρόν από βιογραφικές μνήμες, φωτογραφίες και ελκυστικές ζωγραφιές περιηγητών και ξένων στρατιωτικών του Μακεδονικού Μετώπου και της Στρατιάς της Ανατολής, και εντέλει, στη νεότερη εποχή, από τη λογοτεχνική διάχυση των ερωτικών χώρων, προσώπων και αισθήσεων της πόλης από τον Ντίνο Χριστιανόπουλο, τον Γιώργο Ιωάννου, τον Αλέξη Ασλάνογλου, τις δημοσιογραφικές προβολές του Κωστή Μοσκώφ και του Κώστα Σταματίου, συντακτών λογοτεχνικών περιοδικών της Αθήνας και εντύπων που απευθύνονται σε ομάδες με ερωτικές ιδιαιτερότητες, για τις οποίες η Θεσσαλονίκη φαντάζει ως ερωτική βαλκανική πρωτεύουσα.

Σήμερα η ερωτική αίσθηση της πόλης ακτινοβολεί στα μάτια και τα σφριγηλά νεανικά σώματα, καιροφυλακτεί σε ηλικιωμένα βλέμματα, αιωρείται σε μπαράκια και την προκυμαία, σε αίθουσες λαϊκής διασκέδασης, κουλτούρας και διδασκαλίας, ως απροσδιόριστη συγκίνηση και ενωτική συμπεριφορά που συναρπάζει ντόπιους και επισκέπτες, κάνει αισθητή την παρουσία της σε καταστήματα και δρόμους, μεταρσιώνεται με το άδολο χάιδεμα της ματιάς καθώς αναρριπίζει με αστραπές επαφής διαπλεκόμενα βλέμματα.

Η αίσθηση που δίνει το τραγούδι του Μπαγιαντέρα «σα μαγεμένο το μυαλό μου φτερουγίζει...», χωρίς φαρμακευτικά υποκατάστατα και εφήμερα τονωτικά, είναι συνηθισμένη κατάσταση της Θεσσαλονίκης, καθώς συμπράττουν στην πόλη αρμονικά ο σύγκορμος έρωτας με τα αλλοπαρμένα πρόσωπα, το ηδυπαθές πούσι του Θερμαϊκού και η στοχαστική ιστορική πατίνα της πόλης.

Οι χιλιάδες νεανικοί πληθυσμοί που πέρασαν από τη Θεσσαλονίκη στη νεότητα, ως φοιτητές ή στρατιώτες, αφυπνίστηκαν ερωτικά σε αγοραία σπίτια, σε πυκνές ερωτικές διαδρομές στα καλντερίμια της πάνω πόλης, τα πάρκα και την προκυμαία, στα πεύκα του Σέιχ Σου και τις ζεστές αμμουδιές του Θερμαϊκού, μετέφεραν την ερωτική νοσταλγία της νιότης τους στα πέρατα του ελληνισμού και την αναθέρμαναν ενηλικιωθέντες σε φίλους και τα παιδιά τους.

Παλιές ταβέρνες και καφενεία: *Δόμνα, Παγουλάτος, Χιώτης, Λιμανιώτης, Αχιλλέας, Βλάχος, Σουέζ, Γκραβαρίτης, Λουτρός, Μακεδονικό, Μπλε Παράθυρα, Καφεντζίδης, Γκιγκιλίνης, Πτι Παλαί, Άλφα, Ντορέ*· μπουάτ της δεκαετίας του '60: *Βάτραχοι, 107, Ναυαρίνο, Μινουί, Αγράμπελη, Ηλιοτρόπιο, Μπαρμπαρέλα, Λιόγερμα*· παραδοσιακά σκυλάδικα και ξενυχτάδικα φορτηγατζήδων, περιθωριακών και ρεμπέτηδων, που εξαγιάστηκαν με τις μικτές νεανικές συντροφιές, αριστερούς και διανοούμενους: *Αλής, Σπηλιά, Λουξ, Φέμινα, Αρζεντίνα, Κοκώνης, Βεντέτα, Φαρίντα, Καλύβα, Κάσμπα, Αναμνήσεις, Χάντρες, Δειλινά*· νεανικά καφενεία και καφέ: *Φλου, Σαντέ, Ντε Φάκτο, Χάουζ Μόμπιλ, Ερωδός, Πηδαχθόη, Μικρό καφέ, Μπανάλ*· ντισκοτέκ και σύγχρονα ξενυχτάδικα: *Λάλας, Μπουντρούμ, Μεσόγειος, Μύλος, Λαδάδικα, Μπούζιος, Ακρόαμα, το Μινουί* με τη Λιλή και τον Καμπουρέλο· τα κυριλίδικα: *Μανδραγόρας και Λοφτ*, υπήρξαν ερωτικά θερμοκήπια, φροντιστήρια και έμπεδα εκπαίδευσης στρατιωτών και φοιτητών, εργατών, μόνιμων κατοίκων και διερχομένων, που διεύρυναν την ερωτική φήμη της πόλης και συνεχίζουν το μύθο της.

Οι έρωτες συνοδοιπόρησαν με διαδηλώσεις και πορείες, καπνεργάτες το '36, αντάρτες και επονίτες στην Κατοχή, για τον Ευαγόρα Παλληκαρίδη της Κύπρου, τον Νίκο Μπελογιάννη και τον Μανόλη Γλέζο στη δεκαετία του '50, το «Ένα Ένα Τέσσερα», με αγώνες, χειρόγραφες προκηρύξεις και εκρηκτικούς μηχανισμούς κατά της απριλιανής δικτατορίας στην ερωτική και τραγική δεκαετία του '60, «Μαύρη είν' η νύχτα στα βουνά» και «Πέσατε θύματα αδέρφια εσείς», σφιγμένη γροθιά και αγκαλιές, με τραγούδια της Τζόαν Μπαέζ και του Μπομπ Ντίλαν, του Μίκη Θεοδωράκη, του Μάνου Χατζιδάκι, του Μάνου Λοΐζου και του Λουκιανού Κηλαηδόνη, και τα ρεμπέτικα του Βασίλη Τσιτσάνη, του Μάρκου Βαμβακάρη και του Γιάννη Παπαϊωάννου, που ερωτεύτηκαν, αγάπησαν και τραγούδησαν τη Θεσσαλονίκη.

Φοιτητικά δωμάτια σε εναπομείναντα μακεδονικά σαχνισιά και νεότευκτες πολυκατοικίες: Ολύμπου, Ναυαρίνου, Ροτόντα, Αγία Τριάδα, Δημητρίου Γούναρη, Παπάφη, Δεσπερέ και Κασσάνδρου, Ευζώνων, 25ης Μαρτίου, πάνω πόλη, Κουλέ καφέ, Τσινάρι και πλατεία Τερψιθέας, τούρκικο προξενείο, Ιπποδρομίου και Δαγκλή, Σαράντα Εκκλησίες, Διοικητηρίου και Αρριανού, μίζερα εστιατόρια της Μελενίκου και της Καμάρας, Αγίου Παύλου και Αγίου Δημητρίου, με γκαζιέρες, μαγκάλια και σόμπες καυσόξυλων και πετρελαίου, ζέσταναν το νεανικό έρωτα καβάλα στο *Φορτηγό* του Διονύση Σαββόπουλου, *Μια θάλασσα μικρή*, *Συννεφούλα*, *Οι παλιοί μας φίλοι*, Πέτρος, Μιμίκα, Άννα, Καίτη, Τασούλα, Νίκος, Τάκης, Τάσος, Κλέαρχος, Ελένη, Αντώνης, Τατιάνα, Γιάννης, Ευγενία, Ντόρης, Γεωργία, Ηλίας, νεανικά ισόβια πορτρέτα με τη σφραγίδα του έρωτα, συνοδεία κιθάρας, βερμούτ και ρετσίνας

οι παλιές ιδέες
οι παλιές αγάπες
οι κραυγές

πριν γίνουν αγάλματα, πονηροί πολιτευτές, εξωμότες, οικογενειάρχες, βομβαρδισμένες πόλεις και ναυάγια.

Η ΠΕΡΙΠΑΘΕΙΑ ΤΗΣ ΠΟΛΗΣ

Οι περισσότεροι πολίτες της εύθυμης και μεγάλης πολιτείας είναι ακόλαστοι και ερωτύλοι και επιρρεπείς στις κακές συναναστροφές και διασκεδάσεις.

ΕΒΛΙΑ ΤΣΕΛΕΜΠΙ
Ταξίδι στην Ελλάδα

Η μισή μνήμη της Θεσσαλονίκης είναι υπόγεια, θαμμένη στις διαχρονικές προσχώσεις από χωμάτινα ξεπλύματα του Μπαΐριού, της πάνω πόλης, του Χορτιάτη και των υπωρειών του Σέιχ Σου. Η υπέργεια πόλη θεμελιώνεται σε προσχωσιγενείς εκτάσεις, με μαρμάρινα και πήλινα σπαράγματα, ψηφιδωτά, τοιχογραφίες, αιχμές δοράτων, οστέα τεταπεινωμένα αφανών, που αποτυπώνουν στις ανεξίτηλες επιγραφές, τα μαρμάρινα επιτύμβια και τις ξεθωριασμένες τοιχογραφίες τον καημό του θανάτου, τον πόνο της μητρικής στοργής και τη σταθερή αξία του έρωτα με τη δύναμη των ταυτισμένων κορμιών και την άκρα ταπείνωση και διάλυσή τους στο χωρισμό.

Η υπόγεια Θεσσαλονίκη είναι ισχυρότερη σε δείγματα ζωής, σε μαρτυρικές αγωνίες, σε εποχιακές ανατάσεις μπροστά στα διαιώνια προβλήματα της ζωής, του έρωτα και του θανάτου. Αν η υπέργεια πόλη πιστοποιεί μέσα από τα στενά τσιμεντένια διαμερίσματα των πολυκατοικιών τη συμπίεση του χώρου και του χρόνου της πόλης και της ψυχής των ενοίκων τους, η υπόγεια πόλη προκαλεί με την απλωσιά, τη χαρά της ζωής, την ερωτική ευωχία και την παρήγορη αντιμετώπιση του θανάτου.

Από ιδρύσεως της πόλης στο μυχό του Θερμαϊκού, η Θεσσαλονίκη χαρακτηρίζεται ως ερωτική πόλη με τη «βακχική φρενίτιδα» των πιστών του θεού Διονύσου, ο οποίος υπήρξε ο πρώτος πάτρωνας και πολιούχος της. Η λατρεία του Διονύσου, του Θεού του κρασιού, του έρωτα και της ευφροσύνης, μαρτυρείται από τον 3ο π.Χ. αιώνα, όπως διασώζεται στην ενεπίγραφη «Διαθήκη» της ιέρειας Ευφροσύνης, που βρίσκεται στο μουσείο, αναφέροντας τους Πρινοφόρους και Δρυοφόρους, τους δύο διονυσιακούς θιάσους της Θεσσαλονίκης. Αυτή η ερωτική θέρμη, ο εκστασιακός πυρετός, που εκδηλωνόταν στις οργιαστικές τελετές του θεού, φαίνεται ότι έδωσε και το όνομά της στην προκάτοχη πόλη Θέρμη, κι όχι τα θερμά ιαματικά νερά του Σέδες και άλλες θερμές πηγές, θέση που υποστήριξαν και σοβαροί αρχαιολόγοι, αφήνοντας στους ερωτογράφους, κοινωνιολόγους και γλωσσολόγους την άντληση των φανερών ερωτικών και γλωσσικών στοιχείων από τα διάσπαρτα τεκμήρια.

Τα «φαλλικά δρώμενα», οι οργιαστικές φαλλικές γιορτές με το διονυσιακό σύμβολο, το φαλλό, δηλαδή το ανδρικό μόριο, στο ιερό του Θερμαίου Διονύσου, κάτω από τη σημερινή πλατεία Αντιγονιδών, έδωσαν το όνομα «Φαλλός» στη μεγάλη συνοικία της πόλης, δυτικά του Διοικητηρίου, που για λόγους χριστιανικής απέχθειας προς το κακόηχο όνομα και παραφθοράς ονομάστηκε στα βυζαντινά χρόνια «Ομφαλός», τοπωνύμιο που διατηρήθηκε ως τις αρχές του αιώνα μας.

Ο μεγάλος ναός του Διονύσου είχε χτιστεί το 500 π.Χ. και λίγα αρχιτεκτονικά του μέλη διασώθηκαν στο μουσείο, ενώ τα κρηπιδώματα σκεπάστηκαν από τους εργολάβους στις άχαρες πολυκατοικίες στη διασταύρωση των οδών Διοικητηρίου και Κρυστάλλη. Στο κέντρο αυτό της οργιαστικής λατρείας, η οποία μοιάζει με τα Αναστενάρια και τον οργιαστικό χορό των τούρκων δερβίσηδων στο γειτονικό τεκέ Μεβλιχανέ, «οι έλληνες ήγον την των φαλλών ασχήμονα τελετήν». Οι χριστιανοί αρνήθηκαν αργότερα, ως «πριν βέβηλον χώρον», να χρησιμοποιήσουν τα αρχαία ιερά για τη νέα θρησκεία, προτιμώντας τους χώρους των νέων μαρτύρων, του Δημητρίου και Νέστορα, στην παρακείμενη αρχαία αγορά.

Η λατρεία του Διονύσου κράτησε εννιά αιώνες στη Θεσσαλονίκη, ως τον 4ο μεταχριστιανικό αιώνα, παρά το μαζικό εκχριστιανισμό και την ιδιαίτερη πνευματική φροντίδα του Αποστόλου Παύλου, που ίδρυσε στην πόλη την πρώτη χριστιανική εκκλησία της Ευρώπης. Την έκλυτη ζωή και τους μύστες του Διονύσου με τις φαλλικές γιορτές στο ιερό του πολιούχου Θερμαίου είχε υπόψη του ο Απόστολος Παύλος συμβουλεύοντας στις προς Θεσσαλονικείς επιστολές του «απέχεσθαι υμάς της πορνείας» και να μη μοιάζουν με τους λοιπούς που «τα κρυφά γινόμενα υπ' αυτών αισχρόν εστί και λέγειν». Ο ερωτικός θεός της Θεσσαλονίκης υπήρξε σύμβολο της πόλης και στα ρωμαϊκά χρόνια, όπως δείχνει η γλυπτή μορφή του Διονύσου σε εγκόλπιο στο μαρμάρινο τόξο του Οχταγώνου, στην πλατεία Ναυαρίνου.

Οργιαστικό χαρακτήρα είχε και η λατρεία άλλων θεοτήτων που ήρθαν από την Αίγυπτο, όπως του Σάραπη, της Ίσιδας και του Μίθρα. Το επίθετο «οργία» για την Ίσιδα, που παραπέμπει σε οργιαστικές τελετές, υπάρχει σε επιγραφή κάποιου ιερέα της, που σώζεται στο αρχαιολογικό μουσείο Θεσσαλονίκης.

Ένα υπόγειο ιερό, τόπος μυστικής λατρείας του Σάραπη, όπου βρέθηκαν πολλά αγάλματα και μαρμάρινες επιγραφές, είναι θαμμένο κάτω από τις πολυκατοικίες στην πλατεία Βαρδάρη, στην αρχή της οδού Διοικητηρίου, που προκάλεσε πρωτοφανή συγκίνηση στους αρχαιολόγους Χαράλαμπο Μακαρόνα και Στρατή Πελεκίδη, οι οποίοι κατέβηκαν για πρώτη φορά στην για αιώνες ερμητικά κλειστή λατρευτική κρύπτη του αιγυπτιακού Θεού.

«Όταν η κρύπτη ηνοίχθη», γράφει στην επιστημονική ανακοίνωση του ευρήματος το 1940 έκθαμβος ο αείμνηστος Μακαρόνας, *«ευρέθην ενώπιον του απροσδοκήτου και μυστηριωδώς υποβλητικού περιβάλλοντος. Η ζωηρά συγκίνησίς μου από το εξαφνικόν αντίκρισμα της αγαθής μορφής του θεού, η οποία σχεδόν εζωντάνευε από το σαλεύον αμυδρόν φως του ηλεκτρικού φανού, θα μείνει ασφαλώς αλησμόνητος.»*

Μυστηριώδεις οργιαστικές τελετές γίνονταν και προς τιμήν του θρακιώτη θεού Καβείρου, διάσημου από τα Καβείρια μυστήρια της Σαμοθράκης, του οποίου υπολείμματα ναών του εντοπίστηκαν στις περιοχές της Ροτόντας και της αρχαίας αγοράς στη Θεσσαλονίκη. Ο Κάβειρος, προστάτης της πόλης, στα χρόνια κυρίως της ρωμαιοκρατίας, τον οποίο οι Θεσσαλονικείς έβλεπαν στα οράματά τους καβαλάρη, με λευκή χλαμύδα, να αποκρούει τους εχθρούς πάνω στα τείχη της, αντικαταστάθηκε στα χριστιανικά χρόνια, με την ίδια σχεδόν μορφή και την εικονογραφική ένδυση και πανοπλία, από τον Άγιο Δημήτριο. Τιμώντας τον προχριστιανικό πολιούχο τους, οι κάτοικοι οργάνωναν κάθε τέσσερα χρόνια λαμπρή εμποροπανήγυρη, τα «Καβείρια - Πύθια», που μετονομάστηκαν στα βυζαντινά χρόνια σε «Δημήτρια», από την αίγλη του χριστιανού πολιούχου της.

Η ερωτική περιπάθεια της αρχαίας Θεσσαλονίκης αντανακλάται σε εικονογραφικά αρχαιολογικά σπαράγματα, σε χριστιανικές αναφορές για την ειδωλολατρική ηθική και προπαντός σε ποιήματα και επιγράμματα θεσσαλονικιών και ξένων ποιητών για την πόλη και τον έρωτα.

Εικόνα της επαναλαμβανόμενης ως τις μέρες μας ηθικής επανένταξης πρώην αγοραίων γυναικών δίνει ο ποιητής Αντίπατρος ο Θεσσαλονικεύς, που έζησε στα χρόνια του Αυγούστου στην πόλη, από το 63 π.Χ. ως το 14 μ.Χ., βιώνοντας την κοσμοϊστορική καμπή.

Εκείνη τα σανδάλια που κρατεί η Μενεκράτις είναι,
το φόρεμα η άλλη που προσφέρει η Φημονόη
και της Πρηξώς αυτό το κύπελλο που ο καλλιτέχνης
Αριστόμαχος, ο Στρυμώνιος, είχε με πάθος τεχνουργήσει.
Δημόσιες εταίρες και οι τρεις. Ωστόσο τώρα
συζύγους εγνώρισαν καλούς, αφοσιώθηκαν σ' αυτούς και μόνο!

Άλλος ένας επιγραμματοποιός του 1ου π.Χ. αιώνα, ο Επίγονος ο Θεσσαλονικεύς, επαινεί τη νεανική ομορφιά και διεκτραγωδεί το μαράζωμα της νιότης.

Ωραίους καλλιπέταλους ανθούς ανάδινα ως νέα
και – τρέφοντάς τα– ωρίμαζαν των σταφυλιών οι ρώγες.
Γέρασα πλέον· μαράζωσε, εξάρωσε ο κορμός μου.
Γνωρίζει κι η κληματαριά του χρόνου τις ρυτίδες.

Παρά την αλλαγή της ηθικής και της ειδωλολατρικής ιδεολογίας, η ερωτική αίσθηση της πόλης παραμένει στα χριστιανικά χρόνια ως γόνιμη μνήμη στον ποιητή Μακεδόνιο, που καταγόταν από τη Θεσσαλονίκη κι έζησε ως ύπατος στα χρόνια του αυτοκράτορα Ιουστινιανού, τον 6ο μ.Χ. αιώνα, στην Κωνσταντινούπολη.

Αυτήν, που μες στων θηλυκών το γένος σαν βακχίδα
σπάταλα στο ρυθμό χρυσών κροτάλων σειόταν,
γεράματα και μαρασμός αμείλιχτος την πήρε·
κι όσοι με τρίδιπλα την πιάναν παρακάλια,
τώρα με φρίκη την κοιτούν· η ολόγιομη Σελήνη
χάθηκε, σύνοδος πια δεν μπορεί να γίνει.

Λυρική διάθεση δείχνει και το παρακάτω ερωτικό ποίημα που συνεχίζει τον αρχαίο μύθο του «τρυγετού».

Ο αμπελουργός, όταν τα κλήματα τρυγά, τ' αγκάθια
να τα αποφύγει δεν μπορεί· ωστόσο τα σταφύλια τον ευφραίνουν.
Λοιπόν κι εγώ, ροδόχερη, ω της ψυχής μου πλούτος,
τα χέρια μου γύρω σου αναπλέκοντας, τρυγώ τον έρωτά σου.

Από τη γειτονική Πέλλα καταγόταν ο ποιητής Ποσείδιππος που έζησε τον 3ο π.Χ. αιώνα και τα επιγράμματά του υμνούν τον έρωτα και το κρασί.

Οι Έρωτες την απαλήν ως είδαν την Ειρήνην
–ως έβγαινε από τους χρυσούς της Κύπριδας θαλάμους–
μεστή από χάριτες, άνθος θαλερό απ' την κεφαλή ως το πέλμα,
όμοια μ' άγαλμα λευκό, που σμίλεψε λαμπρός τεχνίτης,
ευθύς τα τόξα τάνυσαν και τις καρδιές των νέων άρχισαν
με τα ολοπόρφυρα τα βέλη τους με πάθος να στοχεύουν!

Η θεοποίηση του Έρωτα αποτυπώθηκε σε πολλά μαρμάρινα και πήλινα αγάλματα της Αφροδίτης και Ερωτιδέων της ελληνιστικής περιόδου και της ρωμαιοκρατίας, που αποκαλύφθηκαν στις εκσκαφές οικοπέδων της πόλης και κοσμούν τις προθήκες του αρχαιολογικού μουσείου Θεσσαλονίκης. Περιπαθείς σκηνές με Ερωτιδείς και τους συνοδούς του Διονύσου σε ευθυμία, διαπλεκόμενοι σε κληματίδες και σταφύλια, εικονίζονται σε πολλά ανάγλυφα των μαρμάρινων σαρκοφάγων, που βρίσκονται στον περίβολο του μουσείου της πόλης, προβάλλοντας τον έρωτα στο τελευταίο υπόγειο κατάλυμα του θανάτου ως την πεμπτουσία της ζωής.

Η ομορφιά των γυναικών και ανδρών κι ο έρωτας υμνήθηκε στην πόλη από τα αρχαία χρόνια και καταγράφηκε με θαυμασμό από ξένους περιηγητές και νοτιοελλαδίτες του μικρού ελεύθερου κράτους. Η Θεσσαλονίκη ως διεθνές λιμάνι όπου μετά τα δεσίματα των πλοίων περιφέρονται στην ενδοχώρα της πόλης ναυτικοί απ' όλη την Ευρώπη και τα λιμάνια της Μεσογείου, μητρόπολη με ευκατάστατο πολυεθνικό ετερόκλητο πληθυσμό και συντάκτης του εμπορίου της Βαλκανικής, είχε τη σφραγίδα της εύθυμης πόλης, των διασκεδάσεων και του έρωτα, πριν μεταβληθεί, στις πρώτες δεκαετίες του αιώνα, σε περιφερειακή πρωτεύουσα του διευρυνόμενου ελληνικού κράτους.

Ακόμη και με την ισλαμική ηθική, η τουρκοκρατούμενη Θεσσαλονίκη είχε το δικό της σφυγμό, που καταγράφηκε με ανατολίτικη περιπάθεια από τον εντυπωσιασμένο πουριτανό οθωμανό περιηγητή Εβλιά Τσελεμπί.

«*Αν και οι περισσότεροι πολίτες της εύθυμης και μεγάλης πολιτείας είναι ακόλαστοι και ερωτύλοι (και επιρρεπείς στις κακές συναναστροφές και διασκεδάσεις)*», σημειώνει ο Τσελεμπί, και αντιπαραθέτει σ' αυτήν την κατάσταση που του άρεσε τη μουσουλμανική ηθική που έπρεπε να προπαγανδίζει στα ταξίδια του, «*υπάρχουν ωστόσο θεοσεβούμενοι άγιοι άνθρωποι, αφοσιωμένοι στα θεία, που περνούν τον καιρό τους με νηστείες και προσευχές.*»

Σ' αυτή τη μεθυστική πολιτεία θα 'ταν ανίερη παράλειψη να μην αναφερθεί στα αγόρια και τις γυναίκες της Θεσσαλονίκης, που σίγουρα του επιδαψίλευσαν την ερωτική μέθη της πόλης.

«*Τα γοητευτικά ογλάν, από δέκα μέχρι είκοσι χρόνων είναι*

πανέμορφα», λέει. *«Τόσο που κάθε ελιά του κορμιού τους είναι και μια ερωτική πρόκληση.»*

Και για τις αγγελόμορφες γυναίκες της Θεσσαλονίκης σημειώνει:

«Τα κορίτσια της πόλης με τα φεγγαρίσια πρόσωπα είναι όλα πανέμορφα και θελκτικά. Όταν μιλούν, μετρούν με προσοχή τα λόγια που βγάζουν από το στόμα τους, με τα στιλπνά, μαργαριταρένια δόντια. Όσο για τα μαλλιά τους, είναι σαν τη νύχτα κατάμαυρα.»

Άλλος ένας περιηγητής του περασμένου αιώνα, βουλευτής της προοδευτικής παράταξης του Ράιχσταχ της Γερμανίας, ο συγγραφέας Καρλ Μπράουν, που επισκέφτηκε τη Θεσσαλονίκη το 1875, ανάμεσα στις λεπτομερείς περιγραφές για τα μνημεία της πόλης, τα ήθη και τις συνήθειες των κατοίκων, γράφει για τις γυναίκες:

«Οι ελληνίδες της Θεσσαλονίκης είναι εν μέρει καλλονές πρώτης τάξεως. Γενικά στα τούρκικα λιμάνια και στα ελληνικά νησιά του αρχιπελάγους, που βρίσκονται ακόμη υπό την ημισέληνο, είναι οι ελληνίδες κατά μέσον όρον πολύ πιο όμορφες παρά στο έδαφος του βασιλείου, όπου εγώ, παρά την καλή μου θέληση, δεν κατόρθωσα ν' ανακαλύψω έναν εθνικό ελληνικό τύπο γυναικείας ομορφιάς.»

Η ομορφιά της Σαλονικιάς είχε ελκυστική φήμη σε όλες τις περιοχές του ελληνισμού, από τον Πόντο και την Ανατολική Θράκη ως την Ήπειρο και την Κρήτη. Ο λαϊκός θαυμασμός για την ομορφιά της, για τη μεγάλη πόλη που έχει όλα τα καλούδια για το γυναικείο στόλισμα, αποτυπώνεται σε πολλά δημοτικά τραγούδια. Τόσα πολλά κάλλη έχουν συγκεντρωμένα πάνω τους οι κοπέλες της Θεσσαλονίκης που σπάνια συναντά κανείς παρόμοια σε άλλες περιοχές:

Οι ρούσες οι Σαλονικιές κοιμούνται μι το δείλι
κι γλυκουξημερώνονται μι τη γλυκιά δρουσούλα

κι πλέκουν τα μαλλούδγια τους γαϊτάνια και σφουντύλια.
Τρώνε του μέλιου τουν ανθό, στα γαλανά φουριούντι
κι μες στα λινουμέταξα βγαίνουν κι σιργιανίζουν.

Σ' ένα θρακιώτικο τραγούδι οι γυναίκες της Θεσσαλονίκης συγκεντρώνουν όλα τα προτερήματα της ιδανικής νύφης:

Μάνα μ' ου γιος συντάζεται νύφη για να σι φέρει
νύχτα σιλώνει τ' άλουγου, νύχτα του καλιγώνει
παίρνει διξά του Κουλιντρό, ζιρβά τη Σαλουνίκη
που 'χει τις κόρες τις λιγνές, τ' απάρθινα κουράσια
να βρει κουράσιου αφίλητου, κουράσιου μαυρουμάτ'κου
να 'χει τουν ήλιουν πρόσουπουν κι του φιγγάρ' αστήθιουν
να 'χει του μάτι σαν ιλιά, του φρύδι σα γαϊτάνι
του δόλιου του ματόκλαδου σαν κρόσ' απού μαντίλι.

Ένα τραγούδι από την Τρίπολη του Πόντου μιλάει για το πιο γλυκό φιλί που βρήκε στη γυναίκα από τη Θεσσαλονίκη:

Εγώ πολλούς εφίλεσα χέρους και παντρεμένους
και παπαδιές και καλογριές, τραπάθενα κοράσια,
σαν της Σταμάτας το φιλίν γλυκύτατον δεν ηύρα...
Σταμάτια και Σαματιανή και άπε το Σαλονίκιν.

Η φήμη πλανιέται και στην Ήπειρο:

Κάτου στα Σάλωνα, στη Σαλονίκη
βγαίνουν οι όμορφες, σέρνουν καμάρι.

Πολλά ακόμη δημοτικά τραγούδια που τραγουδιούνταν στις πλατείες των χωριών της Μακεδονίας μιλούν με θαυμασμό για τα κάλλη της «Σαλουνικιάς».

Οι ερωτικές σχέσεις ανάμεσα σε ανύπαντρα ζευγάρια ήταν προβληματικές προπολεμικά και στη Θεσσαλονίκη, κι αυτή η δυσκολία εξιδανίκευε τον έρωτα μέσα από τη στέρηση και την προσμονή, προκαλούσε συγκρούσεις κοινωνικές, μ' ένα λόγο ερωτική σχέση λογιζόταν μόνο αυτή που είχε άμεση προοπτική το γάμο. Οι δημόσιες ελεύθερες σχέσεις στα ερωτικά ζευγάρια έγιναν αποδεκτές πολύ αργά, μόλις στη δεκαετία του '60, με τις ιδεολογικές και κοινωνικές αλλαγές που συγκλόνισαν τη νεολαία της Ευρώπης, παρά τη βίαιη αναστολή που ακολούθησε στα χρόνια της απριλιανής χούντας.

Η παραδοσιακή συντηρητική ηθική για τον έρωτα έσπαζε μόνο σε πολεμικές περιόδους και εποχές κοινωνικής και οικονομικής κρίσης, όπου το ερωτικό φίλτρο αποτελούσε βάλσαμο στην οδύνη, το άγχος και τη στέρηση.

Τέτοια ερωτική ελευθεριότητα σημειώθηκε στη Θεσσαλονίκη στα χρόνια του Μακεδονικού Μετώπου και της μικρασιατικής καταστροφής με την πολυάριθμη προσφυγιά, στη γερμανική κατοχή και τα χρόνια του Εμφυλίου. Στα χρόνια του Μακεδονικού Μετώπου, η έδρα του στρατηγείου της Αντάντ στη Θεσσαλονίκη παράτεινε τον κοσμοπολίτικο και πολυεθνικό χαρακτήρα της πόλης και η παρουσία χιλιάδων ξένων στρατιωτών προώθησε το διεθνή αγοραίο έρωτα με τις πολυεθνικές πόρνες.

«Όλες οι τσούλες της Βαλκανικής το μυρίστηκαν και γίνεται το έλα να δεις», σημειώνει ο Στρατής Μυριβήλης στο βιβλίο του πολέμου *Η ζωή εν τάφω*. *«Παρατήσανε την μπουγάδα και το σφουγγαρόπανο, χίμιξαν κατά δω και παριστάνουν τις κοκότες. Είδα μια μέρα δυο εγγλέζους αξιωματικούς που είχανε παρέα πεντ' έξι από δαύτες. Μην ξέροντας πώς να απασχοληθούν μαζί τους, τις μπουκώνανε με ακριβά φαγιά και σαμπάνιες και γλυκίσματα. Τις είχανε βάλει μπροστά τους κάθε τι που θα μπορούσε να μασηθεί, για να τους αφήσουν ήσυχους ν' αλλάζουν εν ειρήνη μες στα δόντια τα μονοσύλλαβά τους, χωρίς να τους ενοχλούν. Κι αυτές τρώγανε, τρώγανε τον περίδρομο, μ' όλη τους την προαιώνια βαλκανική πείνα. Ήταν Οβριές, Σλάβες, Αρμένισσες, Ρωμιές και Λεβαντίνες, άσκημες και κακομπογιατισμένες, που ανάμεσό τους καλά καλά δεν μπορούσαν να συνεννοηθούν...»*

Ο έρωτας στο μεσοπόλεμο έδρασε ως αντίδοτο στους αλλεπάλληλους πολέμους, την οικονομική ανέχεια μετά την πυρκαγιά του '17, τη δραματική μνήμη της τραγωδίας των προσφύγων και τη μίζερη ζωή στις παραγκοσυνοικίες της νέας πατρίδας.

Στα λασπωμένα έμπεδα των παρυφών της πόλης, όπου αναπτύχθηκαν οι προσφυγικοί συνοικισμοί, ο έρωτας δεν κάμφθηκε από τις δύσκολες συνθήκες και στην πόλη οι προσφυγοπούλες, με την τσαχπινιά, την παραδοσιακή ερωτική αίσθηση της Ανατολής και την ανεξαρτησία τους, διέρρηξαν τη συντηρητική ερωτική στάση των μεσοαστών κατοίκων της.

Η Αγγελική Μεταλλινού δίνει με μελανά χρώματα την ερωτική ελευθεριότητα στη Θεσσαλονίκη την περίοδο του μεσοπολέμου:

«Απροστάτευτα και ορφανά κοράσια άτινα εδημιούργησεν η προσφυγιά εσύρθησαν εις την μέθην, την κραιπάλην, την ακολασίαν, την πορνείαν, την ελευθέραν πορνείαν άνευ περιορισμών. Και δι' αυτό κατά τας ασελήνους προπαντός νύκτας το θέαμα και προπαντός εις τας αποκέντρους οδούς και τα στενοσόκακα ήτο αποκρουστικόν εις σωρείαν ζευγών.

»Κάθε σκοτεινή γωνιά επροστάτευε και περιέθαλπε παρόμοια άνομα ζεύγη. Και αυτοί οι περίβολοι των ναών κατήντησαν ερωτικά εντευκτήρια και καταφύγια ερωτικών ειδυλλίων. Τούτου ένεκεν εδέησεν όπως οι επίτροποι και νεωκόροι να κλειδώνουν τας εξωθύρας των ιερών τούτων περιβόλων, προς αποφυγήν και ματαίωσιν των ασέμνων τούτων συναντήσεων. Ακόμη και εις τους κεντρικούς δρόμους προσεβάλλετο η ηθική, οι δε διαβάται τυχαίως διερχόμενοι έστρεφον αλλού την κεφαλήν...»

Τις δυσκολίες του έρωτα και τα προβλήματα, που δημιουργούσε όμως ο κοινωνικός περίγυρος και η συγκυριακή πολιτική και διοικητική εξουσία στα ερωτικά ζευγάρια της πόλης, περιγράφει γλαφυρά ο Λεωνίδας Ζησιάδης στο βιβλίο του *Θεσσαλονίκη, όσα θυμάμαι*:

«Οι βόλτες, που λες, και οι καντάδες ήταν προεόρτια. Το επόμενο βήμα ήταν τα ραντεβού. Περπατούσαμε ο καθένας χωριστά και πηγαίναμε στου διαόλου τη μάνα για να μπορέσουμε να ανταμώσουμε το κορίτσι μας. Και για να πιαστούμε από το χέρι, έπρεπε να λουφάξουμε τσαϊράδα στα δέντρα και τους θάμνους του Σέιχ Σου, ή στα μπλόκια της παραλίας στην ηλεκτρική, ή στις σκιές που ρίχνανε τα εβραϊκά μνήματα καθώς ήταν υπερυ-

ψωμένα σαν αρχαίες σαρκοφάγοι, όπου ήταν σίγουρο ότι δε θα υπήρχανε περαστικοί να μας δει κανένα μάτι...

»Ο έρωτας τη μακαρία αυτή εποχή, και ιδίως από το '36 και μετά, ήταν υπό την επιτήρησιν, τον έλεγχον και τον διωγμόν της αστυνομίας. Δοθείσης της πανελληνίου αναγνωρίσεως της ηθικής, αλλά και της ηθικής αξίας της παρθενίας, ανετέθη η διαφύλαξή της στην αστυνομία. Αυτό σημαίνει ότι οι χωροφύλακες, φρουροί της τιμής όλων μας, αδελφών και πατεράδων, προέβαιναν κατά τακτικά διαστήματα σε "επιχειρήσεις αρετής". Έτσι λέγανε επίσημα τα άγρια γιουρούσια της αστυνομίας τα βράδια. Ορμούσε στα πάρκα, στο δάσος του Σέιχ Σου, στα εβραϊκά μνήματα κι αλλού, όπου ο φουκαράς ο έρωτας ζητούσε καταφύγιο. Έκανε ξαφνικές εισβολές κι άνοιγε χωρίς πολλά πολλά τα δωμάτια των ξενοδοχείων της Εγνατίας, για να πιάσει παράνομα ζευγάρια στα πράσα. Κι αλίμονο αν δεν είχες να επιδείξεις στεφανοχάρτι. Σε τραβούσαν με σπρωξιές στο Τμήμα "διά την εξακρίβωσιν της ταυτότητος". Πάνω στα παγκάκια του πάρκου, στο τέρμα των λεωφορείων του Σέιχ Σου, ήταν σκαλισμένη μερίμνη της Κοινότητος η φράση "Απαγορεύεται διά ζευγαράκια", ίσως πολλοί να τη θυμούνται.

»Με την τέλεση του γάμου, σου 'δινε ο παπάς το στεφανοχάρτι σε δύο αντίγραφα. Στο δεύτερο είχε τυπωμένη την ένδειξη "Δια το ξενοδοχείον", ώστε αν πήγαινες ταξίδι του μέλιτος θα το 'δειχνες στον ξενοδόχο κι αυτός θα σου 'δινε το κλειδί, χωρίς συνέπειες ούτε για σένα ούτε γι' αυτόν...»

Με επαγγελματική ευσυνειδησία και εμπειρία καταγράφει την ανυποψίαστη και προβληματική ερωτική ζωή της νεολαίας πριν από το δεύτερο πόλεμο ο γιατρός Κωνσταντίνος-Χριστόφορος Ροδοκανάκης στο βιβλίο του *Ιστορίες μιας χαμένης γειτονιάς – αναπαλαίωση με παραλλάξεις*, νοσταλγική αναφορά στην ανατολική Θεσσαλονίκη και στις ερωτικές δυσκολίες της νιότης.

«Ήμασταν σχεδόν όλοι, με κάποια γειτόνισσα ή «ξένη» από άλλη περιοχή, κατά καιρούς ερωτευμένοι. Ο ένας με μια Νίτσα, ο άλλος με μια Θέλμα, ο τρίτος με μια Βούλα, έτερος με τη Ζωρζέτα, κάποιος με την Μπιάνκα και άλλοι (πάντα ένας προς μία, χωρίς να συνωστίζονται) με την Μπεμπέ, την Αλέγκρε, τη Σεμέ-

λη, την Έλλη, την Άννα, τη Γαλάτεια, τη Χρυσούλα, τη Σοφούλα, τη Μιράντα, τη Βάσω, την Ηρώ, τη Σουρπουή, την Ελένη, τη Ζίτσα, την Τζιτζή, την Πόπη, την Τσωτσώ, την Τασούλα, την Αλίκη, τη Μαίρη, τη Φατιμέ, τη Ζωή, τη Ματίλντη, τη Γεωργία, τη Νινή. Ο κατάλογος ήταν, βλέπετε, μακρύς· οι ερωτικές όμως πράξεις, σας βεβαιώνω, λιγοστές. Η πλειονότητα των "ζευγαριών" παρέμενε στη σύντομη εκείνη μεταγυμνασιακή περίοδο, σε δεσμό "ανθυποσωματικού" τύπου: Μιλούσανε πολύ, χαϊδολογιόντουσαν τάχατες αστεία στο φανερό, πηγαίνανε περιπάτους, κολύμπι, βαρκάδα, ημερήσιες εκδρομές από τα ξημερώματα ως τη νύχτα, μετείχανε σε κινητικά ή καθιστικά παιχνίδια, πιανόντουσαν χέρι χέρι ή από τους ώμους και προπαντός αλληλοπειραζόντουσαν με υπονοούμενα, γελώντας με τις ώρες κι από καρδιάς μέχρι δακρύων. Φιλιόμασταν σπάνια, ενώ οι χειραψίες και άλλες διακριτικές επαφές ήταν στην ημερήσια διάταξη... Η μορφή αυτή του έρωτα, με αυτές τις ποικίλες εκφράσεις και εκφάνσεις, ήταν τότε η πιο συνηθισμένη. Η καθημερινή ψυχοδιανοητική συνάφεια τρενάριζε καιρό, καθόσο δεν ξεθύμαινε πρόωρα με εύκολες, συχνές και πλήρεις σωματικές συμμείξεις.»

Και συνεχίζει: *«Για να λέμε όμως την αλήθεια, υπήρχε και "δικλείδα ασφαλείας" με "παράλληλους βίους" ή αλλιώς "διπλή ζωή": Οι περισσότεροι περάσαμε από "σπίτια" κρυφά ή επίσημα, που είχαν και περμαγκανάτ»* (σ.σ. το χημικό διάλυμα για την υγιεινή του σώματος μετά την ελεύθερη ερωτική πράξη με την πόρνη). *«Μερικοί εισβάλανε σε άλλα υπαλλήλων και αξιωματικών που απουσιάζανε, ή παντοπωλών που μόνο μέλημα είχαν τη μαύρη αγορά. Πήγανε σε αθέατα μέρη, με φτηνές, ίσως και άρρωστες του δρόμου, αλλά και με κάτι "αδικημένες" καθαρές νοικοκυρές, που διψούσανε για λίγες μυστικές ξάπλες με νέο, υγιή και καθωσπρέπει κύριο, και τον ταΐζανε του πουλιού το γάλα – πάντα... μετά. Πού τα βρίσκαν οι δόλιες τόσο πολύτιμα πράματα, τέτοια εποχή! Ένας δυο τυχεροί πέσανε και σε πλούσιες χήρες...»*

Η δεκαετία του '60 είναι η κορυφαία μεταπολεμική περίοδος που αποκατέστησε τον έρωτα. Η νεολαία, με το όραμα του κοινωνικού μετασχηματισμού, διέλυσε τις παλιές πεποιθήσεις που είχαν πεθάνει στη δεκαετία του '50, αλλά παρέμειναν ως σκιάχτρα ηθικού ελέγχου ακόμη στις παλιότερες γενιές. Οι προγαμιαίες ερωτικές σχέσεις, οι αγκαλιές και τα δημόσια φιλιά, φυσιολογική συμπεριφορά με τα σύγχρονα μέτρα, θεωρούνταν για κείνη την εποχή ηθική πρόκληση.

Οράματα και ψευδαισθήσεις της ερωτικής αλλαγής αποτυπώθηκαν στα τραγούδια, παθιάρικα μπλουζ, αντιπολεμικά κηρύγματα και ροκ εντ ρολ με εκπροσώπους τους Μπιτλς, τους χίπις, τους επαναστατημένους νέους του Μάη του '68, της Άνοιξης της Πράγας και των αντιπολεμικών διαδηλώσεων για τον πόλεμο του Βιετνάμ.

Η κοινωνική και ερωτική επανάσταση, που έφτασε με καθυστέρηση μιας τριετίας στην Ελλάδα, αποκόπηκε βίαια την άνοιξη του '67 από τη χούντα των συνταγματαρχών, περιορίζοντας την καταπιεσμένη νεανική έξαρση στα μουσικά ακροάματα, ελλήνων και ξένων νεοκυματικών και «γιεγιέδων» συνθετών και τραγουδιστών, σε περιθωριακές μουσικές εκδηλώσεις και στη λογοκριμένη ξένη ειδησεογραφία.

Πυρήνας της επαναστατημένης δεκαετίας στη Θεσσαλονίκη ήταν η πολυάριθμη νεολαία, φοιτητές και μαθητές, που έβλεπε τις ελεύθερες ερωτικές σχέσεις και την άνθιση του έρωτα ως αντίδραση στο συντηρητισμό των παλιότερων γενιών και αποκατάσταση ενός καταχωνιασμένου κοινωνικού αγαθού.

Χιλιάδες νέοι ερωτεύτηκαν με τους ήχους των Άνιμαλς, του Ανταμό, του Αλ Μπάνο, του Φρανκ Σινάτρα, του Πολ Άνκα, των Μπιτλς, των Ρόλινγκ Στόουνς, του Έλβις Πρίσλεϊ, στα κατ' οίκον πάρτι με τα πικάπ που έπαιρναν πολλούς μικρούς δίσκους των 45 στροφών, με βερμούτ, ξηρούς καρπούς και αλμυρά μπισκότα. Τα πάρτι συνέβαλλαν στη συντροφικότητα των δύο φύλων και την κοινή ψυχαγωγία αγοριών και κοριτσιών, καθώς οι πουριτανικές πεποιθήσεις διαχώριζαν, ακόμη στη δεκαετία του '60, τα γυμνάσια σε αρρένων και θηλέων, με τα μαθητικά πηλήκια και τις μπλε μαθητικές ποδιές.

Παράδεισος των φοιτητών ήταν οι μπουάτ, χαμηλόφωτοι χώροι, σε παλιά αρχοντικά, υπό κατεδάφιση, όπως οι *Βάτραχοι* στη νέα παραλία, και σε ισόγεια πολυκατοικιών, όπως η *107* και το *Λιόγερμα*. Νέοι με κιθάρα έλεγαν, σε απαλούς τόνους, τραγούδια για τον έρωτα, την αμφισβήτηση και την επανάσταση, το Βιετνάμ και την ουτοπία. Από τις μπουάτ της Θεσσαλονίκης με τη *Συννεφούλα* και το *Βιετνάμ γιε γιε* ξεκίνησε ο Διονύσης Σαββόπουλος και σ' αυτές οι καταπιεσμένοι φοιτητές, με πρόσχημα τον έρωτα, αναζητούσαν διεξόδους στη χουντική καταπίεση. Τραγούδια της Τζόαν Μπαέζ και του Μπομπ Ντίλαν, που απηχούσαν τη χαμένη επανάσταση, απάλυναν τον καημό της προοδευτικής νεολαίας που αγωνιούσε για πολιτική αξιοπρέπεια.

Γνώρισμα της νέας θηλυκής ταυτότητας ήταν η μίνι φούστα που πρόβαλλε τα καλλίγραμμα πόδια της Θεσσαλονικιάς και αναστάτωνε ερωτικά στο πανεπιστήμιο, την Τσιμισκή, τα χορευτικά πρωινά στη «Χαβάη» και την Αγία Τριάδα και τα νάιτκλαμπ με τους *Ολύμπιανς*, τους *Άιντολς* και τους *Φόρμιγξ*.

Η ελευθεριότητα στα ερωτικά ζητήματα, στις αριστερές κυρίως πολιτικές οργανώσεις «Νεολαία Λαμπράκη» και «Δρόμοι Ειρήνης», προκάλεσαν τον πουριτανισμό του δεξιού κατεστημένου, ότι δήθεν «Λαμπράκισσες με μίνι φούστες και μαύρες κάλτσες χρησιμοποιούνταν ως δολώματα για να παρασύρουν τους νέους στα δίχτυα του κομμουνισμού»...

Η γενιά του '60, των «σίξτις», όπου με νοσταλγία καταφεύγουν κοινωνιολόγοι και αυτόπτες εραστές, αναβάθμισε τον κοινωνικό ρόλο της γυναίκας, απελευθέρωσε τη φαντασία και τον έρωτα. Οι επόμενες δεκαετίες διεύρυναν ερωτικά τη δεκαετία του '60, αλλά χωρίς το πάθος, την πρωτοπορία, τη φαντασία και την ευρηματικότητα εκείνης της εποχής. Ίσως η αξιολόγηση κάθε εποχής να επηρεάζεται από τη σύμπτωσή της με τη νεότητα του σχολιαστή, αλλά η «σίξτις» έχει περάσει πια στην ιστορία ως μοναδικό φαινόμενο στη μεταπολεμική ερωτική κοινωνιολογία.

Ο ΕΡΩΤΑΣ ΣΤΑ ΚΕΙΜΕΝΑ

Έρωτες διάσημοι, σωματούμενοι σε σφύζοντα κείμενα ή διασωθέντες στη λαϊκή παράδοση, ανθοβόλησαν στη Θεσσαλονίκη, εμπνέοντας και δοξάζοντας, νικώντας το χρόνο, ποιητές, πεζογράφους και καλλιτέχνες. Άλλοι όμως, παρά την ένταση και τη μοναδικότητά τους, χάθηκαν ακατάγραφοι και αταξινόμητοι, με μάρτυρες του ερωτικού πάθους τα άψυχα αντικείμενα, επιτύμβια ανάγλυφα και επιγράμματα της μετά θάνατον ζωής στο νεκροταφείο της Ευαγγελίστριας, σε παλιά δωμάτια, νταντέλες, κρεβάτια και καθρέπτες, τα οποία μέσω των παλαιοπωλείων αναδίνουν αόρατα το δοκιμασμένο άρωμα του έρωτα σε νέους χρήστες, που τα χρησιμοποιούν ως διακοσμητικά λάβαρα στα πλαστικά πεζά δωμάτια. Οι διασωσμένοι υπαίθριοι χώροι, ερωτώνες και περιαστικά χωράφια, υποψήφια αγροτεμάχια επέκτασης των δορυφόρων πόλεων της Θεσσαλονίκης, παρά την επανάληψη των ίδιων κινήσεων από τα δονούμενα σώματα, επίμονων πελματώσεων στα χορτάρια και τα ζουζούνια της εξοχής, παρά την ανακύκληση της ίδιας ερωτικής φωνητικής κλίμακας –ψίθυροι, βογκητά, κραυγές– έχουν αποτυπώσει στην επίγεια μνήμη την καθολική παλλόμενη ερωτική φωνή της πόλης.

Ιδιότυπη περίπτωση της πρώτης κατηγορίας, που διασώθηκε σε κείμενα και ποιήματα της πρώτης λογοτεχνικής παραγωγής της Θεσσαλονίκης, αποτελεί ο έρωτας-πάθος του ποιητή Γιώργου Βαφόπουλου με την πρώτη γυναίκα του, ποιήτρια Ανθούλα Σταθοπούλου, που πέθανε από φυματίωση σε ηλικία 26 χρόνων.

«Η Ανθούλα τώρα με το γερμένο κεφάλι της μιλούσε με το θάνατο. Στεκόμουν στη μέση της κάμαρας, τρελός μέσα στην απελπισία μου. Ας ήταν να μπορούσε να πάρει μαζί της αυτό το τελευταίο μου βλέμμα. Όμως εκείνη κοιτούσε με τ' ανοιχτά της μάτια, μονάχα του θανάτου το βλέμμα. Κι όταν από τα λευκά της χείλη βγήκε το στερνό ψιθύρισμα προς τη ζωή τούτη, ρίχτηκα στα γόνατα κι έχωσα με σπαραγμό το πρόσωπο στο νεκρικό σινδόνι. Ω γλυκύ μου έαρ...

»Σηκώσαμε μαζί με τον πατέρα μου το φέρετρό της και το κρατήσαμε πάνω στα γόνατά μας σ' όλη τη διαδρομή του αυτοκινήτου. Είχα ακουμπισμένο το μέτωπο στο ξύλινο κάλυμμα. Και το απομεσήμερο, ο στερνός απριλιάτικος ήλιος έπεφτε ανάλαφρος πάνω στο μαλακό τάφο της Ανθούλας.

Δεκάξι του μηνός Απριλίου
Αγάπης, Ειρήνης, Χιονιάς, μαρτύρων.
Εν αγάπη μένε.
Εν ειρήνη αναπαύσου.
Λευκοτέρα χιόνος.

Ένα πάθος είχε πεθάνει.»

Στη δεύτερη περίπτωση, ως φάντασμα στη ρημαγμένη βίλα Μπιάνκα, περιφέρεται η ρομαντική ιστορία της εβραιοπούλας Αλίνης Φερνάντεζ με τον ανθυπίλαρχο του ελληνικού στρατού Σπύρο Αλιμπέρτη, που την ερωτεύθηκε όταν καβαλάρης ελευθερωτής μπήκε την παραμονή της γιορτής του Αγίου Δημητρίου του '12 στη Θεσσαλονίκη. Ο ετερόδοξος έρωτας δεν έγινε δεκτός από τη συντηρητική εβραϊκή κοινωνία και οι δυο νέοι αναγκάστηκαν να κλεφτούν, κατά τη συνήθεια της εποχής. Η αστή εβραιοπούλα έφυγε από το αρχοντικό της και παντρεύτηκε τον αγαπημένο της, παρά την έντονη αντίδραση των ραβίνων που δε συγχωρούσαν γάμο με χριστιανό. Η Αλίνη διέφυγε από τη ναζιστική εκατόμβη και παρά την τραγική δολοφονία του πατέρα της Ντίνο και του αδελφού της Πέντρο το 1943 στη Μέινα της Ιταλίας, επανήλθε με τον άνδρα της μεταπολεμικά στη διάσημη βίλα με τα ονόματα Willa Blanche, Villa Bianca, που είναι χαραγμένα και στον πεσσό της εξώθυρας, τον τυλιγμένο με λυγαριές, και Villa Fernandez, κάνοντας ρομαντικές βόλτες στις αλέες του Ντεπό ως τη δεκαετία του '60, που χάθηκε από φυσικό θάνατο, πριν από το ρήμαγμα του σπιτιού της. Μετά το θάνατο της Αλίνης, η αδελφή της Άννα-Νίνα, που ζούσε παντρεμένη στο Παρίσι, ως γενική κληρονόμος πούλησε την ιστορική βίλα στην οικογένεια Τριάρχου και του Σολομόν Μαλλάχ, οι οποίοι περιόρισαν με πωλήσεις το μεγάλο κήπο και εγκατέλειψαν το στέρεο αρχοντικό να ερειπωθεί, προκειμένου να χτιστεί σύγχρονη πολυκατοικία. Έκτοτε, η στοιχειωμένη από τον παράφορο έρωτα βίλα ρημάχτηκε από την εγκατάλειψη και την ανίερη πρόκληση κατεδάφισης των τελευταίων ιδιοκτητών, που επιθυμούσαν να συνεχίσουν την ομοιομορφία των πολυώροφων πολυκατοικιών της λεωφόρου Βασιλίσσης Όλγας στο περίτεχνο αρχοντικό του αρχιτέκτονα Πιέρο Αριγκόνι. Η απαλλοτρίωση εντέλει του ρημαγμένου σπιτιού από την Πολιτεία και η απόδοσή του στο Δήμο για πολιτιστικές δραστηριότητες μετά την αποκατάστασή του, διέσωσε μαζί με το σπάνιο εκλεκτικιστικού ρυθμού αρχοντικό και το θερμοκήπιο όπου άνθισε ο ρομαντικός έρωτας που συγκλόνισε την κοινωνία της Θεσσαλονίκης στα πρώτα χρόνια της απελευθέρωσής της.

Το καλύτερο ερωτογράφημα της λογοτεχνικής Θεσσαλονίκης, ο έρωτας ενός έφηβου και μιας ακόμη εβραιοπούλας στα χρόνια της Κατοχής, που απηχεί το εφιαλτικό ξεκλήρισμα των εβραίων, είναι η *Τζιοκόντα* του ψυχίατρου Νίκου Κοκάντζη. Στον περίγυρο του πολέμου αναπτύσσεται ένας από τους πιο σφοδρούς έρωτες που παρέμεινε αναλλοίωτος, ως προς το πάθος και την ένταση στη μνήμη του ερωτευμένου συγγραφέα, ως τα ώριμα χρόνια που αποτυπώθηκε σε βιβλίο:

«Γύρισε το πρόσωπό της προς εμένα και το κράτησα στα χέρια μου και φίλησα το στόμα της λαίμαργα, ανυπόμονα, οι γλώσσες μας να κυνηγούνε η μια την άλλη. Τη φιλούσα σ' όλο το πρόσωπο τώρα, ενώ τα χέρια μου, στα τυφλά, ξεκουμπώνανε το φόρεμά της και το τραβούσανε κάτω από τους ώμους και το στόμα μου γλιστρούσε προς τα κάτω κι αυτό και της σήκωσα τα μπράτσα και τη φίλησα κι εκεί, στις μασχάλες, που ήτανε μουσκεμένες από τον ιδρώτα κι είχανε τη δική τους μυρουδιά και τη δική τους

γεύση κι ήτανε ευπρόσδεκτο αυτό κι ερεθιστικό, κρατούσα το στόμα μου εκεί, ενώ τα χέρια μου είχανε καταπιαστεί ν' ανοίξουνε το στηθόδεσμό της, αλλ' η βιασύνη μου χειροτέρευε την αδεξιότητά μου και παιδευόμουνα άδικα ώσπου, με μια γρήγορη επιδέξια κίνηση, σήκωσε τα χέρια της πίσω από την πλάτη της και τ' άνοιξε μόνη της –και κόντεψα να μην κρατηθώ όταν κατάλαβα τι είχε κάνει, η προθυμία της και η συμμετοχή της πιο ερεθιστικές κι από τα γυμνά της στήθη– και το 'βγαλε και το πέταξε στο πάτωμα και ξανάφερε τα χέρια της γύρω μου κι έκλινε προς τα πίσω για να μου δώσει ελευθερία να κινηθώ, τα στήθη της ολάνοιχτα μπροστά στα μάτια μου κι ανυπόμονα, κι εγώ χαμήλωσα το κεφάλι μου και το 'χωσα ανάμεσά τους, βυθίστηκα εκεί κι άρχισα να ψάχνω με τη γλώσσα μου, βρήκα τις ρώγες τους, σκούρες κι έτοιμες, και τις ρούφηξα τη μια μετά την άλλη, κρατώντας τις στο στόμα μου όσο χωρούσε κι αφήνοντάς τες πάλι κι έπειτα ξανά να ζητάω τα χείλια της, το λαιμό της πίσω απ' τ' αυτιά της, τους ώμους, τις μασχάλες και ξανά τα στήθη, τα ώριμα κι ερωτικά...»

Η επαναλαμβανόμενη ερωτική ένταση φτάνει στο αποκορύφωμα λίγο πριν από τον μοιραίο αποχωρισμό, σαν να ήθελαν να γεμίσουν στον ελάχιστο χρόνο την υποπτευόμενη ερωτική και σωματική διάλυση:

«Τους δυο τελευταίους μήνες ήμασταν μαζί όσο περισσότερο γινότανε, δοσμένοι απελπισμένα ο ένας στον άλλον, μιλώντας πια λίγο, αλλά επικοινωνώντας στενότερα από κάθε άλλη φορά. Κάναμε έρωτα σχεδόν κάθε μέρα, σιωπηλά, άγρια, προσπαθώντας να πάρουμε και να δώσουμε όσο προφθαίναμε στο λίγο καιρό που ήτανε φανερό ότι μας έμενε, ξέροντας τώρα ότι αυτό θα 'τανε με ό,τι θα μέναμε, το υποκατάστατο της ζωής μας μαζί και της ευτυχίας που είχαμε ονειρευτεί, που για ένα διάστημα την είχαμε πιστέψει για σίγουρη, τα δυο αυτά χρόνια που τα 'χαμε ζήσει περπατώντας πάνω από τη γη, όταν μας χαριστεί περισσότερο από όσο θα μπορούσε κανείς να ελπίσει να βρει σε μια ολόκληρη ζωή, και που γι' αυτό είχε έρθει τώρα η ώρα να πληρώσουμε. Κορίτσι μου εσύ, με τα πελώρια γκρίζα μάτια, αγάπη όλης της γης, κορίτσι μου ερωτικό κι αγνότατο...»

«Τους πήρανε αργά ένα ζεστό απόγευμα... Κι ύστερα ήρθε η Τζιοκόντα και στάθηκε απέναντί μου και με κοίταξε ώρα πολλή κι είχε μιαν ένταση η ματιά της σαν να 'θελε να περάσει από μέσα μου. Έκανα το βήμα που μας χώριζε και ρίχτηκε στην αγκαλιά μου και κολλήσαμε τα στόματά μας με όλη μας την απελπισία και τον έρωτα και την ανάγκη, εκεί μπροστά σ' όλους, κανένας λόγος να κρυβόμαστε πια, δε θέλαμε να κρυβόμαστε πια, το τελευταίο φιλί η διακήρυξη της αγάπης μας στον κόσμον όλον...»

Αυτός ο εφηβικός έρωτας που είχε δραματική κατάληξη στο κρεματόριο, βασανίζει σ' όλη του τη ζωή το συγγραφέα. Κάποτε η μνήμη του αμφισβητεί την πραγματικότητα και θέλει τη βοήθεια αυτοπτών μαρτύρων και της ιστορίας για επιβεβαίωση της ύπαρξής της. Ο συγκλονισμός από το ερωτικό δράμα οδηγεί το συγγραφέα στη μεταφυσική πίστη πως η Τζιοκόντα συνεχίζει να ζει μετεμψυχωμένη ή ως αφανές ίχνος ύπαρξης στο κρασί, σε δέντρα και λουλούδια, στον άνεμο. Είναι η παραληρηματική πίστη των εραστών που χώρισαν βίαια, στην αιώνια ύπαρξη του αγαπημένου προσώπου, και η τραυματική μνήμη των ερωτευμένων Ελλήνων της Κατοχής με Εβραιοπούλες που δεν γύρισαν από το μεγάλο σιδηροδρομικό ταξίδι:

«Η Τζιοκόντα είναι τώρα ένα όνειρο. Καμιά φορά αναρωτιέμαι αν υπήρξε ποτέ και τότε ρωτώ τους γονείς μου και τα ξαδέρφια μου αν τη θυμούνται για να βεβαιωθώ. Κάπου στην Ανατολική Γερμανία, ένα μέρος της μπορεί ακόμη να επιζεί στο φλοιό ενός δέντρου, σ' ένα κομμάτι της γης. Οι άνθρωποι μπορεί να τη μυρίσανε σ' ένα λουλούδι, να την ήπιανε στο κρασί τους. Οι άνεμοι, φυσώντας όλα αυτά τα χρόνια, μπορεί να τη φέρανε πίσω στην Ελλάδα και να την ανάπνευσα σε μια τελευταία ασυνείδητη ολοκλήρωση αγάπης, τα μεγάλα γκρίζα μάτια, τα απαλά τα χείλη, το λείο δέρμα, τη βραχνή φωνή... Το γέλιο και τη θλίψη και τον έρωτα που ήτανε Αυτή.»

Μια άλλη ιστορία ερωτικού πάθους ανάμεσα σ' έναν πενηντάρη άνδρα κι ένα κορίτσι δεκαεννιά χρόνων, που αναπτύσσεται με παραστάτες μάρτυρες του έρωτα τα νεκρά αντικείμενα και έπιπλα παλιών σπιτιών της πόλης σ' ένα υπόγειο αντικάδικο του κεντρικού δρόμου της Θεσσαλονίκης, αρχειώνεται στο βιβλίο *Το παλαιοπωλείο στην Τσιμισκή* της Κωστούλας Μητροπούλου. Το μυθιστόρημα, αφιερωμένο «Στη Σαλονίκη, πόλη ερωτική της εφηβείας μου και του πάθους που πεθαίνει μόνο μαζί με το τέλος μας», σαρκοβόρο, τραχύ και έντονα ερωτικό, καταγράφει ως το κοινό τέλος, χωρίς αναστολές, το ασίγαστο πάθος των δύο εραστών.

Ο έρωτάς τους αδιάκοπος, αρμονικός, που εξίσωνε τις βιολογικές διαφορές με την ένταση:

«Γονάτισε και της φιλούσε τα δάχτυλα στα πόδια της, τα λακκάκια στα γόνατά της, την κοιλιά, τα ρόδινα στήθη, τους ώμους, τα μάτια, το στόμα "τώρα που ήρθες θα ξαναρχίσω να ζω"... Είχε χώσει την κεφάλα του ανάμεσα στα ανοιχτά σκέλια της και ρουφούσε το ζεστό υγρό, την ένιωσε να σπαρταράει σαν πουλί, ρουφούσε, κατάπινε όλους τους χυμούς της, καφτά υγρά και μια μυρωδιά από λουλούδια του αγρού, "είσαι υπέροχος" και τα μάτια της γλαρά τον ξετρέλαναν. Έπεσε πάνω της γυμνός, έρημος, απελπισμένος, χώθηκε βαθιά στη μήτρα της και κείνο το λιγωμένο αχ τον αλάλιαζε και ξανάρχισε από την αρχή, "σ' αγαπάω". Το πρόσωπό της τεντώθηκε υπερβολικά από τον ίδιο σπασμό πολλές φορές και μετά έπεσε ολόκληρη στο κέντρο του καναπέ κι έγινε μια ρόδινη μπαλίτσα και κούρνιαζε, "σ' αγαπάω" και τη φιλούσε παντού ξετρελαμένος.»

Κάποτε η νεαρή γυναίκα φεύγει ξαφνικά, όπως πρωτοήρθε. Τη βρήκε ύστερα από καιρό σ' ένα νεκροτομείο έπειτα από τροχαίο δυστύχημα. Την πήρε για να πεθάνουν μαζί στο παλαιοπωλείο του έρωτα.

«Έτρεχε με το γυμνό παγωμένο κορμί της κοπέλας ψηλά στα τεντωμένα του χέρια σαν λάβαρο και πίσω του στέκονταν διστάζοντας και τον κοιτούσαν οι περαστικοί, "μα τι κάνει αυτός; τρελάθηκε;" και τον άφηναν να περάσει, καθηλωμένοι από μια παράξενη δύναμη που έτρεχε και έσμιγε μαζί με το σώμα του, με τα υψωμένα του χέρια, με τα φτερά στα πόδια του, με τα μάτια του που έσταζαν αίμα. "Είναι τρελός", και του άνοιγαν δρόμο να περάσει.

»Έφτασε βογκώντας στο παλαιοπωλείο, κλότσησε την πόρτα και μπήκε, απίθωσε μαλακά το γυμνό της κορμί στον καναπέ και κλείδωσε με την αμπάρα. Άναψε όλα τα φώτα και μόνο τότε, μπροστά στη σπαραγμένη έκθετη γύμνια της, γονάτισε και ούρλιαξε σε μιαν άγνωστη γλώσσα όλα τα τρυφερά λόγια αγάπης που τα φύλαγε καιρό και την περίμενε να της τα πει. Το τηλέφωνο χτυπούσε συνέχεια, στην πόρτα βροντούσε με μίσος ο νόμος "θα σπάσουμε την πόρτα, αυτό που κάνετε είναι έγκλημα, θα τιμωρηθείτε παραδειγματικά, ανοίξτε, θα μετρήσουμε μέχρι το δέκα, αρχίζω αμέσως! Ένα..."

»Οι αστυνομικοί που έσπασαν την πόρτα αντίκρισαν στο πάτωμα ένα αλλόκοτο σύμπλεγμα: Πάνω στο παλιό χαλί με την ένδειξη "πωλείται", ο άνδρας γυμνός, πεσμένος ανάσκελα, κρατούσε στην αγκαλιά του το γυμνό κορμί της κοπέλας που ακουμπούσε πάνω του τα μπρούμυτα. Στόμα με στόμα, στήθος με στέρνο, κορμί με κορμί, σκέλια με σκέλια, και κει ανάμεσα στα πλούσια στήθια της νεκρής, ένα παλιό σκαλιστό μαχαίρι, μπηγμένο βαθιά στην καρδιά του άνδρα, σάμπως να το 'σπρωξε με πείσμα χίλιες φορές και άλλες τόσες το νεκρό σώμα της κοπέλας, που έπλεε μαζί του στο ζεστό ακόμη αίμα του.»

Το φθαρμένο σώμα της πόλης, ερειπιώνες, δρόμοι, πλατείες, προσόψεις σπιτιών του μεσοπολέμου και εναπομείναντα αρχοντικά, θερινοί κινηματογράφοι και πεζοδρόμια, είναι εμποτισμένο από την ερωτική επαφή και αίσθηση των διαχρονικών ερωτευμένων κατοίκων της. Αυτοί οι χλοεροί, ουδέτεροι και ίσως άξενοι χώροι, παραλλαγμένοι από τις πολεοδομικές αναπροσαρμογές, ανακαλούνται ισόβια και μετά θάνατον ως χαμένη ευτυχία και διαχρονική ερωτική αίσθηση και ακτινοβολούν από τις χιλιάδες πυροδοτήσεις της μνήμης ζώντων και τεθνεώτων, μεταμορφώνοντας σύμπασα την πόλη και τις πρόσφατα δομημένες αλάνες της σε πυγολαμπίδες ή πολυκέρια που σκορπίζουν το θαβώριο φως.

Η πολυστρώματη τοπογραφία του έρωτα, καταχωμένη ή υπέργεια, αιωρείται αδέσποτη στην πόλη και μόνο σε μικρό ποσοστό αρχειώθηκε σε πεζογράφους, ποιητές, καλλιτέχνες, κοινωνικούς καταγραφείς και απομνημονευματογράφους, που αποτυπώνουν την προσωπική ή αλλότρια ατομική εμπειρία σε στίχους, κείμενα και πίνακες. Αλλά η Θεσσαλονίκη διασώζει την ερωτική της τοπογραφία κυρίως στην ερωτική ποίηση, που είναι «τα πρακτικά του ερωτικού δοξασμού και του θρήνου», κατά τον υμνητή του *Ίμερου και της κλινοπάλης* Κωστή Παπαγιώργη. Οι ερωτικοί ποιητές Ντίνος Χριστιανόπουλος, Γιώργος Ιωάννου και Αλέξης Ασλάνογλου καταγράφουν στην ατομική και κοινωνική ποιητική τους, πέρα από την προσωπική ερωτική ευτυχία ή στέρηση, τη διευρυνόμενη ερωτική τοπογραφία της πόλης, αγροτεμάχια, πάρκα, πλατείες, δρόμους, σινεμά, χώρους όπου «χόρτασαν έρωτα με την ψυχή τους». Οι ερωτικές αναφορές του Ιωάννου και του Χριστιανόπουλου, απλώνονται σ' όλη την αστική και περιαστική ζώνη της πόλης και εκτεταμένα αποσπάσματα καλύπτουν στα επόμενα κεφάλαια τη σύνολη τοπογραφία της Θεσσαλονίκης. Λιγότερες αναφορές κάνουν ο Τάκης Βαρβιτσιώτης, ο Φαίδων Πολίτης, ο Μαρίνος Χαραλάμπους. Εύστοχες ερωτικές υπομνήσεις παρεμβάλλουν στον κοινωνικό προβληματισμό οι «ποιητές της ήττας» Μανόλης Αναγνωστάκης, Κλείτος Κύρου και Πάνος Θασίτης, ερωτικό επίχρισμα του εσωτερικού χώρου των ερωτικών καταφυγίων-σπιτιών κάνουν οι νεότεροι Ιγνάτης Χουβαρδάς και Αλεξάνδρα Μπακονίκα. Οι ελάχιστες όμως ερωτικές τοπογραφικές αναφορές των λογοτεχνών απλώς ιχνηλατούν και δεν περιγράφουν το εύρος των ερωτικών χώρων και πραγμάτων, πολλοί από τους οποίους αλλοιώθηκαν ή οικοδομήθηκαν και άλλα κατέληξαν σε βιτρίνες παλαιοπωλείων και μουσείων ως δημόσια εκθέματα ή θάφτηκαν στις σύγχρονες θαλάσσιες επιχώσεις της πόλης.

ΤΟ ΡΕΦΡΕΝ ΤΗΣ «ΩΡΑΙΑΣ ΘΕΣΣΑΛΟΝΙΚΙΑΣ»
Ο έρωτας στα ρεμπέτικα και τα νεότερα τραγούδια

Ωραία φρύδια και μαλλιά
και λυγερή κορμοστασιά·
έχεις τσιγγάνικη ομορφιά,
ωραία Θεσσαλονικιά,
και μου ραγίζεις την καρδιά.

ΜΙΧΑΛΗΣ ΓΕΝΙΤΣΑΡΗΣ
Ωραία Θεσσαλονικιά

Οι έρωτες της Θεσσαλονικιάς, η ομορφιά της και το ταμπεραμέντο της, υμνήθηκαν ιδιαίτερα στα ρεμπέτικα τραγούδια του μεσοπολέμου και της Κατοχής, τα οποία καλύπτουν μεγάλο ποσοστό στη σύνολη ελληνική παραγωγή του λαϊκού ερωτικού τραγουδιού. Η συνήθης μορφολογία των ερωτικών ρεμπέτικων, με τους επαίνους, την αχαριστία και τα καμώματα της αγαπημένης, την ερωτική πολιορκία και απογοήτευση, στη Θεσσαλονίκη παίρνει επώνυμη και εντόπια μορφή, που επηρεάζεται από την ερωτική ελευθεριότητα της προσφυγοπούλας και την κοινωνική ανεξαρτησία της καπνεργάτριας και της μοδιστρούλας, συνθήκες που διαμορφώθηκαν μετά τον προσφυγικό κατακλυσμό του μεσοπολέμου στη Θεσσαλονίκη.

Οι προσωπικοί έρωτες των συνθετών, του Βασίλη Τσιτσάνη, του Μάρκου Βαμβακάρη, του Γιάννη Παπαϊωάννου και άλλων ρεμπέτηδων, έγιναν πανελλήνιοι έπαινοι της ερωτικής γοητείας που εκπέμπουν οι Θεσσαλονικιές. Αν και πολλά τραγούδια προσαρμόζονται από τους τραγουδιστές με πολλές τοπικές παραλλαγές για να φιλοτιμήσουν τους θαμώνες του τόπου όπου τραγουδούν, πολλά ρεμπέτικα γράφτηκαν αρχικά στη Θεσσαλονίκη αναφέροντας τόπους και πρόσωπα της πόλης, όπως απέδειξε ο Ξενοφών Κοκόλης. Στο τραγούδι του Βασίλη Τσιτσάνη, για παράδειγμα, *Ο γάμος του Τσιτσάνη*, οι τόποι του Θερμαϊκού «Περαία», «Μπαξέ Τσιφλίκι» και «Θεσσαλονίκη», αντικαταστάθηκαν στην αθηναϊκή περίοδο με τον «Περαία», το «Μεταξουργείο» και το «Θησείο». Στη Θεσσαλονίκη είχαν μετοικήσει το 1935 όλοι σχεδόν οι συνθέτες του ρεμπέτικου, μετά την κατεδάφιση των παραγκών στον Πειραιά και το κυνηγητό του μπουζουκιού, που είχε γίνει στα χρόνια της δικτατορίας του Μεταξά συνώνυμο με την παρανομία. Στη Θεσσαλονίκη έβρισκαν πιο εύκολα δουλειά στα ρεμπέτικα μαγαζιά του Βαρδάρη, τα καφέ σαντάν και τα πάλκα των προσφυγικών συνοικισμών, και χασίσι, που είχε τεθεί εκτός νόμου, στους κρυφούς τεκέδες, τους μαυραγορίτες και την αστυνομία, με κύριο προμηθευτή στα χρόνια του Εμφυλίου το διαβόητο διοικητή της ασφάλειας Νίκο Μουσχουντή, κουμπάρο του Βασίλη Τσιτσάνη, που συμπαθούσε ιδιαίτερα τους ρεμπέτες.

Οι αφορμές έμπνευσης των ερωτικών τραγουδιών, πέρα από τη στιχουργική επαγγελματική ανάγκη, καταγράφονται και στις αυτοβιογραφίες των συνθετών που έχουν συνδέσει τη νεότητά τους, στη δεκαετία της ακμής του ρεμπέτικου, από το 1934 μέχρι το τέλος της Κατοχής, με τη Θεσσαλονίκη.

«Στη Σαλονίκη μ' αγάπαγε μια Σέρβα», γράφει στην *Αυτοβιογραφία* του ο Μάρκος Βαμβακάρης. *«Εγώ της έλεγα: Τι θες, ρε χριστιανή, μαζί μου; Τι θες από μένα, εσύ γυναίκα; Εγώ της έλεγα την αλήθεια. Όχι, όχι σ' αγαπώ...*

»Στη Θεσσαλονίκη γνώρισα μια Σούλα με την οποία γύρισα όλη τη Μακεδονία...

»Η γυναίκα που με βοήθησε επιτέλους να ξεχάσω ήταν η βουλγάρα η Σαλονικιά, η Έλλη. Τη γνώρισα στο Βαρδάρη, σ' ένα κακόφημο οίκο. Ήταν των ηθών, πουτάνα. Μ' αγάπησε παράφορα και την αγάπησα κι εγώ...»

Στις άγνωστες Θεσσαλονικιές Κατερίνα και Μαριγώ αναφέρονται δυο διάσημα τραγούδια του Βασίλη Τσιτσάνη, που ερωτεύτηκε και παντρεύτηκε τη Θεσσαλονικιά Ζωή, το γένος Σαμαρά, το 1942.

Το κλασικό *Μπαξέ Τσιφλίκι* το 'γραψε το 1946 στο «Ουζερί Τσιτσάνη» που διατηρούσε ο συνθέτης στην οδό Παύλου Μελά, ενώ το τραγούδι για την Κατερίνα, που «έφαγε» το συνθέτη με «την τσαχπινιά της», γραμμένο στο ίδιο μαγαζί, συνεχίζει να αποδίδει με τα τσιτσανικά φωνητικά χρώματα ο θεσσαλονικιός ρεμπέτης Στέφανος Κιοπρούλης με το ρεμπέτικο ψευδώνυμο Νάκος ή Χονδρονάκος.

Στη διάρκεια της Μεταξικής δικτατορίας ήρθε στη Θεσσαλονίκη η κομπανία Μάρκου Βαμβακάρη, Στέλιου Κερομύτη, Ανέστου Δελιά, Στράτου Παγιουμτζή και Γιώργου Μπάτη, που έπαιξε σε παλιά περιφερειακά μπουζουξίδικα και κέντρα διασκέδασης των προσφυγικών συνοικισμών. Του *Παραμαγουλά* στην Τούμπα, του *Μακρίδη* στην Επτάλοφο, του *Λάσπη* στου Καφαντάρη, κέντρα που συγκέντρωναν την προσφυγιά, όπου, ανάμεσα σε σμυρναίικα, τσιφτετέλια και ζεϊμπέκικα, ντέρτια και έρωτες, απάλυναν τον καημό των χαμένων πατρίδων και το βραχνά της δικτατορίας και της φτώχειας.

Όλοι σχεδόν οι συνθέτες-ρεμπέτες που βρήκαν φιλόξενη ανταπόκριση στη Θεσσαλονίκη, έγραψαν ένα τουλάχιστο τραγούδι που έχει για θέμα τον έρωτα με Θεσσαλονικιά. Σ' ένα απ' αυτά, ο Μιχάλης Γενίτσαρης, που βρήκε πρόσφορο έδαφος στους μικρασιάτες πρόσφυγες με τα σμυρναίικα τραγούδια, όπως και ο Στέλιος Κερομύτης, ο Κώστας Ρούκουνας και ο Απόστολος Χατζηχρήστος, τραγούδησε την *Ωραία Θεσσαλονικιά*.

Στα όρη βγαίνει η κάππαρη
τα χείλη σου είναι ζάχαρη·
κι όλο μου λεν λόγια γλυκά
τα χείλη σου τα ρουμπινιά,
ωραία Θεσσαλονικιά.

Πετούν τα μάτια σου φωτιές
και τσουρουφλίζουν τις καρδιές.
Τσουρούφλισες κι εμένανε

που αγαπούσα εσένανε,
κι ας μ' είχε η μάνα μου ένανε.

Ωραία φρύδια και μαλλιά
και λυγερή κορμοστασιά·
έχεις τσιγγάνικη ομορφιά,
ωραία Θεσσαλονικιά,
και μου ραγίζεις την καρδιά.

Σε ευτυχισμένες ερωτικές στιγμές, που σπανίζουν στα ρεμπέτικα τραγούδια, όπως επισημαίνει ο Ξενοφών Κοκόλης, αναφέρεται το παρακάτω αδέσποτο χασάπικο, γραμμοφωνημένο το 1934 και γραμμένο ίσως από τον Κώστα Ρούκουνα.

Με μια τσαχπίνα μπλέχτηκα μες στη Θεσσαλονίκη
που ήταν σαν τη ζωγραφιά και την ελέγαν Νίκη.

Γλέντι τρελό εκάναμε μαζί κάθε βραδάκι.
Χατζή-μπαξέ πηγαίναμε, και στο Καραμπουρνάκι.

Ζωή χρυσή περνούσαμε τις νύχτες με φεγγάρι,
στης Σαλονίκης τις δροσιές, μέσα στο Μπεξινάρι.

Στης Αρετσούς τις εμορφιές, μες στη Θεσσαλονίκη,
αλλάζαμε γλυκά φιλιά τα βράδια με τη Νίκη.

Στην Κατοχή, με την ανοχή και τη διευκόλυνση των γερμανικών αρχών και της ασφάλειας, για να ελέγχουν αντιστασιακούς και μαυραγορίτες, οι ρεμπέτες κατάκλυσαν τα μπουζουξίδικα μέσα στην πόλη. Ο Βασίλης Τσιτσάνης, πριν καταλήξει στο δικό του «Ουζερί» της Παύλου Μελά, έπαιξε με πολλούς συναδέλφους του, τον Γιάννη Παπαϊωάννου, τον Μάρκο Βαμβακάρη, τον Μίγγα, τον Τσανάκα, τον Απόστολο Καλδάρα, στου *Πατσατζή* στην Καμάρα, στη *Σπηλιά* της οδού Εθνικής Αμύνης, στα πασίγνωστα *Κούτσουρα* του Δαλαμάγκα, δίπλα στη σημερινή πλατεία Ναυαρίνου κι αργότερα, την εποχή του Εμφυλίου, στου *Κέρκυρα* της οδού Ειρήνης. Τις περιδιαβάσεις του, με μια ερωτική διάσταση και νοσταλγική ανάμνηση, ο Τσιτσάνης δίνει στο παρακάτω τραγούδι:

Θυμήθηκα τα μέρη μου, τα βράδια που γυρνούσα
στης Σαλονίκης τα στενά, εκεί που τραγουδούσα.

Εκεί που μ' αγαπούσανε γλυκές προσφυγοπούλες,
γαλανομάτες, καστανές, και φίνες μοδιστρούλες.

Προσφυγοπούλα μου γλυκιά, ξανθιά, γαλανομάτα,
ξέρεις, για σένα γίνομαι σαράντα δυο κομμάτια.

Το αποφασισμένο ερωτικό πάθος αναδίνει και η *Έμορφη Θεσσαλονικιά* του Μπαγιαντέρα:

Το 'πα όμως στη μαμά σου, όμορφη Θεσσαλονικιά,
έξαφνα πως θα σε χάσει απ' το σπίτι μια βραδιά...

Την ξεγνοιασιά και την ανεξαρτησία της Θεσσαλονικιάς *Το παλιοκόριτσο* του Απόστολου Καλδάρα:

Γιατί γυρνάς στα καπηλειά
και κάθε μέρα πίνεις
κι εμένα την καρδούλα μου –παλιοκόριτσο!
στο κλάμα την αφήνεις;

Τη μάνα σου δεν την ακούς,
ούτε τη χαμπαρίζεις.
Μόνο τα γούστα σου κοιτάς – παλιοκόριτσο!
στη Βάρνα πας και πίνεις...

Την ερωτική ελευθεριότητα της Θεσσαλονικιάς υποδηλώνει και το τραγούδι του Πρόδρομου Τσαουσάκη για τη «σκάρτη» γυναίκα:

Είναι η τρίτη η φορά που σε τσακώνω σκάρτη:
Δευτέρα και Παρασκευή και σήμερα Τετάρτη.

Την πρώτη στη Νεάπολη, την άλλη στο Βαρδάρη
την τρίτη στην Καλαμαριά – σε πήρα πια χαμπάρι!

Η Στέλλα και η Δημητρούλα είναι δυο ακόμη επώνυμες Σαλονικιές από τις πολλές προσφυγοπούλες, μοδιστρούλες και άλλες επαγγελματικές ομάδες που ενέπνευσαν νεότερους λαϊκούς και τραγουδιστές. Η πρώτη σε στίχους και μουσική του Σπύρου Ζαγοραίου και η δεύτερη του Θεσσαλονικιού Νάκου (Στέφανου Κιοπρούλη).

Ο Γιώργος Ζαμπέτας έχει αφιερώσει αρκετά τραγούδια στις γυναίκες της πόλης. Ένα απ' αυτά, *Στο Λευκό Πύργο*, που έγραψε το 1975, αναφέρεται στον κεραυνοβόλο έρωτα Αθηναίου με Θεσσαλονικιά που την παντρεύτηκε κι έγινε από έρωτα κι αυτός Σαλονικιός.

Στο μεταπολεμικό λαϊκό τραγούδι όλοι σχεδόν οι στιχουργοί και συνθέτες αφιέρωσαν ένα τουλάχιστο τραγούδι στην «όμορφη Θεσσαλονικιά» και στους έρωτές της. Ανάμεσα στους αξιόλογους στιχουργούς μελοποιήθηκαν και σημαντικοί ποιητές, όπως ο Νίκος Γκάτσος, ο Νίκος Καββαδίας και ο Κώστας Κινδύνης, που έγραψαν για τη Θεσσαλονίκη. Ο ερωτικός μύθος της Θεσσαλονικιάς συνεχίζεται και στα νεότερα τραγούδια με την ίδια ένταση όπως και στα προπολεμικά ρεμπέτικα.

Για μια Ελένη, που έγινε αιτία να σαπίζει κάποιος κατάδικος στο Γεντί Κουλέ, μιλάει το τραγούδι του Λευτέρη Παπαδόπουλου *Βροχή*, που μελοποιήθηκε από τον Μίκη Θεοδωράκη το 1983 και τραγουδήθηκε από τον Δημήτρη Μητροπάνο στα «Πικροσάββατα»:

Έλιωσε απόψε το φεγγάρι
κι έγινε ασημιά βροχή
και στις σκοπιές κάποιοι φαντάροι
λεν το τραγούδι απ' την αρχή.

Για την Ελένη, την Ελέ-
σαπίζω στο Γεντί Κουλέ.

Οι στάλες πέτρωσαν στο χώμα,
ασήμι γέμισε η γη,
μα οι φαντάροι κλαιν ακόμα
για τη βαθιά τους την πληγή.

Νεαρά ζευγάρια Θεσσαλονικιών
στο γύρισμα του αιώνα.
(Αρχείο ΛΕΜΜ)

Πάνω: Η βίλα Μπιάνκα του διαβόητου ομώνυμου έρωτα. Χτίστηκε το 1912.

Στην αριστερή σελίδα

Πάνω: Κιόσκι στον Κήπο των Πριγκίπων σε κάρτα του 1903. Έντονα τα διακοσμητικά στοιχεία της «αρ νουβό». (Αρχείο ΚΙΘ)

Στο κέντρο: Ο κήπος του Λευκού Πύργου στις αρχές του αιώνα. (Αρχείο ΚΙΘ)

Κάτω: Η είσοδος του κήπου του Μπέχτσιναρ στις αρχές του αιώνα. (Αρχείο ΚΙΘ)

Πάνω: Η παραλία της Θεσσαλονίκης στην περίοδο του Α΄ Παγκοσμίου Πολέμου. (Αρχείο ΚΙΘ)

Κάτω: Η αποβάθρα της πλατείας Ελευθερίας το 1917. (Αρχείο ΚΙΘ)

Στη δεξιά σελίδα: Η Βιεννέζα χορεύτρια Φρίντα που εκτελέστηκε από τους Γάλλους στη Θεσσαλονίκη το 1918 ως κατάσκοπος των Γερμανών. Παστέλ του Μαθιόπουλου. (Συλλογή Ασπιώτη-ΕΛΚΑ)

Πάνω: «Μέγα Καφεζαχαροπλαστείον ΚΡΥΣΤΑΛ» στην πλατεία Ελευθερίας το 1915-16. (Αρχείο ΚΙΘ)

Στη δεξιά σελίδα: Η πλατεία Ελευθερίας το 1915-16. (Αρχείο ΚΙΘ)

Στην επόμενη σελίδα: Μαθητές της Γαλλικής Σχολής μπροστά στον κινηματογράφο «Ολύμπια» της παραλίας σε προβολή της ταινίας «L' agonie du Byzance» το 1917. (Αρχείο ΚΙΘ)

OLYMPIA

Πάνω: Το κοσμικό ξενοδοχείο «Σπλέντιντ» που κάηκε στην πυρκαγιά του 1917.

Κάτω: Το ξενοδοχείο «Μεντιτερανέ». Χτίστηκε το 1923 και κατεδαφίστηκε μετά τους σεισμούς του 1978.

Πάνω: Το σιντριβάνι σε καρτποστάλ του 1914. (Αρχείο ΚΙΘ)

Κάτω: Η πλατεία Ελευθερίας και στο βάθος η οδός Βενιζέλου με τα Σκεπαστά. (Αρχείο ΚΙΘ)

Πάνω: Η είσοδος της φυλακής του Γεντί Κουλέ. (Αρχείο ΚΙΘ)

Κάτω: Πρόσφυγες μπροστά στο φαρμακείο Ζωγράφου, μετά την πυρκαγιά του 1917. (Συλλογή Χρ. Ζαφείρη)

Στη δεξιά σελίδα: Δρόμος μπροστά στη Ροτόντα. (Φωτογραφία του Φρέντερικ Μπουασσονά από το βιβλίο του Γιάννη Κωνσταντινίδη «Θεσσαλονίκη 1913-1919»)

Πάνω: Η περιοχή του παλιού σιδηροδρομικού σταθμού στον Α΄ Παγκόσμιο Πόλεμο. (Αρχείο ΛΕΜΜ)

Κάτω: Μουσική εκδήλωση για τους στρατιώτες του Μακεδονικού Μετώπου το 1916 στη Θεσσαλονίκη. (Αρχείο ΚΙΘ)

Πάνω: Η παραλία προς Ανατολάς. (Αρχείο ΚΙΘ)

Κάτω: Μπροστά στο Λευκό Πύργο στη δεκαετία του '20. (Αρχείο Άρη Παπατζήκα, στο εξής Α.Π.)

Νέοι της Θεσσαλονίκης στο κέντρο «Χορτατζήδες» το Πάσχα του 1923.

Σε διαφορετικό κλίμα από την παραδοσιακή μορφολογία του λαϊκού τραγουδιού, με ποιητική έμπνευση και διάσταση και ωραίο ελεύθερο στίχο, είναι δυο ερωτικά τραγούδια γραμμένα και τραγουδισμένα από τους σημαντικούς θεσσαλονικιούς τραγουδοποιούς Αργύρη Μπακιρτζή των *Χειμερινών Κολυμβητών* και Νίκο Παπάζογλου. Στο πρώτο, χώρος της ερωτικής αναζήτησης η Επτάλοφος, οικισμός του Δήμου Αμπελοκήπων στο σιδηροδρομικό σταθμό της δυτικής Θεσσαλονίκης, «μες στους καπνούς τους άσπρους των τρένων που φεύγουν». Στο δεύτερο, του Νίκου Παπάζογλου, μια στάση λεωφορείου της πόλης όπου ο άνεμος βαρδάρης διώχνει την ομίχλη και ξαφνικά αναδύεται γεμάτη φως εκείνη, αλλά «πριν τη χορτάσουν τα μάτια του» την αρπάζει το λεωφορείο...

Φύσηξε ο Βαρδάρης και καθάρισε
ήλιος λες και τέλειωσε ο χειμώνας,
βγήκα μια βόλτα και μπροστά της βρέθηκα,
στάθηκα κι απόμεινα κοιτώντας.

Φλόγες ζωηρές που τρεμοπαίζουνε
τα ρούχα, τα μαλλιά της στον αέρα,
στη στάση πέρα-δώθε σπινθηρίζουνε
τα δυο της μάτια κάρβουνα αναμμένα.

Πριν να σε χορτάσουνε τα μάτια μου
σε άρπαξε, θαρρείς, το λεωφορείο
κι έμεινα να κοιτώ, καθώς χανόσουνα
κι έφτανε ως το κόκαλο το κρύο.

Σε μια άλλη γυναίκα της Θεσσαλονίκης, με «σμιχτά φρύδια», με «φιλιά φίδια» και «χείλια φωτιά» αφιερώνει το ποίημα-τραγούδι *Σαλονικιά - Σαλονικιά* ο ποιητής της *Αμοργού* Νίκος Γκάτσος. Την τραγούδησε ο Χαλκιδικιώτης Μανώλης Μητσιάς, που έζησε τα νεανικά-φοιτητικά του χρόνια στη Θεσσαλονίκη, σε μουσική του Λουκιανού Κηλαηδόνη.

Σαλονικιά, Σαλονικιά,
με τα σμιχτά σου φρύδια,

είναι τα χείλη σου φωτιά
και τα φιλιά σου φίδια.

Τον πόθο του για ένα «κεράσι» –ένα όμορφο κοριτσόπουλο του Βαρδάρη– που δεν έχει σχέση με τις ελευθερίων ηθών γυναίκες που κυκλοφορούν τη νύχτα στην κακόφημη περιοχή, εκφράζει ο ποιητής Κώστας Κινδύνης στο τραγούδι *Το κεράσι του Βαρδάρη*, που μελοποιήθηκε το 1968 από τον Γιάννη Γλέζο και τραγουδήθηκε από το «νεοκυματικό» Κύπριο, τότε φοιτητή της φιλολογίας, Μιχάλη Βιολάρη.

Μεγαλώνει ένα κεράσι
του Βαρδάρη η γειτονιά,
αχ, και ποιος να το δαγκάσει
στα κρυφά, σε μια γωνιά!

Στο Βαρδάρη αναθρεμμένη
μικρή μου Θεσσαλονικιά
ποιος να σου ζητήσει προίκα
που 'χεις προίκα τα φιλιά;

Το κεράσι, το κεράσι
στου Βαρδάρη τα στενά
αχ, και ποιος να το δαγκάσει
σαν γενεί δεκαεννιά!

Ο πολύχρονος έρωτας ενός σαλονικιού ναυτικού έγινε το καλύτερο ποίημα-τραγούδι από τον «ποιητή της θάλασσας», τον Νίκο Καββαδία, δίνοντας παράλληλα με το βαθύ αίσθημα και το ιδιαίτερο θαλασσινό ιδιότυπο κλίμα της Θεσσαλονίκης. Το ποίημα ευτύχησε να μελοποιηθεί από τον Θάνο Μικρούτσικο το 1978 και να τραγουδηθεί από καλούς ερμηνευτές, τη Μαρίζα Κωχ, τη Δήμητρα Γαλάνη, τον Γιάννη Κούτρα, τον Βασίλη Παπακωνσταντίνου, τον Γιώργο Νταλάρα και τους αδελφούς Χάρη και Πάνο Κατσιμίχα. Οι τρεις τελευταίοι τραγουδιστές απέδωσαν με θαυμάσια ερμηνεία τη *Θεσσαλονίκη* του ποιητή της ναυτοσύνης, σε κοινή συναυλία στο θέατρο «Ολύμπιον», το Γενάρη του 1992, καθώς έξω από τη θερμή ατμόσφαιρα του θεάτρου το χειμωνιάτικο πούσι κάλυπτε την πλατεία Αριστοτέλους και τα αγκυροβολημένα πλοία του Θερμαϊκού.

Κάτου από φώτα κόκκινα κοιμάται η Σαλονίκη.
Πριν δέκα χρόνια μεθυσμένη μου 'πες σ' αγαπώ.
Αύριο, σαν τότε, και χωρίς χρυσάφι στο μανίκι,
μάταια θα ψάχνεις το στρατί που πάει για το Depot.

Τον ασίγαστο καημό στις ερωτικές αναζητήσεις του *από την Εγνατία ως το Σιντριβάνι* έκανε τραγούδια και ο Ντίνος Χριστιανόπουλος. Έγραψε μόνος του τη μουσική και τα ερμήνευσε με την ιδιότυπη φωνή του το Γενάρη του 1986 στην *Όμορφη νύχτα*, μαζί με τον Θωμά Κοροβίνη και τον Γιώργο Ζήκα, που τραγούδησαν τα δικά τους ερωτικά τραγούδια. Η ζωντανή ηχογράφηση τυπώθηκε σε κασέτα, αλλά τα *Δώδεκα τραγούδια* με ξυλογραφίες του καλλιτέχνη, πρώην αξιωματικού, Νίκου Νικολαΐδη και σε επιμέλεια μουσικής καταγραφής Μπίλλης Γουσίου είχαν κυκλοφορήσει το 1984 σε καλαίσθητο λεύκωμα.

Πολλά ποιήματα του Ντίνου Χριστιανόπουλου με τον τίτλο *Τα τραγούδια της αμαρτίας* μελοποίησε ο Μάνος Χατζηδάκις, πολλοί νέοι ποιητές και συνθέτες τραγουδούν το χρόνιο έρωτα της πόλης, η Θεσσαλονίκη συνεχίζει να εμπνέει σε ποιητές, στιχουργούς και μουσικούς τον έρωτα.

Ο ΕΡΩΤΑΣ ΤΩΝ ΑΣΤΩΝ
Χώροι ψυχαγωγίας και οίκοι ανοχής

Τώρα υπάρχει μόνο η σιωπή
Πίσω από κάθε όνομα
Πίσω από κάθε πράγμα.

ΤΑΚΗΣ ΒΑΡΒΙΤΣΙΩΤΗΣ
Η Μεταμόρφωση

Η Θεσσαλονίκη ήταν ως το 1922 πολυεθνική πόλη, όπου όλες οι ηγεσίες των εθνικών τμημάτων επιχειρούσαν με κάθε τρόπο να διατηρήσουν έντονα την εθνική, κοινωνική και οικονομική παρουσία τους. Ήταν συγχρόνως μια πόλη με διαχωρισμένες κοινωνικές τάξεις και εκδηλώσεις, σχολεία και ψυχαγωγικά κέντρα. Η κοινωνική πραγματικότητα δεν μπορεί να εννοηθεί όπως διαμορφώθηκε μετά τον πρώτο πόλεμο, όπου οι εθνικές περιπέτειες, ο ερχομός και η μόνιμη εγκατάσταση στην πόλη χιλιάδων αστών προσφύγων της Μικράς Ασίας και της Θράκης και των εσωτερικών μεταναστών της μακεδονικής υπαίθρου, μαζί με την κοινωνική διάχυση των πανεπιστημιακών αποφοίτων της, αποσάθρωσαν μεταπολεμικά τα ταξικά όρια.

Η πρωτεύουσα της Μακεδονίας από οικονομικής πλευράς είχε εξελιχθεί τους τελευταίους αιώνες της τουρκοκρατίας σε «πόλη-πρακτορείο» που συνδέθηκε εμπορικά με έντονες πολιτιστικές κοινωνικές επιρροές με όλα τα ευρωπαϊκά καπιταλιστικά κέντρα. Από το 17ο αιώνα, ευρωπαίοι έμποροι, από τους οποίους πολλοί εγκαθίστανται μόνιμα στη Θεσσαλονίκη, μετατρέπουν το λιμάνι του Θερμαϊκού σε προκεχωρημένο εμπορικό πρακτορείο της ανατολικής Μεσογείου, ισάξιο με τη Σμύρνη και την Πόλη.

Η ανώτερη πολυεθνική τάξη, μεγαλέμποροι, βιομήχανοι, τραπεζίτες, Έλληνες, Τούρκοι, Εβραίοι, Ιταλοί, Φράγκοι, Λεβαντίνοι, Βούλγαροι, Σέρβοι και άλλοι Ευρωπαίοι, μαζί με το εμπόριο και τον πλούτο μεταφέρουν κοινωνικές συνήθειες, εθνικές και πολιτικές προπαγάνδες, νέα ήθη, αρχιτεκτονικές μορφές που αποτυπώνονται στις βίλες των Εξοχών με τους ποικίλους ρυθμούς και επιβάλλουν το ευρωπαϊκό ντύσιμο και τη γυναικεία μόδα με πλούσια καταστήματα υφασμάτων, ενδυμάτων και παριζιάνικων καπέλων στο Φραγκομαχαλά και πέριξ της οδού Βενιζέλου.

Η μεταπρατική πορεία κορυφώνεται στο τέλος του 19ου αιώνα, όταν η Θεσσαλονίκη παγιώνεται ως οικονομικό κέντρο της Βαλκανικής με κοσμοπολίτικο χαρακτήρα. Επίσημη γλώσσα της Θεσσαλονίκης, όχι στη διοίκηση αλλά στην οικονομική και κοινωνική ζωή της, δεν ήταν τα τουρκικά ή τα ελληνικά και τα εβραϊκά, αλλά τα γαλλικά, γλώσσα επικοινωνίας των μεγάλων εμπόρων, των καταστημάτων μόδας, των καφέ σαντάν, των καμπαρέ και των κοσμοπολίτικων ξενοδοχείων. Γαλλικά ήταν η επιλογή της ξένης γλώσσας στα σχολεία, ελληνογαλλικά ήταν τα περισσότερα ιδιωτικά σχολεία και η γαλλική ήταν η γλώσσα των εβραϊκών σχολείων, μέσω της γαλλοϊησουϊτικής προπαγάνδας που έχει αρχίσει από το 17ο αιώνα στην ανατολική Μεσόγειο και από το 1883 στη Θεσσαλονίκη, με τα σχολεία της Alliance Israelite Universelle που είχε έδρα το Παρίσι.

Η Θεσσαλονίκη, ωστόσο, παρά τα έντονα αρχιτεκτονικά και κοινωνικά χαρακτηριστικά, παραμένει, μέχρι την ένταξή της στο ελληνικό κράτος ως αρχιτεκτονικός και πολεοδομικός χώρος, μια βαλκάνια πόλη που συνδέει, με τις ιστορικές καταβολές και τα μνημεία της, το ελληνορωμαϊκό και το βυζαντινό παρελθόν της με την Ευρώπη. Την εικόνα αυτή συνέθεταν και οι περιγραφές των ευρωπαίων περιηγητών που πέρασαν από τη Θεσσαλονίκη και είχαν προβάλει τον οριαντελισμό, την περιγραφή εξωτικών τόπων και του ύφους της Ανατολής, ως κατασκοπευτικό στοιχείο των μεγάλων δυνάμεων στην ανατολική τους επέκταση και πολιτική επιρροή μετά την κατάρρευση της οθωμανικής αυτοκρατορίας.

«Από τα σχολεία και τους δασκάλους, όχι μόνο τους ξένους αλλά και τους δικούς μας», σημειώνει ο Αθανάσιος Σουλιώτης-Νικολαΐδης στα απομνημονεύματά του από την περίοδο του Μακεδονικού Αγώνα, *«διδάσκονταν και από τα θέατρα και τους διάφορους αρτίστες, θηλυκούς και αρσενικούς, που λυμαίνονταν την Ανατολή, διαδίδονταν η νεότερη ιταλική, γαλλική και γερμανική· και ολοένα περισσότεροι Θεσσαλονικιοί δεν ήξεραν που την κεφαλήν κλίναι, γιατί η ανατολίτικη μουσική δεν έλεγε πια τα περισσότερα αισθήματά τους και η φραγκική δεν έλεγε σωστά κανένα...»*

Σ' όλη αυτή την καταλυτική πορεία, το ελληνικό στοιχείο της πόλης, μοιρασμένο ανάλογα με την οικονομική επιφάνεια, εντάσσεται στην πολυεθνική αριστοκρατία και την πολυεθνική φτωχολογιά της πόλης. Η υπόδουλη ελληνική κοινότητα της Θεσσαλονίκης ήταν η μεγαλύτερη σε αριθμό και οικονομική και κοινωνική επιφάνεια της ευρωπαϊκής Τουρκίας μετά την Πόλη, αν και τρίτη εθνική μειονότητα μετά τους Τούρκους και τους Εβραίους, με δεκαοκτώ εκκλησίες, δύο γυμνάσια αγοριών και κοριτσιών, δέκα κατώτερα σχολεία και 5.000 έλληνες υπήκοους του ελεύθερου κράτους, που ζούσαν στην πόλη στη διάρκεια του Μακεδονικού Αγώνα, όπως ο γιατρός Αλέξανδρος Δ. Ζάννας, της γνωστής οικογένειας των Ζανναίων, από το Λιβάδι Ολύμπου.

Παρά την κοινωνική και πληθυσμιακή μείξη της πόλης με τους χιλιάδες πρόσφυγες, που δημιούργησαν ολόκληρους δορυφορικούς συνοικισμούς, και την οικονομική ανατροπή μετά το 1930, οι κοινωνικές διαφορές εντάθηκαν και αποτυπώθηκαν ως το δεύτερο πόλεμο στα συνθήματα των καπνεργατών, στις μεγάλες απεργίες του Μάη του '36 και στα συσσίτια της φτωχολογιάς, όπου μόνο το 1930 σιτίζονταν από το Δήμο και άλλες φιλανθρωπικές οργανώσεις 4.000 άτομα στις περιφερειακές φτωχοσυνοικίες. Ο μεσοπόλεμος ήταν και η περίοδος της προκλητικής οικοδομικής σύγκρουσης –κι ας μιλούν οι διάφοροι περιηγητές και επισκέπτες με θαυμασμό για τη Θεσσαλονίκη, περιδιαβάζοντας την παραλιακή ζώνη με το θεσπέσιο ηλιοβασίλεμα του Θερμαϊκού– εκεί όπου πλούσιες βίλες της ανατολικής παραλιακής ζώνης από το Λευκό Πύργο ως τη Νέα Κρήνη και νεότευκτες πολυκατοικίες της αρτ νουβό και της αρτ ντεκό στην πυρίκαυστη ζώνη προκαλούσαν τα άθλια παραπήγματα και τις παραγκουπόλεις των προσφύγων στις περιοχές Ξηροκρήνης (γνωστής ως Τενεκέ Μαχαλά), της Νέας Βάρνας, της Οσίας Ξένης, του Εσκί Ντελίκ (Συκιές), της Πολίχνης (Καρά Ισίν), του Βενιζελοχωρίου, νυν Δήμου Τριανδρίας, της Καλλιθέας, του Βυζαντίου, των Τροχιοδρομικών προσφύγων, της Νέας Κρήνης, ονόματα παλιών και νέων πατρίδων που εγκλωβίστηκαν και χάθηκαν με την πολεοδομική επέκταση και τη δημοτική ανεξαρτησία των περιφερειακών συνοικισμών πριν και μετά τον πόλεμο.

Το μητροπολιτικό κέντρο της Βαλκανικής αρχίζει να παρακμάζει ουσιαστικά από το 1924, μετά τις τελικές εθνικές ανακατατάξεις και τη σταθερή ένταξη στο ελληνικό κράτος, την είσοδο χιλιάδων προσφύγων και την αντίστροφη απόσυρση ξένων εθνικών ομάδων που αναχώρησαν για τα εθνικά τους κέντρα, μετά τη ματαίωση των επεκτατικών σχεδίων των κρατών τους ως προς τη Μακεδονία. Ακόμη, ευάριθμη ομάδα ντόπιων αστών της γενέθλιας πόλης, μεγαλέμποροι, βιομήχανοι και τραπεζίτες, εγκατέλειψαν την πατρίδα όταν περιορίστηκε ο οικονομικός της ρόλος και προτίμησαν την πρωτεύουσα απ' όπου αντιμετώπιζαν τη Θεσσαλονίκη ως περιφερειακή πόλη ασθμαίνουσα από τη συμπίεση των βορείων ελληνικών συνόρων που την απόκοψαν από τη ζωτική βαλκανική ενδοχώρα.

Μετά το 1922 συρρικνώνεται δραστικά και ο έντονος κοσμοπολιτισμός με τις ερωτικές μνήμες της πόλης και ο ευρωπαϊκός προσανατολισμός της αναστρέφεται προς την ελληνική πρωτεύουσα, αν και οι σύγχρονες ατομικές επιλογές των Θεσσαλονικέων, μόδα, σπουδές και εποχιακός συρμός, παραμένουν συνδεμένες με τα ευρωπαϊκά κέντρα. Τα τυπικά στοιχεία της χλιδής, της έκλυτης διασκέδασης και της αστικής ψυχαγωγίας, που συγκέντρωνε επί δεκαετίες η Θεσσαλονίκη ως κέντρο έντονης προπαγάνδας ευρωπαϊκών και βαλκανικών δυνάμεων, χάθηκαν μετά τη σταθερή ενσωμάτωση της πόλης στον ελληνικό κορμό. Οι γνώριμες εικόνες της παλιάς πρωτεύουσας της Βαλκανικής, των ευρωπαϊκών καφέ σαντάν, καφωδείων και βαριετέ, σχολείων και αρχοντικών, όλα τα μορφολογικά στοιχεία του μεταπρατισμού της, ισοπεδώθηκαν από τις μίζερες δραστηριότητες της νεοελληνικής πραγματικότητας, που της έδωσε το σαρκαστικό προσωνύμιο «συμπρωτεύουσα», χωρίς την ανάλογη συμμετοχή στις αποφάσεις που την αφορούν για την επιβίωση και την ιστορική ακτινοβολία της.

Ο έρωτας ήταν ταξικός και στη Θεσσαλονίκη. Ερωτικά ειδύλλια και γάμοι συνάπτονταν μόνο μεταξύ πλουσίων και αριστοκρατών, με τις αναμενόμενες εξαιρέσεις, ως το μεσοπόλεμο, που η προσφυγική πλημμυρίδα, με την προωθημένη ερωτική παράδοση της Ανατολής, έσπασε τα ταξικά κοινωνικά χαρακώματα και τον αστικό πουριτανισμό. Οι «Μπαγιάτηδες», οι παλιοί Θεσσαλονικείς της ανώτερης οικονομικής τάξης, που διασκέδαζαν ερωτικά με αρτίστες και πόρνες που προσελκύονταν από το κοσμοπολίτικο περιβάλλον της πόλης, έκαναν ερωτικούς δεσμούς και παντρεύτηκαν προσφυγοπούλες από τη Σμύρνη, το Αϊβαλί, την Τραπεζούντα και την Πρίγκιπο, που φημίζονταν για τη μόρφωσή τους, την ομορφιά και την τσαχπινιά τους. Δεν έλειψε όμως και η ερωτική εκμετάλλευση των κοριτσιών από τις χαμένες πατρίδες, γεγονός που προκάλεσε την αντίδραση κρατικών παραγόντων και προσφυγικών οργανώσεων, όπως φαίνεται από τις καταχωρίσεις στις εφημερίδες της εποχής, που κάνουν έκκληση για ανθρωπιστική και τίμια μεταχείριση των προσφύγων γυναικών. Διαβαθμισμένα με άγραφους κώδικες ήταν και τα πορνεία πολυτελείας, τα καφέ σαντάν και τα ξενοδοχεία της πόλης. Η φτωχολογιά αρκούνταν στους δικούς της λαϊκούς έρωτες και οι στερημένοι βολεύονταν στα λαϊκά μπορντέλα της Μπάρας, του Βαρδάρη και των Λαδάδικων.

Η ανώτερη πολυεθνική τάξη της πόλης κατοικούσε από τα τελευταία χρόνια του περασμένου αιώνα κι ως την πρώτη δεκαετία μετά το δεύτερο πόλεμο ανατολικά της οδού Αγίας Σοφίας ως το Ντεπό στην περιοχή των Εξοχών, με τις περίφημες επαύλεις επηρεασμένες από την αρτ νουβό και το νεορομαντικό πνεύμα των ευρωπαϊκών πόλεων με τις οποίες είχαν εμπορικές συναλλαγές. Στις ευρύχωρες αίθουσες με ζωγραφιστές και ανάγλυφες διακοσμήσεις και στους χλοερούς βαθύσκιους κήπους των σπιτιών, γίνονταν χοροεσπερίδες και εσπερινά σουαρέ με ευρωπαϊκά τραγούδια και σύγχρονες ορχήστρες, ενώ τις ανάγκες των κοσμικών συγκεντρώσεων εξυπηρετούσαν πολλές υπηρέτριες και υπηρέτες. Την ερωτική αίσθηση που απέπνεε η παραλιακή ζώνη των Εξοχών, με τους ειδυλλιακούς ορμίσκους και τα οργανωμένα θαλάσσια λουτρά, με τους κάθετους λουλουδιασμένους δρόμους που οδηγούσαν στη θάλασσα, διέσωσε σε κινηματογραφική αποτύπωση στη δεκαετία του '50 ο νοσταλγικός ποιητής της Θεσσαλονίκης Μαρίνος Χαραλάμπους. Κατά μήκος της λεωφόρου των Εξοχών, απ' όπου περνούσε το ιππήλατο στην αρχή και από το 1908 το ηλεκτροκίνητο τραμ, και στους εράσμιους κήπους των αρχοντικών, κυκλοφορούσαν γυναίκες ντυμένες με τα τελευταία μοντέλα των μεγάλων οίκων του Παρισιού, που ξάφνιαζαν με την κομψότητα και την ομορφιά τους τούς επισκέπτες της πόλης. Να πώς περιγράφει ο Δ.Κ. Βουρδουνιώτης στο *Ημερολόγιο του Σκόκου* το 1890 τις αστές γυναίκες της πολυεθνικής Θεσσαλονίκης:

«Αι ιδιότροπαι Αγγλίδες, αι αφελείς Γερμανίδες, αι κομψόταται και χαριέσταται Γαλλίδες, αι εράσμιαι Ιταλίδες, αι θελκτικαί Ισπανίδες, αι χιονώδεις αλλά πλήρους ζωής Ρωσίδες, αι συμπαθέσταται Ελληνίδες, αι ηδυπαθέσταται Οθωμανίδες και αι εξόχως ωραίαι και προκλητικαί αφρόπλασται Εβραίαι διέρχονται πλησίον σου ως εν πανοράματι φάσματα, ακτινοβολούντα εκ κάλλους, χάριτος και πολυτελείας, μόναι ή μετά συνοδών, γιασαξίδων ενόπλων, οίτινες, ως Κέρβεροι, φρουρούσιν αυτάς. Ιδιαζόντως εξέχουσι διά την πολυπρόσωπον ακολουθίαν των, ως αι αρχαίαι Αθηναίαι, αι Οθωμανίδες. Έχουσι καλυμμένον το πρόσωπον με τα γαργαλιστικότατα γιασμάκια των. Διαφαίνονται δε μόνον εξ αυτών οι πύρινοι οφθαλμοί των, στεφανούμενοι υπ' οφρύων ηνωμένων κατά φύσιν ή τέχνην, όπερ είναι σημείον αγρίας ζηλοτυπίας κατά τον Agne Penigne, και περιβαλλόμενοι υπό μέρους της στιλβούσης κόμης, των αβροτάτων παρειών και της κορυφής της ρινός. Αι αλαβάστρινοι χείρες, με τους ερυθροβαφείς όνυχας, κοσμούνται υπό δακτυλίων, αδαμάντων και άλλων πολυτίμων λίθων και ψελλίων. Καθίστανται δε ηδυπαθέστεραι εκ των βραχέων ενδυμάτων των, αφ' ων διαφαίνονται μετά του κάτω της ευτραφούς κνήμης, οι καλλίσφυροι

μικροί πόδες, εις μεταξωτάς περικνημίδας και πλούσια και κομψότατα υποδημάτια (σκαρπίνια) εσφηνωμένοι. Αι περίεργοι αυταί γυναίκες, αι δειλότατον έχουσι το ήθος, καλύπτουσιν εξ αιδημοσύνης τα πρόσωπα και γυμνούσι τους πόδας και τας κνήμας. Αι δε περικαλλέσταται Εβραίαι με τα υψηλά και συμμέτρως ευτραφή σώματά των, τα λευκότατα και τρυφερότατα ως η αρτιφυής ιάσμη, τα ιλαρά πρόσωπα, τα βαθύκολπα στήθη, το χαριτόβρυτον παράστημα, με τα εξαίσια και φυλετικά αυτών κοστούμια, με τα ποικιλόχρωμα και μετάξινα πολυτελή ενδύματά των, βαδίζουσι ως Καρυάτιδες και Νηρηίδες εν ταυτώ και διακρίνονται όλαι διά το κάλλος των και το θάρρος και την ελευθερίαν των.»

Ιδιαίτερα εντυπωσιασμένος μιλάει για την ομορφιά της Ίδας, «μια των ωραιοτάτων γυναικών της πόλεως», συζύγου του Λεβί Σαούλ Μοδιάνο που έμενε στη «βίλα Ίδα», εκεί όπου μετά την κατεδάφισή της, το 1960, χτίστηκε το σημερινό κτίριο του Ιταλικού Μονοπωλίου Καπνού.

«Το εξαίσιον κάλλος της είναι τω όντι άξιον της φήμης του. Ούτε ευτραφής ούτε ισχνή, υψηλή, ευθυτενής, πάλλευκος, αβρόσαρκος, νεαρά, πλήρης ζωής, σφρίγους και πυρός, έχει την μορφήν της αποδιδομένης τω Πραξιτέλει Αφροδίτης του Καπιτωλίου, μορφήν πολυθέλγητρον, καθισταμένην θελκτικωτέρα υπό δύο μεγάλων και γλυκυτάτων οφθαλμών, μαγικήν ερώτων και χαρίτων φωλέαν.»

Η Αγίας Σοφίας ήταν η οδός των πλουσίων σπιτιών, η περίφημη Κάλε ντε Ζάντε, με πολυτελέστατα ξενοδοχεία όπου οργανώνονταν από κυρίες και δεσποινίδες καλλιτεχνικές και φιλανθρωπικές εκδηλώσεις, με το ξενοδοχείο *Ματζέστικ* στην παραλία, το *Αστόρια* στη γωνία Τσιμισκή και Αγίας Σοφίας, όπου έμεινε πριν εξαφανιστεί ο μοιραίος νεκρός του Θερμαϊκού αμερικανός δημοσιογράφος Τζορτζ Πολκ, κλινικές, ζαχαροπλαστεία και τον κινηματογράφο *Διονύσια* με τις κοσμικές πρεμιέρες των έργων και τις ουρές μπροστά στην πρόσοψη με τα αιγυπτιακής έμπνευσης ανάγλυφα.

Τους παράγοντες της αστικής τάξης προσείλκυαν τα καλλιστεία και η εκλογή της «Μις Θεσσαλονίκη» που γίνονταν στο μεσοπόλεμο στο *Ολύμπιον Μέγαρον της Μεσογείου*, όπως ονομαζόταν επίσημα το κοσμοπολίτικο ξενοδοχείο *Μεντιτερανέ*, το οποίο κατεδαφίστηκε παράνομα μετά τους σεισμούς του 1978. Την πρώτη χρονιά, που συνέπεσε με το διεθνές οικονομικό κραχ και τη συνεχιζόμενη ταλαιπωρία των προσφύγων στις περιφερειακές συνοικίες, «Μις Θεσσαλονίκη» εκλέχτηκε η Ελένη Σταθοπούλου, το 1930 η Ρωξάνη Στεργίου και το 1931 η Νίκη Παυλίδη. Στην ταράτσα του ίδιου ξενοδοχείου λειτουργούσε θερινό καμπαρέ και χαρτοπαικτική λέσχη με αρτίστες από την Αθήνα και ευρωπαϊκές πόλεις.

Οι αστοί της Θεσσαλονίκης είχαν και τα δικά τους πορνεία, όπου δύσκολα περνούσαν στα πλουμιστά κρεβάτια των πλουσίων «σπιτιών» παροδικοί εραστές άλλων τάξεων. Ανατολικά της οδού Αγίας Σοφίας ως την οδό 25ης Μαρτίου, υπήρχαν προπολεμικά αρκετοί πολυτελείς οίκοι ανοχής, πρώτης κατηγορίας σε διώροφα σπίτια της Λεωφόρου Βασιλέως Γεωργίου και Βασιλίσσης Όλγας, στην Ηλεκτρική Εταιρία και την οδό Αγγελάκη και δεύτερης κατηγορίας στην οδό Εθνικής Αμύνης.

Ο κοινωνικός ρόλος των πορνών στο μεσοπόλεμο ήταν αποδεκτός, αν και ανομολόγητος, απ' όλα τα κοινωνικά στρώματα. Οι πολυάριθμες και ευκατάστατες πόρνες μάλιστα, γύρω στο 1930, προσφέρθηκαν να συμβάλουν ανάλογα με τις μηνιαίες εισπράξεις των σπιτιών τους στην ίδρυση του «Ασύλου της αλητόπαιδος», αντίστοιχο του «Ασύλου του αλητόπαιδος» – του γνωστού «Ασύλου του παιδιού» που λειτουργούσε ως τους σεισμούς του 1978 στην πλατεία Σιντριβανίου. Πολλές διευθύντριες οίκων ανοχής με παριζιάνικα φορέματα, κρατώντας βεντάλιες από φίλντισι, πήραν μέρος σε ανοιχτή σύσκεψη που πραγματοποίησε στη Θεσσαλονίκη η φιλανθρωπική οργάνωση υπέρ της Αλητόπαιδος, αλλά, όπως εξηγεί η Αγγελική Μεταλλινού, παρά τις σημαντικές προσφορές των κοινών γυναικών, «η προσπάθεια δεν ετελεσφόρησεν ελλείψει των πρώτων βασικών πόρων». Πολλές πόρνες έκαναν δωρεές σε εκκλησίες και φιλανθρωπικά ιδρύματα και μια γνωστή μαντάμα, η Βικτώρια, που διατηρούσε ομώνυμο θέατρο στην Κολόμβου και αλυσίδα πορνείων στην Μπάρα, συνάντησε το συνταγματάρχη Νικόλαο

Πλαστήρα στη Θεσσαλονίκη, κατά την προετοιμασία της στρατιάς του Έβρου το 1923, και πρόσφερε την περιουσία της για την αγορά τορπιλοβόλου. Η σεμνοτυφία και ο καθωσπρεπισμός όμως του έντιμου αξιωματικού και του δικτάτορα Θεόδωρου Πάγκαλου απέρριψαν την εθνική προσφορά της.

Πέρα από τα επίσημα «σπίτια», των οποίων οι γυναίκες περνούσαν από τακτικό υγειονομικό έλεγχο, πολλά κοσμικά ξενοδοχεία παρείχαν «απολαύσεις νέου τύπου» στους αστούς, ευρωπαίους επισκέπτες και εμπόρους και γαιοκτήμονες της μακεδονικής ενδοχώρας, όπως το *Τουρίστ*, όπου στα χρόνια της γερμανικής κατοχής έμεναν οι καλλιτέχνιδες της οργάνωσης «Η χαρά διά της εργασίας», η οποία ψυχαγωγούσε τα γερμανικά στρατεύματα, το *Βικτώρια*, το *Σπλέντιτ* στη οδό Βασιλέως Γεωργίου και το *Ματζέστικ* στην παραλιακή απόληξη της οδού Αγίας Σοφίας.

Μετά τον πόλεμο, την καταλυτική κατοχή, την οικονομική κρίση και τις κοινωνικές ανακατατάξεις, στα πολυτελή μπορντέλα σύχναζαν και μικροαστοί, επήλυδες και περιθωριακά άτομα που πλούτισαν από τις παράνομες πολεμικές συναλλαγές, τη μαύρη αγορά και τις νέες οικονομικές συνθήκες. Το ακατανόητο αλλά μόνιμο ιστορικό κατακάθι όλων των κρίσιμων εποχών, είναι πως στα κέντρα πολυτελείας και τους διακεκριμένους οίκους ανοχής, μονήρεις ή με εναλλασσόμενους ερωτικούς συντρόφους, σύχναζαν οι ίδιοι πάντα τύποι, κοσμικοί ή της λεγόμενης καλής κοινωνίας, όπως τους αποκαλούσαν οι εφημερίδες της εποχής, οι οποίοι προκειμένου να κερδοσκοπήσουν ή να διατηρήσουν την οικονομική επιφάνειά τους συνεργάστηκαν με τους κατακτητές, έγιναν αδιάφοροι ή δοσίλογοι, δεν ενίσχυσαν αναλογικά τον εθνικό αγώνα. Μερικοί μάλιστα απ' αυτούς τιμήθηκαν για την «εθνική προσφορά», εκ του ασφαλούς, χωρίς στερήσεις, μέσα σε ροζ δωμάτια, θέατρα, καφέ σαντάν, ψηλοτάβανα αρχοντικά και χαρτοπαικτικές λέσχες, ενώ φίλοι τους, συντοπίτες κι ακόμα και συγγενείς, αναλώθηκαν σε αγχώδεις παρανομίες, εκτελέστηκαν ή χάθηκαν σε εξορίες, έκοψαν στη μέση τρυφερούς έρωτες, για ιδέες και ιδανικά, περιέπεσαν σε έσχατη ένδεια μεταπολεμικά για να επιβιώσουν στην πατρίδα, όταν δεν εκδιώκονταν ή δεν μετανάστευαν στα ξένα.

Τον τυπικό οίκο ανοχής, διευρυμένο με τη νέα πελατεία των μεσοαστών, στην οδό Αγγελάκη, εκεί όπου έγιναν, στη δεκαετία του '50, οι άχαρες πολυκατοικίες των καθηγητών, περιγράφει ο Ηλίας Πετρόπουλος στο *Μπουρδέλο, ήτοι λαογραφική πραγματεία περί των εν Ελλάδι οίκων ανοχής και του πληρώματος αυτών*:

«Το Νο 19 της οδού Αγγελάκη –τυπικός ομαδικός οίκος ανοχής– είχε στο ισόγειο το σαλόνι, τρία δωμάτια και μια κουζίνα. Στο πάνω πάτωμα είχε άλλο ένα σαλόνι, τέσσερα δωμάτια και λουτροκαμπινέ. Συνεπώς υπήρχαν εφτά διαθέσιμα δωμάτια για τις εφτά εισώκλειστες πόρνες. Η μαντάμα, ο μπράβος και η υπηρέτρια δεν κοιμόντουσαν μες στο μπορντέλο. Στη συγκεκριμένη περίπτωση η μαντάμα (η περίφημη κυρία Δέδε, επιστήθια φίλη του στρατηγού Βαρδουλάκη και κουμπάρα του αστυνομικού διευθυντή Μουσχουντή) έμενε πλάι στο Λευκό Πύργο. Κάθε πόρνη είχε στο δωμάτιό της το κρεβάτι, μια ντουλάπα, ένα κομό, ένα τραπέζι και κανα δυο καρέκλες. Θυμάμαι πολύ καλά ότι η πόρνη Λέλα (νυν ώριμη και αξιοσέβαστη αστή της οδού Πατριάρχου Ιωακείμ) είχε στην κάμαρή της ένα γραμμόφωνο. Καλοριφέρ δεν υπήρχε. Κάθε δωμάτιο είχε τη σόμπα του. Πάνω στο κομό η κλασική λεκάνη, η κλασική κανάτα και το κλασικό μπουκάλι με το περμαγκανάτ. Χάμω στο δάπεδο, κιλίμια και κουρελούδες. Το κρεβάτι πάντα διπλό και στρωμένο. Πάνω στο κρεβάτι, εκείνο το στρογγυλό και τσουπωτό μαξιλαράκι για το οποίο έχω μιλήσει. Η πόρνη δούλευε και κατοικούσε στο δωμάτιό της, που ήταν πεντακάθαρο. Στο σαλόνι του δεύτερου πατώματος δεν καθόντουσαν ποτέ οι πελάτες. Όλες οι πόρνες έκαναν τη φιγούρα τους στο σαλόνι του ισογείου.

»Η διευθύντρια (ή και ιδιοκτήτρια) του μπορντέλου λέγεται μαντάμα ή πατρόνα ή ματρόνα ή αποδόχισσα, πάντως οι πόρνες την αποκαλούσαν μαμά. Αρχικώς η λέξη πατρόνα εσήμαινε ό,τι και στα ιταλικά (οικοδέσποινα). Η μαντάμα κούρνιαζε πίσω από το ταμείο της, που ήταν συνήθως πλάι στην εξώπορτα. Από κει διηύθυνε όλη τη δουλειά. Οι κύριοι στόχοι της δουλειάς της μαντάμας ήσανε τρεις: εισέπραττε το τίμημα της συνουσίας, παρότρυνε τους πελάτες να διαλέξουν ένα κορίτσι, επέβαλλε την τάξη και την ευπρέπεια.

»Το τίμημα της συνουσίας το εισέπραττε η πόρνη, ευθύς μετά την τέλεση της ερωτικής πράξεως και ενώ ο πελάτης ήταν ακόμη μισόγδυτος. Ακολούθως η πόρνη βγαίνει από το δωμάτιό της και πάει στο ταμείο, όπου καταθέτει το ποσόν παίρνοντας αντιστοίχως μία μάρκα...»

Εκτός από τις δηλωμένες γυναίκες των πολυτελών μπορντέλων που υποβάλλονταν συχνά σε ιατρικές εξετάσεις στον υγειονομικό σταθμό της οδού Ιπποδρομίου, υπήρχαν και πολλές αδήλωτες, πολυτελείς, για χοντρά βαλάντια, που έμεναν σε πολυκατοικίες των κεντρικών δρόμων της πόλης, Δεσπερέ, Παλαιών Πατρών Γερμανού, Λεωφόρου Στρατού, 25ης Μαρτίου, Πρίγκηπος Νικολάου κ.ά.

«Αυταί ζώσιν ελεύθεραι εντός πολυκατοικιών προ παντός των μεγαλυτέρων οδών», γράφει η Αγγελική Μεταλλινού στο βιβλίο της *Οι γυναίκες του ελαφρού κόσμου της Θεσσαλονίκης*, *«ίνα ούτω αι εισερχόμεναι εις αυτάς μη κινώσι την προσοχήν του κόσμου... Δυστυχώς νεαρώταται νέαι από 15-25 ετών θύουσι εις τον έρωτα άνευ ουδενός περιορισμού, αιδούς ή συστολής, εξερχόμεναι μετά την δύσιν του ηλίου ανά τας οδούς της πόλεως κατά ζεύγη και το εμπόριον της σαρκός, πολλάκις ούτω εκτίθεται ασυστόλως προ των ομμάτων του κοινού...»*

Στη διάρκεια της Κατοχής οι Γερμανοί είχαν επιτάξει πέντε έξι οίκους ανοχής για τα επίλεκτα τμήματά τους, οι δε γυναίκες, απ' όλες τις εθνικότητες, ήταν άψογα ντυμένες και είχαν αυστηρότατους περιορισμούς κατά την έξοδό τους από τα πολυτελή μπορντέλα, για προληπτικούς λόγους υγιεινής των κατακτητών.

«Ως προς τον σκοπόν της εξυπηρετήσεως των ξένων στρατευμάτων», συνεχίζει η Αγγελική Μεταλλινού, *«συνεστήθησαν και ειδικοί "Φιλόξενοι οίκοι", αποκλειστικώς εξυπηρετούντες ταύτα με ιδιαιτέραν ιατρικήν περίθαλψιν και επιτήρησιν.»*

Την ίδια περίοδο οι Γερμανοί είχαν ιδρύσει στη Θεσσαλονίκη πολλά καζίνα και χαρτοπαικτικές λέσχες, για να παρακολουθούν τις ομάδες εθνικής αντίστασης και τους συμμάχους. Στις λέσχες περιφέρονταν όμορφες γυναίκες, ξένες και ελληνίδες, οι περισσότερες καλυμμένες πόρνες, που έπαιζαν συνήθως το διπλό πράκτορα σε Γερμανούς, συμμάχους και Έλληνες. Επικεφαλής των λεσχών ήταν ο πράκτορας της Γκεστάπο Περικλής Νικολαΐδης, γνωστός ως Πέρι Νικολάι, που ήρθε στη Θεσσαλονίκη ως ποδοσφαιριστής του «Ηρακλή» από την Καβάλα, αλλά φυλακίστηκε, ως εμπρηστής καπναποθήκης, στο Επταπύργιο, απ' όπου τον έβγαλαν οι Ναζί για να τον βάλουν στην υπηρεσία τους.

Το πρώτο καζίνο λειτούργησε το 1942 στο καφενείο *Νάουσα* στην πλατεία Αγίας Σοφίας, ακολούθησε το *Αιγαίον* της οδού Ερμού και το *Περοκέ*, το *Καζίνο-Βαριετέ-Ντάσινγκ* στο Φάληρο, η *Νέα Λέσχη* στο καφενείο *Ερμής* της πλατείας Αγίας Σοφίας, η *Μεγάλη Λέσχη*, στην οδό Αγίας Θεοδώρας, η *Λέσχη Θεσσαλονίκης* κ.ά., όπου μαζί με τα αποβράσματα, τους ναζί, τους μαυραγορίτες και τους δοσίλογους κυκλοφορούσαν και πολλοί αδιάφοροι για τα συμβαίνοντα την περίοδο εκείνη αστοί της πόλης, ανάγοντας την εφήμερη συγκίνηση της ρουλέτας σε επαναλαμβανόμενη πατριωτική μειοδοσία.

Πολλά κέντρα διασκέδασης «δι' οικογενείας» για ιδιαίτερα ερωτικά ραντεβού και για εφήμερη διασκέδαση με τις ποικιλώνυμες αρτίστες είχαν στηθεί σε πολλά σημεία της πόλης, από το Μπέχτσιναρ ως την Αρετσού, ακολουθώντας την εποχική πολεοδομική χωροθέτηση των κέντρων και τη μετεγκατάστασή τους από περιοχή σε περιοχή, ανάλογα με τη ζήτηση και την οικονομική συγκυρία.

Διάσημα κέντρα, πριν τη μικρασιατική καταστροφή, την πυρκαγιά του '17 και την προσφυγική πλημμυρίδα, όπου επωάστηκε ο έρωτας, μέσα κι έξω από κατεστημένα ηθικά όρια της εποχής, ήταν το *Μπέχτσιναρ*, το ζαχαροπλαστείο *Φλόκα* στην πλατεία Ελευθερίας, γνωστό στα πέρατα του κόσμου από τους βαριεστημένους αξιωματικούς και οπλίτες των μετόπισθεν της στρατιάς της Ανατολής, το οποίο διασώθηκε από τις επιστολές και καρτ ποστάλ που έγραφαν στα στρογγυλά μαρμάρινα τραπεζάκια του, το *Ακταίον* στο Καραμπουρνάκι με τολμηρό παριζιάνικο πρόγραμμα, το παλιό *Ντορέ* στην οδό Πρίγκηπος Νικολάου, πριν μεταφερθεί στην περιοχή του Λευκού Πύργου, το

Μουλέν Ρουζ, στη Θεμιστοκλή Σοφούλη, όπου όλο το υπηρετικό προσωπικό ήταν γυναίκες, το *Μπο Ριβάζ*, στη διασταύρωση Βασιλέως Γεωργίου και Αγίας Τριάδας, με ιδιαίτερα χωρίσματα για τους ερωτευμένους, το Λουξεμβούργο, παλιά σε δεύτερη χρήση τράπεζα φαγητού καθολικού μοναστηρίου, το *Ρουά Ζορζ*, στη Λεωφόρο Βασιλίσσης Όλγας, στη σημερινή λεωφορειακή στάση Γεωργίου, που φιλοξένησε θέατρο και βαριετέ κ.ά.

Η Θεσσαλονίκη, αντιγράφοντας άμεσα τον ψυχαγωγικό συρμό της Ευρώπης, εισήγαγε στο τέλος του περασμένου αιώνα από την Εσπερία και τα καφέ σαντάν, ένα είδος θεάτρου και μεσευρωπαϊκού καφενείου. Ξένες χορεύτριες που φορούσαν φραμπαλάδες στη σκηνή ξεσήκωναν, με τα ερωτικά τραγούδια και τα προκλητικά λικνίσματα και πανωσηκώματα των πολύπτυχων φουστανιών τους, τους θαμώνες που κάθονταν ράθυμα γύρω από μικρά μαρμάρινα τραπεζάκια. Τα καφέ σαντάν ως ευρωπαϊκό είδος εμφανίστηκαν αρχικά στο Φραγκομαχαλά όπου κατοικούσαν Φράγκοι και άλλοι Ευρωπαίοι κι έφτασαν στην ακμή τους στα χρόνια του Μακεδονικού Μετώπου, καλύπτοντας την περιοχή από την πλατεία Ελευθερίας ως το Φάληρο. Τέτοια ιδιότυπα κέντρα, που τα αποδέχτηκαν οι αστοί της πόλης, στήθηκαν κατά μήκος της παραλίας με τα ονόματα *Σπλέντιτ, Κρυστάλ, Όλυμπος Παλάς, Μπαρ Φρανσέ* και άλλα, τα οποία με ανορθόγραφες επιγραφές στα γαλλικά καλούσαν τους στρατιώτες να παρακολουθήσουν τα προγράμματα με ημίγυμνες αρτίστες, ξεπεσμένες αριστοκράτισσες και ελληνίδες θεατρίνες που τραγουδούσαν γαλλικά, ιταλικά και γερμανικά τραγούδια.

Τα καφέ σαντάν παραχώρησαν τη θέση τους στο μεσοπόλεμο στα βαριετέ, ένα είδος πολυτελούς καφενείου με πλούσιο διάκοσμο, άλλο ένα μεταπρατικό ψυχαγωγικό είδος της εποχής, με ελληνικές και ξένες ορχήστρες και τραγουδιστές με ελληνικό και ξένο ρεπερτόριο. Η σύγχρονη παραλλαγή τους, τα καμπαρέ, με ημίγυμνες γυναίκες ελευθερίων ηθών, που κρατούν ερωτική συντροφιά στους στερημένους θαμώνες και παροδικούς επισκέπτες της πόλης, πίνοντας χαμομήλι που χρεώνεται ως ακριβό ουίσκι, είναι εκφυλισμένη εξέλιξη των ερωτικών κέντρων ψυχαγωγίας του μεσοπολέμου.

Την ίδια εποχή, πρόσφυγες και εργάτες, πεινασμένοι από την

ανεργία και κυνηγημένοι από τα «ιδιώνυμα» και τις αντιδραστικές κυβερνήσεις του μεσοπολέμου και του Εμφυλίου, έβρισκαν καταφύγιο στους τεκέδες του λιμανιού, του Βαρδάρη και της Αγίας Φωτεινής, σε ρεμπέτικα στέκια και προσφυγικά καφενεία, όπου ανέβλυζε η πίκρα της ζωής και ο καημός του εμποδισμένου έρωτα.

Τα επίχειρα της ερωτικής ελευθεριότητας και της ανεξέλεγκτης πορνείας στη Θεσσαλονίκη, σε έκρυθμες περιόδους πολέμων και κοινωνικών αναταραχών, αντανακλούν στις ιδιαίτερες αναφορές αστιάτρων της πόλης και «επιθεωρητών του γυναικείου ημικόσμου» και την ανάπτυξη των δημόσιων ιατρείων για την αντιαφροδισιακή μέριμνα.

Ο αντιαφροδισιακός σταθμός με την πινακίδα σε γαλλική γλώσσα «Poste Anti-Venerien» στο μονώροφο οίκημα του Βαρδάρη διασώθηκε χάρη στις φωτογραφίες σουβενίρ των ξένων φαντάρων της στρατιάς της Ανατολής, που έπαιρναν δύναμη για τα αμπριά του μετώπου από το ολιγοήμερο ξεφάντωμα στα καφέ σαντάν του Βαρδάρη και τα πορνεία της Μπάρας. Τα αντιαφροδισιακά ιδρύματα ακολούθησαν τοπογραφικά την κοινωνική αποδοχή, διεμβολίζοντας την πόλη, από τα ιατρεία του Βαρδάρη και του λιμανιού ως το υγειονομικό κέντρο της περιοχής Ιπποδρομίου, και τέρμα στο νοσοκομείο αφροδισίων και δερματικών νόσων, μετά το 1917, στη βίλα του ελληνορώσου προξένου Ιωάννη Χατζηλαζάρου, στις οδούς Δελφών, Αναλήψεως και Αρτέμιδος της ανατολικής Θεσσαλονίκης.

Το «υγειονομικό κέντρο» της οδού Ιπποδρομίου, στην εποχή του Εμφυλίου, περιγράφει με έντονη παιδική μνήμη ο Τόλης Καζαντζής:

«Δίπλα είχε ένα σπιτάκι όπου πέρναγαν όλες οι "δημόσιες" της Θεσσαλονίκης για εξέταση. Κι ήτανε τότε με τις "επιχειρήσεις" γεμάτη η πόλη με στρατό και από τέτοια σπίτια, και μάλιστα για κάθε τσέπη. Όμως κι έξω από το δρόμο έβλεπες να κυκλοφορούνε ένα σωρό απ' αυτές. Τότε τις καταλάβαινες με το πρώτο. Όμως δεν πειράζανε κανένα. Είχε κάθε μια τη γωνιά της και περίμενε, κι ερχόντανε παρέες παρέες οι φαντάροι κι οι άλ-

λοι και λέγαν δυο κουβέντες κι ύστερα αυτές μπροστά κι οι άλλοι πίσω πηγαίνανε στους Χορτατζήδες ή στα εβραίικα μνήματα ή, για κοντά, σε κανένα βομβαρδισμένο σπίτι ή σε κανα παρατημένο οικόπεδο. Την Πέμπτη όμως το πρωί έρχονταν στολισμένες όλες για επιθεώρηση, μοναχές τους, ή, αν είχαν, με τους νταβατζήδες τους, που κάθονταν παραπέρα, σ' ένα καφενείο και τα λέγαν αναμεταξύ τους. Ήταν μερικές απ' τα ακριβά σπίτια, που έρχονταν με ταξί. Απ' τ' "Αγγελάκια" και την "Ηλεκτρική εταιρεία"...»

Το παλιό νεοκλασικό χτίσμα του νοσοκομείου αφροδισίων νοσημάτων, που τα ψηλοτάβανα δωμάτια φιλοξένησαν κρινολίνα, αστικές τυπικότητες και διπλωματικούς καθωσπρεπισμούς, τώρα θωρεί μελαγχολικά πρόσωπα που πάσχουν από μαλαφράντσα, σύφιλη, κονδυλώματα κι άλλα διαχρονικά αφροδίσια ων ουκ έστιν αριθμός. Στα πρόθυρα του 21ου αιώνα χτύπησε τον έρωτα η κατάρα του έιτζ, που φαντάζει μεσαιωνική επιδημία μπροστά στις θεραπεύσιμες παλιές αφροδίσιες αρρώστιες. Και πάλι από τα τραγικά θύματα η συγχρονική αρρώστια πήρε πρώτο, γύρω στα 1980, σαλονικιό μόδιστρο, που είχε κάνει διεθνείς επιτυχίες και ερωτικές περιπολίες. Αυτοί οι τελεσίδικα μελλοθάνατοι, ανύποπτοι αυτόχειρες του έρωτα, νοσηλεύονται τώρα σε ειδικούς θαλάμους των μεγάλων νοσοκομείων, αποδιοπομπαίοι τράγοι κι από τους ίδιους τους μεταδοσίες της κατάρας, με το φόβο επιθετικό σε νοσοκόμες και γιατρούς, που φτάνει σε ακραίο κοινωνικό ρατσισμό, όπως τον περιέγραψε με ιατρική εμπειρία ο Περικλής Σφυρίδης στο διήγημά του *Το μίασμα*. Οι άλλοι, με τα θεραπεύσιμα αφροδίσια, ανακαλούν, θωρώντας τα ανάγλυφα ταβάνια της προξενικής βίλας, το σχήμα των χαμένων γυναικείων προσώπων που υπόγραψαν επώδυνα την ερωτική τους εκτόνωση.

ΤΑ ΛΑΪΚΑ ΝΥΦΟΠΑΖΑΡΑ

Ο έρωτας, ταπεινόφρων, αναχωρητής και λιτοδίαιτος, αποκαλύπτει χαλάσματα, σκοτεινά αλσύλλια, μισοφωτισμένους δρόμους, απόμερα λιμανάκια, περιφερειακά αγροτεμάχια και καλλιεργημένα χωράφια, μ' ένα λόγο αποζητά την περιθωριακή τοπογραφία της πόλης και των παρυφών της, μακριά από τα αδιάκριτα βλέμματα επαγγελματιών μπανιστιρτζήδων και τυχαίων περαστικών. Η καταφυγή των ερωτευμένων σε απόμερα μέρη ήταν πάγια συνήθεια επί δεκαετίες πριν από τη μεταπολεμική σεξουαλική απελευθέρωση, για να μη δημιουργηθούν οικογενειακά δράματα, εγκλεισμοί των κοριτσιών στα σπίτια, παρακολουθήσεις αδελφών και γονέων, για να διασωθεί ο κοινωνικός καθωσπρεπισμός και η παρθενία, γνήσια ή προσποιητή προϋπόθεση για γάμο και κοινωνική καταξίωση. Τα σύγχρονα δημόσια χαριτωμένα φιλιά, οι αγκαλιές σε στάσεις λεωφορείων και δρόμων ανύπανδρων εραστών ήταν προπολεμικά σε άλλες πόλεις απαγορευμένη δημόσια σκηνή και η παράβαση από τολμηρούς εραστές προκαλούσε, αν όχι επέμβαση της αστυνομίας, την προκλητική παρέμβαση σεμνότυφων ηλικιωμένων.

Στη Θεσσαλονίκη η πολυεθνική αστική συμβίωση, η χαλάρωση των ηθών λόγω λιμανίσιου περιβάλλοντος και συνεχούς αστικής ζωής, η παρουσία χιλιάδων στρατιωτικών στον πρώτο παγκόσμιο πόλεμο και οι συγκεντρώσεις ετερόκλητων πληθυσμών, προσφυγικών, ανταρτόπληκτων και εσωτερικών μεταναστών, η πρώιμη έξοδος της γυναίκας, κυρίως της προσφυγοπούλας, στο εργοστάσιο και την κοινωνική ζωή, διαφοροποίησαν τη στάση των κατοίκων απέναντι στις εικόνες του έρωτα. Στην πόλη σπάνια καταγράφηκε έγκλημα για λόγους τιμής και οι εξωσυζυγικές ερωτικές σχέσεις, πέρα από την ατομική αντίδραση, δεν προκαλούσαν οικογενειακές και κοινωνικές κατακραυγές, γνώριμες σε άλλες περιοχές.

Εντούτοις, ο έρωτας των λαϊκών ιδίως στρωμάτων κατέφευγε στα χαλάσματα των ανατολικών βυζαντινών τειχών, στα καμένα της περίκαυστης ζώνης μετά το 1917, στα εβραϊκά νεκροταφεία της πανεπιστημιούπολης, στους χειμάρρους της Τούμπας και της Αγίας Τριάδας, στα γρασίδια και τους θάμνους των μισοφωτισμένων πάρκων, στα αλσύλλια των Σαράντα Εκκλησιών και του Σέιχ Σου, στα στοιχειωμένα με πτώματα εκτελεσμένων ρέματα της Δόξας, στα χαμόσπιτα της Αγίας Φωτεινής, στα απόμερα λιμανάκια και τις αντίπερα ακτές του Θερμαϊκού, σε σιταροχώραφα και καλαμιώνες, πριν γίνουν οικόπεδα και χορευτικά κέντρα, στον παλιό σιδηροδρομικό σταθμό και στα μεθόρια των δυτικών προσφυγικών συνοικισμών γύρω από τα πολυπρόσωπα στρατόπεδα και τα έμπεδα.

Ο έρωτας εξαγίασε και αποκάθαρε δύσοσμα σοκάκια της πάνω πόλης, ρυπαρά οικόπεδα, περίφοβα χαλάσματα και νεκροταφεία της πόλης, προαύλια εκκλησιών και πλατείες, πέρα από τα γραφικά παράλια καφενεδάκια, ρομαντικά αναψυκτήρια, βαθύσκια πάρκα με ενεπίγραφα παγκάκια της ερωτικής αναζήτησης και της μοναξιάς, λαϊκά συνοικιακά θερινά σινεμά με τις πάνινες πολυθρόνες, τις πασχαλιές που στεφάνωναν τις οθόνες, όπου γενιές κινηματογραφόφιλων ταυτίστηκαν με τις ερωτικές υπερβάσεις της οθόνης και το γκρέμισμα των ονείρων από κοινωνικούς και οικογενειακούς κατατρεγμούς.

Η παραδοσιακή επιλογή των ερωτικών συντρόφων στη Θεσσαλονίκη ήταν ανέκαθεν τα νυφοπάζαρα, κεντρικοί δρόμοι, πλατείες και προκυμαίες, όπου σε αλλεπάλληλες βόλτες εντός οριοθετημένου από παράδοση διαγράμματος γίνονταν οι ερωτικές επισημάνσεις, οι ανταλλαγές βλεμμάτων και λόγων και τελικά κλείνονταν τα ραντεβού σε κατάλληλο χώρο και χρόνο. Τις παραδοσιακές μορφές των νυφοπάζαρων υποκατέστησαν προπολεμικά οι χοροεσπερίδες, τα κατηχητικά, οι εκκλησιασμοί και οι περιφορές των επιταφίων

«Μια Μεγάλη Παρασκευή βράδυ», θυμάται ο Κωνσταντίνος-Χριστόφορος Ροδοκανάκης, *«στην περιφορά του Επιταφίου, ενώ κατηφόριζα μέσα στο πλήθος την οδό Αγίας Τριάδος με αναμμένο κερί στο χέρι, ο φτερωτός αυτός μπαμπέσης με βάρεσε από πίσω κατακέφαλα. Ήταν ένα απόλυτο, μοναδικό, θαυμάσιο, φωτισμένο από το κερί πρόσωπο κοριτσιού, που ανταποκρίθηκε μ' ένα αδιόρατο χαμόγελο στη φευγαλέα διασταύρωση των βλεμμάτων...»*

οι ετήσιοι χοροί ενθοτοπικών συλλόγων και σωματείων, τα κέντρα διασκέδασης, τα ζαχαροπλαστεία και άλλες κοινωνικές εκδηλώσεις και τελευταία τα νεολαιίστικα πάρτι και φεστιβάλ, τα κέντρα γνωριμίας, οι ντισκοτέκ και τα μπαράκια. Το παραδοσιακό νυφοπάζαρο στη Θεσσαλονίκη παρέμεινε ως τις μέρες μας η λαϊκή ερωτική εκδήλωση επήλυδων και προσφύγων.

Γνωστοί χώροι νυφοπάζαρου στη Θεσσαλονίκη ήταν προπολεμικά τα «Μάρμαρα», στο πάρκο του Λευκού Πύργου, όπου πριν από την απελευθέρωση αποθήκευσαν μαρμάρινα σπαράγματα αρχαίων ανάγλυφων από τα κατεδαφισμένα ανατολικά τείχη της πόλης, η πλατεία του Λευκού Πύργου, η οδός Εθνικής Αμύνης, η πλατεία του παλιού σιδηροδρομικού σταθμού, η πλατεία Ελευθερίας, οι ουρές των παλιών κινηματογράφων, τα καραβάκια που εκτελούσαν δρομολόγια από το λιμάνι ως την απέναντι ακτή, η παλιά προκυμαία και οι χώροι των θαλάσσιων λουτρών σε όλη την έκταση της θερμαϊκής ακτής, από το χαμένο κήπο του Μπέχτσιναρ ως την Αγία Τριάδα και τη Μηχανιώνα.

«Η παραλία μας είναι όμορφη και ελκύει τον περιπατητή», γράφει στο *Μυθιστόρημα της κυρίας Έρσης* ο Νίκος Γαβριήλ Πεντζίκης. *«Κάθε απόβραδο και ιδίως τις Κυριακές γίνεται εκεί το νυφοπάζαρο. Από Λευκό Πύργο προς Αριστοτέλους, όπου οι θερινοί κινηματογράφοι ή αντιστρόφως, κυκλοφορεί και συνωθείται μέγα πλήθος, που μπορείς να το σεργιανίσεις, άνετα, καθισμένος στον εξώστη του παταριού της παραθαλάσσιας "Αστόριας".»*

Από την ερωτική αναζήτηση του νυφοπάζαρου εξαιρούνται τα σημεία αναμονής ερωτικών συντρόφων και ραντεβού, που παραμένουν διαχρονικά, η Καμάρα, η πλατεία Αρχαίας Αγοράς, δίπλα στο άγαλμα του Βενιζέλου, ο Λευκός Πύργος και το πρόπυλο της Αγίας Σοφίας. Και άλλοι χώροι μυστικοί και προαποφασισμένοι έχουν οριστεί ως ερωτικά ραντεβού, αλλά κανένα ζευγάρι δεν δίνει, ούτε και σήμερα, ραντεβού στο Βαρδάρη, ιδιαίτερα τις βραδινές ώρες που αρχίζει η ερωτική συναλλαγή στην πλατεία.

«Το "Μπουλεβάρ Χαμιντιέ", η οδός Εθνικής Αμύνης», γράφει ο Γιώργος Ζωγραφάκης, *«στην πρώτη δεκαετία του αιώνα γίνεται ο αγαπητός περίπατος της νεολαίας της εποχής εκείνης και οι "λιμοκοντόροι", όπως αποκαλούνταν οι δανδήδες του παλιού εκείνου καιρού, "σουλατσάραν", έκαναν τον περίπατό τους κορδωμένοι, με "μπομπέδες", μπαστουνάκια με ασημένια λάβη, λουλούδια στο πέτο και νεανική επιθετική διάθεση εναντίον του ασθενούς φύλου. Αλλά και αυτό ανταπέδιδε με ίση κομψότητα και προκλητικότητα τά πειράγματα, τα "τσατίσματα" της ποικίλης προελεύσεως υποψηφίων.*

»Μια μακρινή, όμως σπαρταριστά ζωντανή ηχώ αυτών των απογευματινών φλερτ, έφθασε ως εμάς χάρη σε στιχουργήματα που σατίριζαν παραστατικά τα "περιφλεγή βλέμματα", τα "σκωπτικά υπονοούμενα" των νεαρών της μακάριας εκείνης εποχής.»

Οι προσφυγοπούλες, μετά το 1923, είχαν τα δικά τους νυφοπάζαρα στους χωματόδρομους των παραγκοσυνοικιών και της πάνω πόλης, όπου τα απογεύματα καταλάγιαζαν η θλίψη, ο καημός των χαμένων πατρίδων, η απώλεια των προσφιλών, ο κατατρεγμός των ντόπιων, οι δυσκολίες της εγκατάστασης στη νέα πατρίδα. Διάσημο νυφοπάζαρο απ' όλα της προσφυγιάς καταγράφηκε αυτό της Κασσάνδρου, όπως το διέσωσε η σμυρνιά συγγραφέας Ιφιγένεια Χρυσοχόου, στο αφήγημα *Ξεριζωμένη γενιά. Το χρονικό της προσφυγιάς στη Θεσσαλονίκη*, όπου ξεμπάρκαρε και η οικογένειά της μαζί με τον ανθό του ελληνισμού της Ιωνίας.

«Το νυφοπάζαρο της οδού Κασσάνδρου αρχίζει από την οδό Προφήτη Ηλία, πήζει στην Πολιορκητού και σταματάει στη Δραγούμη. Όσα ζευγαράκια τα 'ψηναν στις βόλτες, τραβούσαν

για την οδό Ρακτιβάν, όπου δίνανε τα ραντεβού. Ούτε μαγαζί, ούτε σπίτι εκεί. Από τη μια ο μαντρότοιχος του Διοικητηρίου κι απ' την άλλη τα καμένα. Πίσσα σκοτάδι... Ίσαμε το Διοικητήριο. Τα ζευγαράκια φτάνανε χωριστά. Τ' αγόρια τραβούσαν πιο μπροστά. Τα κορίτσια ξοπίσω με το φόβο και την αγωνία μην τους τσακώσει κανας συγγενής και το προφτάσει στη μάνα...

»Νυφοπάζαρο το βαφτίσανε οι μεγάλοι και νυφοπάζαρο το λέγαμε όλοι. Μόλις σκοτείνιαζε άρχιζε το σεργιάνι. Σε μισή ώρα φούντωνε. Γύρω στις εννιά έπαιρνε να αραιώνει. Ύστερα από τις δέκα, ερημωνόταν ο δρόμος...

»Εδώ στο νυφοπάζαρο γνωρίστηκαν τα ζευγαράκια. Εδώ γεννήθηκε ο έρωτάς τους. Εδώ τα ζαχαρώματα, οι τζιλβέδες, τα γλυκοθωρίσματα. Εδώ οι τσαχπίνες, οι σκανταλιάρες, οι καμωματούδες. Κι ας ήταν χτεσινά μωρά. Κι ας ζήσαν όλα την κόλαση του ξεριζωμού. Κι ας ζουν το δράμα της προσφυγιάς...»

Άγνωστοι χώροι ερωτικής επαφής, που άκμασαν από την απελευθέρωση της πόλης ως τη δεκαετία του '40, ήταν τα χοροδιδασκαλεία, φυτώρια μάθησης των νέων χορών, που κατέφθαναν με τους εμπόρους από την Αμερική και την Ευρώπη, και φθηνά κέντρα χορού με ορχήστρες· Η ακμή τους συμπίπτει με την περίοδο του Μακεδονικού Μετώπου, όταν οι χιλιάδες αξιωματικοί και στρατιώτες της στρατιάς της Ανατολής επιζητούσαν συνοδούς για τις απανωτές χοροεσπερίδες τους, που διέκοπταν τη μονοτονία της πολεμικής ατμόσφαιρας. Τα λίγα χοροδιδασκαλεία του πρώτου παγκοσμίου πολέμου πολλαπλασιάστηκαν μετά τη μικρασιατική καταστροφή, καθώς υπήρξαν φθηνή διέξοδος ψυχαγωγίας των προσφύγων από τις δύσκολες συνθήκες της αναγκαστικής μετεγκατάστασής τους στην πόλη. Στην πρώτη φάση, μαθητές και μαθήτριες χορού ήταν κυρίως παιδιά αστών, στη δεύτερη σύχναζαν όλα τα κοινωνικά στρώματα και τα χοροδιδασκαλεία κάλυπταν όλη την εντός και εκτός των τειχών πόλη, από τη Ραμόνα ως τη Χαριλάου κι από την οδό Αγίου Δημητρίου ως το σιδηροδρομικό σταθμό, την παραλία και την Ανάληψη.

Όλοι οι χοροί που διασώθηκαν ως τις μέρες μας ή παρέμειναν νεανικές αναμνήσεις και φιγούρες στις παλιές κινηματογραφικές ταινίες, διδάχτηκαν και χορεύτηκαν στις «ακαδημίες χορού», όπως διαφήμιζαν στις τοπικές εφημερίδες τα χοροδιδασκαλεία οι ιδιοκτήτες τους. Ταγκό, βαλς, φοξ τροτ, ουέν στεπ, σλόου, τσάρλεστον, λάμπεθ γουόκ, ρούμπα, σάμπα, μπλακ μπάτον, καριόκα, χόρεψαν τακούνια και σφριγηλά πρόσωπα που από καιρό έχουν γίνει χώμα και απωθημένη μνήμη.

Τα νέα ήθη, που έφεραν τα χοροδιδασκαλεία στη Θεσσαλονίκη, προκάλεσαν συντηρητικούς δημοσιογράφους, κλήρο και αστυνομία, που επιχείρησαν να τα κλείσουν θεωρώντας τα ως χώρους διαφθοράς. Από την εκστρατεία αυτή δεν έλειψε η γνωστή προστάτιδα χηρών και ορφανών του μεσοπολέμου και της Κατοχής, η Αγγελική Μεταλλινού, γράφοντας ότι στα χοροδιδασκαλεία «φτωχαί νεάνιδες μάθαιναν χορό και προηγούντο εις διαφθοράν».

Στα χοροδιδασκαλεία έπαιξαν καλοί μουσικοί, όπως τα αδέλφια Μενέλαος και Αλέκος Σπάθης, ο Αιμίλιο Ποζέλι, ο Αγάπιος Χατζηνάσιος, το ζεύγος Τίλντα και Θεόφιλος Κλέπφερ, ο Κώστας Καρανίκας και άλλοι, πριν απλωθούν στα παραλιακά κέντρα, με τα πιάνα, τα ακορντεόν και τα σαξόφωνα, παίζοντας τραγούδια του Αττίκ και του Σουγιούλ, νοσταλγικά αργεντίνικα ταγκό και βιενέζικα βαλς.

Μεταμόρφωση των χοροδιδασκαλείων στις δεκαετίες του '60 και του '70 ήταν τα κέντρα γνωριμίας, ειδικοί χώροι σε ισόγεια και ορόφους πολυκατοικιών, κάτι ανάμεσα σε καφενείο και αίθουσα αναμονής, όπου σύχναζαν μοναχικά άτομα, αγόρια και κορίτσια, που κατάγονταν συνήθως από την επαρχία, για να βρουν ερωτικό σύντροφο. Η πρόθεση των διοργανωτών, ιδιοκτήτες οι περισσότεροι γραφείων συνοικεσίων, να δώσουν ευκαιρίες να γνωριστούν καλύτερα τα μελλοντικά ζευγάρια, εκφυλίστηκε σε εφήμερο ψωνιστήρι. Τελικά, και με τη συνδρομή της αστυνομίας, στα τέλη της δεκαετίας του '80 όλα σχεδόν τα κέντρα γνωριμίας έκλεισαν, εξαναγκάζοντας τους θαμώνες τους να μεταστεγαστούν σε παραδοσιακούς χώρους γνωριμίας – σύγχρονα ζαχαροπλαστεία, ντισκοτέκ, καφετέριες και μπαράκια.

ΜΠΑΡΑ, Η ΧΑΜΕΝΗ ΜΠΟΥΡΔΕΛΟΠΟΛΙΤΕΙΑ

Τα μέρη αυτά σήμερα είναι τόποι αρχαιολογικής γαλήνης, κοιμητήρια σωστά. Θα μπορούσαν να περιδιαβάζουν φιλόσοφοι με τους μαθητές τους, ξαναδίνοντας επιτόπου στον όρο «συνουσία» το άδολό του νόημα.

ΓΙΩΡΓΟΣ ΙΩΑΝΝΟΥ
Η πλατεία του Αγίου Βαρδαρίου

Το παλιό ερωτικό γκέτο, ο πρωταρχικός πυρήνας αγοραίου έρωτα της Θεσσαλονίκης, υπήρχε ανέκαθεν εκτός των τειχών, γύρω από τη μικρή φυσική λίμνη με στάσιμα νερά, η *Μπάρα*. Από τη βρόμικη μπάρα και τα έλη της Κουλακιάς έφταναν στην πόλη η ελονοσία κι άλλες αρρώστιες και γι' αυτό η δύσοσμη περιοχή επιλέχτηκε ως χώρος εγκατάστασης των γυναικών ελευθερίων ηθών, η παραμονή των οποίων δεν ήταν κοινωνικά ανεκτή στην εντός των τειχών κατοικημένη περιοχή.

Έξω από τη Χρυσή Πύλη των δυτικών τειχών, από τα βυζαντινά χρόνια υπήρχαν φθηνά πανδοχεία, κακόφημα καπηλειά και χάνια, για τους ταξιδιώτες που κατέληγαν στην πόλη ως διερχόμενοι έμποροι της Εγνατίας οδού και πανηγυριστές στην εμποροπανήγυρη των «Δημητρίων».

Πότε ακριβώς δημιουργήθηκε η μπουρδελοπολιτεία της Μπάρας δεν είναι μαρτυρημένο από τις αρχειακές και βιβλιογραφικές πηγές. Πρέπει όμως ως πυρήνας κακόφημων καπηλειών με πόρνες να υπήρχε στα βυζαντινά ακόμη χρόνια δίπλα στην έρημη δυτική περιοχή, με αραιά αμπέλια και λαχανόκηπους, τα Λιβάδια, όπου γινόταν η μεγάλη εμποροπανήγυρη για την εξυπηρέτηση εμπόρων και επισκεπτών από τη βυζαντινή ενδοχώρα.

«*Έξω από τη λεγόμενη Χρυσή Πύλη του Βαρδαριού, μας λεν ότι υπήρχε μια Αμπάρα με λιμνάζοντα νερά, εστία νοσογόνων μολύνσεων για το άστυ*», γράφει στη *Μητέρα Θεσσαλονίκη* ο Νίκος Γαβριήλ Πεντζίκης. «*Κι απ' αυτήν την Αμπάρα πήρε το όνομά της η γνωστή κακόφημη συνοικία, που διατήρησε τον ιδιόμορφο χαρακτήρα της μέχρις εσχάτων, που μέγα μέρος της κατεδαφίστηκε για την ανέγερση του νέου σιδηροδρομικού σταθμού.*»

Τα νερά της Μπάρας εξασφάλιζε για αιώνες ο Λοξός Λάκκος, που κατέβαινε από τις δυτικές πλαγιές του Σέιχ Σου και περνούσε έξω από το στρατόπεδο Παύλου Μελά ως το 1893, όταν γάλλος μηχανικός των Ανατολικών Σιδηροδρόμων διευθέτησε το χείμαρρο και με κανάλι οδήγησε τα νερά στο Θερμαϊκό.

Τα λίγα καπηλειά και χάνια που βρίσκονταν κατά μήκος της αρχαίας οδού που κατέληγε στη Χρυσή Πύλη, στο Βαρδάρη, κατά τη βυζαντινή περίοδο, πύκνωσαν στην τουρκοκρατία με σπίτια φτωχών και ξεσπιτωμένων επαρχιωτών που έβρισκαν απασχόληση εντός των τειχών ή αγροτών που καλλιεργούσαν τα αγροκτήματα στα Λιβάδια. Το 19ο αιώνα υπήρχε ολόκληρη συνοικία με το όνομα Τσαΐρ, με πολλά χάνια και καταστήματα και με βασικό δρόμο την οδό Μοναστηρίου (Manastir Caddesi) και τη Λεωφόρο Σερρών ή Αφροδίτης που είχε την κατεύθυνση της σημερινής οδού Λαγκαδά. Στα φορολογικά τούρκικα κατάστιχα του 1906 ήταν καταγραμμένη και η οδός Safa, που σημαίνει στα ελληνικά οδός Διασκεδάσεως ή Ηδονής και αντιστοιχεί στη σημερινή πάροδο Βάκχου.

«*Υπήρχεν εδώ στη Θεσσαλονίκη ιδιαίτερος χώρος, χωριστός συνοικισμός*», σημειώνει η Αγγελική Μεταλλινού, «*η ονομαστή κατά την τότε επί Τουρκοκρατίας εποχήν "Μπάρα" ή "Καζίνα" έξωθεν της πύλης Βαρδαρίου, αποτελουμένης εξ εναρίθμων οικιών παλαιού ρυθμού, ομοιομόρφων σχεδόν οικίσκων. Παρ' αυτοίς υπήρχον και τα απαραίτητα καφενεία, ένθα πολλάκις διεδραματίζοντο σκηναί υπό μεθυσμένων πελατών των.»*

Οι ιστορικές και βιβλιογραφικές μαρτυρίες για την Μπάρα είναι λιγοστές, πέρ' απ' όσα παραδίνουν ο Ηλίας Πετρόπουλος, ο Λεωνίδας Ζησιάδης και ο Γιώργος Ιωάννου, αλλά ο μύθος της έχει διασπαρεί σε όλα τα λιμάνια του κόσμου και το διαβόητο όνομά της επιβιώνει ως μοναδικό πολύκροτο ερωτικό γκέτο στους νεότερους Θεσσαλονικείς.

«Η Μπάρα υπήρξε η μεγίστη πορνοσύναξη της νεότερης Ελλάδας και το μοντέλο της εθιμοταξίας της Μπάρας δέον να αναζητηθεί στο Ισταμπούλ», σημειώνει ο Ηλίας Πετρόπουλος που γνώρισε την μπουρδελοπολιτεία, όπως την ονομάζει, στην τελευταία ακμή της, στα χρόνια του Εμφυλίου ως την εξαφάνισή της, στις αρχές της δεκαετίας του '60.

«Ο κοσμογυρισμένος Καζαντζάκης, που όλα τα ήξερε μα πολλά δεν αγρικούσε, συγκρίνει κάπου την Μπάρα μας με τη Γιοσιβάρα της Ιαπωνίας. Μολονότι νομίζω ότι τα παραλέει και στο σημείο αυτό δεν έχω καμιά διάθεση να αποκρούσω έναν έπαινο που δόθηκε τόσο πανηγυρικά στην πολιτεία μας. Τα μέρη αυτά σήμερα είναι τόποι αρχαιολογικής γαλήνης, κοιμητήρια σωστά. Θα μπορούσαν να περιδιαβάζουν φιλόσοφοι με τους μαθητές τους, ξαναδίνοντας επιτόπου στον όρο "συνουσία" το άδολό του νόημα», επιλέγει κριτικά για την Μπάρα στην *Πλατεία του Αγίου Βαρδαρίου* ο Γιώργος Ιωάννου.

Η περίφημη συνοικία, παρά τις ρυμοτομικές αλλαγές σε περιόδους ακμής και παρακμής, ως βασικός πολεοδομικός πυρήνας περιοριζόταν στο χώρο ανάμεσα στις οδούς Λαγκαδά και Μοναστηρίου ως το σιδηροδρομικό σταθμό και την Ξηροκρήνη. Η ερωτική περιοχή, όμως, είχε ευρύτερη διάχυση που έφτανε από το Μπέχτσιναρ ως τη Ραμόνα, κοντά στο δήμο Αμπελοκήπων, και του Καφαντάρη, στην αφετηρία της οδού Αγίου Δημητρίου.

Η Μπάρα ήταν η φτωχογειτονιά του αγορασμένου έρωτα, η έσχατη απόληξη των αγοραίων γυναικών, η φτώχεια και η μίζερη διαβίωση πορνών που εκβράστηκαν από τα μεγάλα «σπίτια». Στις άθλιες ισόγειες καμαρούλες και παράγκες, που χρησίμευαν ως επαγγελματική στέγη και κατοικία μαζί, διαβίωσαν άσχημες και ηλικιωμένες γυναίκες δεύτερης κατηγορίας, σε μια περιοχή όπου ο έρωτας αμειβόταν σε εξευτελιστικές τιμές και η συναλλαγή στα σκοτεινά στενοσόκακα με τους νταήδες και τους προστάτες των κοριτσιών γινόταν επικίνδυνη.

Οι ντόπιοι Θεσσαλονικείς απέφευγαν τις επισκέψεις και τις μπουρδελότσαρκες στην Μπάρα. Προτιμούσαν στην πλειοψηφία τους τα διώροφα «σπίτια» του Βαρδάρη και τα εντός των τειχών μπορντέλα, αφήνοντας το ερωτικό γκέτο με τον εκτραχηλισμό και τα αφροδίσια σε στρατούς κατοχής, φαντάρους, αγρότες και χωρικούς της βαλκανικής ενδοχώρας.

Τη μεγάλη της φήμη η Μπάρα απόκτησε από το συμμαχικό στρατό του Μακεδονικού μετώπου, στον πρώτο παγκόσμιο πόλεμο, όταν πολύχρωμοι φαντάροι, αδιάφοροι για την ποιότητα της σάρκας και του έρωτα, ξεχνούσαν στα λίγα εικοσιτετράωρα της άδειάς τους το άγχος της ξιφολόγχης, των κανονιοβολισμών και των λασπωμένων χαρακωμάτων. Η ψεύτικα προσφερόμενη τρυφερότητα και η ζεστασιά του κορμιού μακριά από τα παγωμένα αμπριά, αλλά και η υψηλή ζήτηση για την ικανοποίηση των τριακοσίων χιλιάδων στρατιωτών που αποβιβάστηκαν στη Μακεδονία, δεν άφηνε περιθώρια για επιλογές. Άγγλοι, Γάλλοι, Νεοζηλανδοί, Μαροκινοί και Σενεγαλέζοι, όλος ο πολύχρωμος στρατός της στρατιάς της Ανατολής, πέρασε από την Μπάρα, που δεν χρειαζόταν τώρα το «κερχανέ καντηλί», το κόκκινο φανάρι, όπως επί τουρκοκρατίας για το χαρακτηρισμό των σπιτιών. Κάποιοι ευαίσθητοι στρατιώτες, καλλιτέχνες και διανοούμενοι, διάσωσαν στα πέρατα της γης με τις φωτογραφίες και τις αναμνήσεις τους τη γραφική ερωτική μιζέρια της. Ημίγυμνες πόρνες και ευκαιριακές του επαγγέλματος, δηλωμένες στον υγειονομικό σταθμό της περιοχής, και άλλες αδήλωτες κι ανεξέλεγκτες, φορείς οι πιο πολλές της μαλαφράντσας, ποζάρουν με γραφικές ενδυμασίες μπροστά στα σπίτια τους, περιστοιχισμένες από λιγωμένους φαντάρους που προετοιμάζονται για την εφήμερη εκτόνωση. Ελληνίδες, Ρουμάνες, Πολωνέζες, γνωστές ως Λέχες, Ιταλίδες από τη Νάπολη και τη Ρώμη, γυφτοπούλες και χωριάτισσες από το μακεδονικό κάμπο, που ανταποκρίθηκαν στη ζήτηση και το εύκολο κέρδος, έδωσαν παροδική ακμή στην εκτός των τειχών μπουρδελοπολιτεία της Θεσσαλονίκης.

Νέα ακμή η Μπάρα δοκίμασε στην περίοδο του Εμφυλίου, όταν αγρότες του μακεδονικού κάμπου, ανταρτόπληκτοι των ορεινών χωριών της Μακεδονίας και φαντάροι του εθνικού στρατού σύχναζαν στα φτωχομπορντέλα και συναντιούνταν με μαυραγορίτες, ταγματασφαλίτες, προστάτες των γυναικών, λαθρέμπορους, χασισέμπορους στα πέριξ καφενεία και τα σοκάκια της συνοικίας.

Μνήμες του Εμφυλίου από την Μπάρα αναβιώνουν στο *Μπουρδέλο* του Ηλία Πετρόπουλου, εικόνες της τελευταίας αναλαμπής της αντανακλούν οι άγνωστες φωτογραφίες του Λουκά Βενετούλια και οι ζωγραφιές του Παύλου Μοσχίδη. Οι σκορπισμένοι πίνακες του Μοσχίδη, που τους εξέθεσε στο εμποροβιομηχανικό επιμελητήριο το 1950 με τον τίτλο «Μπάρα», προκαλώντας τον καθωσπρεπισμό των φιλότεχνων και επισκεπτών της Θεσσαλονίκης, αποτύπωσαν τα χαμόσπιτα, τις γριές πουτάνες, τα σιδεράδικα και τις μάντρες, απεικόνισαν τη γραφική συνοικία πριν αποκαθαρθεί με τα μεγάλα ξενοδοχεία «Κάπιτολ» και «Καψής», στη δεκαετία του '60, και τις μεγάλες πολυκατοικίες οι οποίες στέγασαν οικογένειες ξενιτεμένων και επαρχιωτών που αγνοούσαν ή συμβιβάστηκαν με το θρύλο της περιοχής.

«Η πόρνη της Μπάρας δεν είχε ηλικία, δεν είχε σουλούπι, δεν είχε σχέσεις με τα κακά συνήθεια της καθαριότητας», γράφει ο Ηλίας Πετρόπουλος. *«Στα ατομικά μπορντέλα της Μπάρας έχω ιδεί κοριτσάκια της μειρακικής ηλικίας και μπογιατισμένες κακάγκες εξήντα χρόνων. Επίσης, είδα εκεί λυμφατικές υπάρξεις καθώς και άλλες που εξύγιζαν το λιγότερο ενενήντα κιλά. Η εντύπωση που αποκόμιζε ο θεατής αυτών των γυναικών ήταν εξαιρετικώς ισχυρή, αφού όλες τους έστεκαν στην πόρτα σχεδόν τσιτσίδι.»*

Τα σπίτια της συνοικίας, ανάμεσα σε σιδεράδικα, χάνια, μάντρες οικοδομικών υλικών, βιοτεχνίες και καπναποθήκες, στις οδούς Αφροδίτης, Προμηθέως και Ταντάλου, ήταν σχεδόν μονώροφα. Κάθε γυναίκα είχε μια καμαρούλα ή ένα σπιτάκι με κύριο χώρο το δωμάτιο με την καριόλα της δουλειάς, το παλιό τριζάτο κρεβάτι, και με βοηθητική κουζινίτσα ή δεύτερο δωματιάκι στον πάνω όροφο. Κύριο θερμαντικό των γυναικών στις κρύες νύχτες του Βαρδάρη ήταν το μαγκάλι με κάρβουνα. Η παραδοσιακή θερμαντική εστία ήταν υπαίτια και για το καψάλισμα των μηρών τους στην προσπάθεια να ζεσταθούν ημίγυμνες μετά από κάθε συνουσία ή τις ώρες της αναμονής του πελάτη, αποκτώντας με την απανωτή έκθεση στα κορωμένα κάρβουνα αποκρουστικό μαβί χρώμα. Η πόρνη παρέμενε επί ώρες ημίγυμνη μπροστά στην πόρτα του σπιτιού της το καλοκαίρι ή πίσω από το κλειστό παράθυρο το χειμώνα για την προσέλκυση των πελατών, μια και οι περισσότεροι επισκέπτες της συνοικίας ήταν περίεργοι, ματάκηδες και νέοι που απογοητεύονταν από τη θέα των γερασμένων και μίζερων σωμάτων τους.

«Κανένα άλλο είδος εξευτελιστικού επαγγέλματος δεν ήταν τόσο κοντά στην απώλεια της ανθρώπινης αξιοπρέπειας όσο η δουλειά των γυναικών της Μπάρας. Τις έβλεπες να έχουν την αγωνία της επιβίωσης χαραγμένη στα μαραμένα και παστωμένα με μπογιές και πατσουλιά πρόσωπά τους», συνοψίζει τις μνήμες από τη συνοικία ο Λεωνίδας Ζησιάδης.

Κατά μήκος της στενής, πριν από την τελευταία διαπλάτυνσή της, οδού Μοναστηρίου, ενδεικτική του προσανατολισμού της εθνικής μνήμης για τη χαμένη ελληνική πόλη, υπήρχαν τα περισσότερα χάνια, που φιλοξενούσαν άλογα και οδηγούς τους, οι οποίοι έφταναν ως έμποροι ή επισκέπτες στην πόλη. Τα χάνια ήταν τετράγωνα διώροφα οικήματα με εσωτερική πλακόστρωτη αυλή, τα οποία στο ισόγειό τους φιλοξενούσαν άλογα και μουλάρια, απ' όπου αναδινόταν μόνιμα το άρωμα του άχυρου και της καβαλίνας, και στον όροφο, με χαγιάτι και ευρύχωρα δωμάτια με αχυροστρώματα, απ' όπου έβγαιναν ή κατέφευγαν με το πρώτο φως κοριοί και ψύλλοι, διέμεναν οι συνοδοί των ζώων.

«Χάνια εντός και εκτός της πόλεως υπάρχουσι περί τα πενήντα, χωρητικότητας 10.000 ανδρών και 600 ίππων κατά μέσον όρον», σημειώνει στο *Οδοιπορικό* του ο πρόσκοπος της στρατιωτικής εποποιίας του 1912 συνταγματάρχης Νικόλαος Σχι-

νάς. *«Τα καπηλειά, οι ταβέρνες και τα κρασοπουλιά βρίσκονται στο Βαρδάρη πλάι και ανάμεσα στα χάνια.»*

Τα χάνια, μετά το δεύτερο πόλεμο, με τη γενίκευση των σύγχρονων μεταφορικών μέσων, κατεδαφίστηκαν και στη θέση τους χτίστηκαν πολυκατοικίες και ξενοδοχεία. Όσα επιβίωσαν ως τη δεκαετία του '70 χρησιμοποιήθηκαν ως ξενοδοχεία Ε΄ κατηγορίας, στέγη τα περισσότερα πορνών της ευρύτερης περιοχής Βαρδάρη και καταφύγιο διερχόμενων στρατιωτών και επισκεπτών που αναζητούσαν φθηνές γυναίκες.

Πολλές φορές στις πλακόστρωτες αυλές των χανιών μπεχλιβάνηδες, οι παραδοσιακοί παλαιστές, αρκουδιάρηδες και θαυματοποιοί έδιναν παραστάσεις στους έκθαμβους χωριάτες, που παρακολουθούσαν τα δρώμενα ακουμπώντας στην ξύλινη κουπαστή του χαγιατιού. Ονομαστές παλαιστικές επιδείξεις έκαναν τούρκοι μπεχλιβάνηδες στην αυλή του *Ασλάν Χαν*, που βρισκόταν στη θέση του μεγάρου της εφημερίδας *Μακεδονία*, απέναντι από το σιδηροδρομικό σταθμό. Αν και στα χρόνια της τουρκοκρατίας δεν επιτρεπόταν να λειτουργούν ταβέρνες και χαμαιτυπεία μέσα στα χάνια, η παρουσία ελευθερίων γυναικών για την ερωτική εξυπηρέτηση των χωρικών και αγροτών πελατών τους ήταν κοινό μυστικό, όπως στα σημερινά λαϊκά ξενοδοχεία του Βαρδάρη.

Όταν στις αρχές της δεκαετίας του '60 κατεδαφίστηκαν τα χάνια *Κρούσοβο* και *Μοναστήρι*, στη βόρεια πλευρά του δρόμου, για να χτιστούν τα πολυώροφα ξενοδοχεία *Κάπιτολ* και *Καψής*, οι εργάτες ανακάλυψαν παραχωμένα δεκάδες ανθρώπινα κρανία που η ταυτότητά τους παραμένει άγνωστη. Ίσως το εύρημα να επιβεβαιώνει την παλιά φήμη των χανιτζήδων, που λέγεται πως σκότωναν ανυποψίαστους πελάτες για να τους ληστέψουν, ή είναι απομεινάρια εκατόμβης από τις εθνικές περιπέτειες της Μακεδονίας.

Τελευταίο δείγμα του αρχιτεκτονικού αυτού είδους, που ήταν συνυφασμένο με τον παλιό πολεοδομικό και αρχιτεκτονικό χαρακτήρα των παραβαρδάριων, ήταν το *Κορυτσά* χάνι, στη γωνία των οδών Μοναστηρίου και Οδυσσέως, του οποίου ο όροφος καταστράφηκε από ανεξιχνίαστο εμπρησμό το 1983, ενώ βρισκόταν στο στάδιο χαρακτηρισμού ως έργου τέχνης και ιστορικού κτίσματος. Το *Κορυτσά* είχε κατασκευαστεί το 1902 από τον Χατζή Μουσταφά, στα τριάντα δωμάτιά του φιλοξενήθηκαν κατά το δεύτερο μεγάλο πόλεμο άστεγες οικογένειες και ανταρτόπληκτοι και μέχρι το 1967 λειτούργησε ως λαϊκό ξενοδοχείο. Με την πυρκαγιά χάθηκε παντελώς για τη Θεσσαλονίκη το τελευταίο κατάλοιπο αξιόλογου τύπου κτισμάτων που κυριάρχησε για αιώνες πολλούς στις μεγαλουπόλεις της Βαλκανικής, από τα βυζαντινά χρόνια ως το μεσοπόλεμο, κι έσβησαν για πάντα οι παλιές αρχιτεκτονικές μαρτυρίες της εκτός των τειχών περιοχής.

Στη βόρεια πλευρά, η συνοικία της Μπάρας συνόρευε με τον εβραϊκό συνοικισμό *Ρεζί Βαρδάρ*, που κατοικήθηκε από εβραίους πυροπαθείς μετά την πυρκαγιά του 1917. Πόρνες, νταβατζήδες και επισκέπτες των μπορντέλων περνούσαν πολλές φορές στις νυχτερινές περιπλανήσεις της ερωτικής αναζήτησης τα όρια του γκέτο, που οριζόταν από την οδό Γρηγορίου Κολωνιάρη, αναγκάζοντας τους εβραίους οικογενειάρχες να κάνουν, πριν τη ναζιστική εξολόθρευση, νυχτερινές περιπολίες για να προστατεύσουν τα σπίτια από τις πόρνες και τους ανεπιθύμητους κωδωνοκρούστες που περιφέρονταν τη νύχτα στην περιοχή.

Οι εξήμισι χιλιάδες ψυχές που έμειναν στο μεσοπόλεμο σε 1.300 δωμάτια του *Ρεζί Βαρδάρ* αποχωρίστηκαν τη συνοικία το Μάρτιο του 1943, όταν μεταφέρθηκαν από τους ναζί στο στρατόπεδο του βαρόνου Χιρς, δίπλα στο σιδηροδρομικό σταθμό, κι από κει, ως δεύτερη μακάβρια αποστολή, στα κρεματόρια του Άουσβιτς, του Μπέλσεν και του Εμπενζέε. Στην ερημωμένη συνοικία που γειτόνευε με τα νεκροταφεία της Αγίας Παρασκευής και τα τουρκικά μνήματα, πάνω σε ελληνιστικούς, ρωμαϊκούς και παλαιοχριστιανικούς τάφους, πόρνες, νεαρά ζευγάρια, φαντάροι και ομοφυλόφιλοι έβρισκαν ερωτικό καταφύγιο, μέχρις ότου στη σιωπή του εκτεταμένου νεκροταφείου χτίστηκαν, στη δεκαετία του '70 πολυώροφες εργατικές κατοικίες, που δοκιμάστηκαν στις ταλαντώσεις του σεισμού τον Ιούνιο του 1978.

Η περιοχή του Ρεζί Βαρδάρ είναι γνωστή κι ως Ραμόνα, από το όνομα του διώροφου καφενείου και χοροδιδασκαλείου που βρισκόταν κοντά στην αποθήκη της «Ρεζί», πάνω στην οδό Λαγκαδά, στη στροφή προς Αμπελοκήπους. Με το όνομα Ραμόνα πέρασε η περιοχή και στις λογοτεχνικές καταγραφές, όπως στο τραγούδι του Γιώργου Ιωάννου, στο *Κέντρο Διερχομένων* που μελοποίησε ο Νίκος Μαμαγκάκης.

Πάμε για καφέδες
πέρα στη Ραμόνα,
έχω να λαβαίνω
από μια πατρόνα.

Άφησε τα φώτα,
κρύψου στο σκοτάδι,
ξέχασε τα πάντα,
όπως χθες το βράδυ.

Το όνομα Ρεξί πήρε η συνοικία από την πολυώροφη καπναποθήκη της Εταιρείας Μονοπωλίου Οθωμανικών Καπνών (Regie) που χτίστηκε με αυστροτουρκικά κεφάλαια το 1884 στην αριστερή αρχή της οδού Λαγκαδά. Στις αρχές του 20ού αιώνα, στο εργοστάσιο της Ρεξί δούλευαν τετρακόσιες περίπου εργάτριες που συσκεύαζαν πάνω από είκοσι εκατομμύρια τσιγάρα για τους θεριακλήδες όλης της Βαλκανικής.

Νότια της Μπάρας, από τον παλιό σιδηροδρομικό σταθμό ως την οδό Μοναστηρίου, ανάμεσα σε νυχτερινά κέντρα, κακόφημα μπαρ, πρακτορεία λεωφορείων και φορτηγών, αποθήκες οικοδομικών υλικών και καταστήματα, διασώζονται διώροφα σπίτια με περίτεχνες σιδεριές στις πόρτες και ανάγλυφες προσόψεις, χτισμένα τα περισσότερα για τεχνίτες Γάλλους, Βέλγους και Ιταλούς, στα οποία διέμεναν την εποχή που κατασκεύαζαν τη σιδηροδρομική γραμμή του «Σεμπλόν Οριάν» στο τέλος του περασμένου αιώνα.

Σημείο πολεοδομικής αναφοράς, που έδωσε το όνομα στη συνοικία, είναι το φαρμακείο Ζωγράφου, ακουστό ως λεωφορειακή στάση, στο ισόγειο του διώροφου σπιτιού που καταστράφηκε από τον ιταλικό βομβαρδισμό στο δεύτερο πόλεμο. Το φαρμακείο, που βρίσκεται εν ζωή με την τρίτη γενιά των Ζωγραφαίων φαρμακοποιών, ίδρυσε το 1910, μεταφερμένο από την Εγνατία όπου λειτουργούσε από το 1891, ο Κωνσταντίνος Ζωγράφος από τη Χαλάστρα, που σπούδασε τη χειροποίητη παρασκευή φαρμάκων στην Κωνσταντινούπολη. Το παλιό φαρμακείο, με τα πορσελάνινα φαρμακευτικά βάζα στα ξύλινα ράφια, έγινε πέρασμα αγροτών και προσφύγων που έφταναν στην «Πύλη Βαρδαρίου» και στα γύρω χάνια και διασώθηκε σε προπολεμικές καρτ ποστάλ με πρώτο πλάνο τσαχπίνες τσιγγάνες με τα πολύπτυχα μακριά φουστάνια τους.

Η Μπάρα διατηρεί ακόμη δυο τρία παλιά μπορντέλα, μερικά μπαρ με γυναίκες που εκλιπαρούν τους περιφερόμενους τη νύχτα, όπως παλιά ημίγυμνες στις τζαμαρίες των μισόφωτων μαγαζιών, λαϊκά ξενυχτάδικα και καμπαρέ με πολυεθνικές γυναίκες, αλλά, παρά την οικοδομική εξυγίανση με τις πολυώροφες πολυκατοικίες, η περιοχή συνεχίζει εκσυγχρονισμένα την παράδοση της ερωτικής μνήμης και προσφοράς. Κάθε βράδυ, στους φωτισμένους δρόμους περπατούν Θεσσαλονικείς, επαρχιώτες, τουρίστες και ναυτικοί, φαντάροι και βαλκάνιοι μετανάστες, με την ίδια ένταση της ερωτικής προσδοκίας και συναλλαγής την οποία συνεχίζει να διατηρεί επί αιώνες ο στοιχειωμένος μύθος της ξεχασμένης κι ως τοπωνύμιο συνοικίας.

ΒΑΡΔΑΡΙ, Ο ΟΜΦΑΛΟΣ ΤΟΥ ΕΡΩΤΙΚΟΥ ΜΥΘΟΥ

Αμέσως ωραΐσθησαν απ' την γοητεία του έρωτος
τα μαγαζιά, τα πεζοδρόμια, η πέτρες,
και τοίχοι, και μπαλκόνια, και παράθυρα·
τίποτε άσχημο δεν έμεινεν εκεί.

Κ.Π. ΚΑΒΑΦΗΣ
Κάτω απ' το σπίτι
Ποιήματα

Η πλατεία Βαρδάρη είναι ο ομφαλός του ερωτικού μύθου της Θεσσαλονίκης και διαχρονικό εμπορικό κέντρο της πόλης, αν και είναι απωθημένη στη δυτική μεγάλη έξοδο των βυζαντινών τειχών της πόλης. Επί αιώνες υπήρξε το σύμβολο του αγοραίου έρωτα, μια λαϊκή πλατεία, όπου αγρότες της μακεδονικής ενδοχώρας, ταξιδιώτες των τεσσάρων σιδηροδρομικών γραμμών που κατέληγαν δίπλα της απ' όλη τη Βαλκανική, φαντάροι όλων των στρατιωτικών εμπλοκών του αιώνα, Μικρασιάτες και Θρακιώτες των γύρω νεότευκτων προσφυγικών συνοικισμών, ναυτικοί και μόνιμοι κάτοικοι των λαϊκών τάξεων, έβρισκαν ποικιλία ερωτικών επαφών στα πορνεία, στα καφέ αμάν, στις ταβέρνες και στα κέντρα διασκέδασης της πλατείας. Ο παλιός μύθος δεν προσφέρει πια κανένα ενδεικτικό και φυσιογνωμικό στοιχείο του παρελθόντος στο σημερινό διερχόμενο, πέρα από τις συνήθεις μορφές του αγοραίου ερωτικού κυκλώματος, που επιβιώνει στους πέριξ δρόμους τη νύχτα. Η προσέγγιση του χώρου, ως βιωματική αναπαράσταση ή ανάκληση του παρελθόντος, επιτυγχάνεται σήμερα από τους ρέκτες ή τους νοσταλγούς της περιοχής, μόνο με ψυχολογική προδιάθεση και ερευνητική προετοιμασία.

Ο ελεύθερος χώρος της πλατείας με τα επάλληλα ονόματα: πλατεία *Βαρδάρη* και, απλώς ουδέτερο, το *Βαρδάρι*, πλατεία *Αξιού*, *Μεταξά*, *Αλεξάνδρου Σβώλου* και τώρα *Δημοκρατίας*, και οι περιφερικές ανόμοιες και δύσμορφες προσόψεις πολυκατοικιών και καταστημάτων, δεν προσδιορίζουν πια κανένα πολεοδομικό κατάλοιπο από το μύθο του χώρου. Η ερωτική παράδοση στηρίζεται περισσότερο στα δρώμενα των θαμώνων και περαστικών της νύχτας στους δρόμους-ποταμούς και παρόδους που συμβάλλουν ή αρχίζουν από την πλατεία. Ο πολεοδομικός ομφαλός δίνει και σήμερα την αίσθηση του τέλους ή της αρχής μιας ακτινωτής πορείας, παράδοση που συνεχίζεται και στη σύγχρονη συγκοινωνιακή πρακτική, καθώς η πλατεία Δημοκρατίας αποτελεί την αφετηρία της χιλιομετρικής σήμανσης των εθνικών δρόμων που αρχίζουν από τη Θεσσαλονίκη.

Στην πλατεία Βαρδάρη καταλήγουν οι δρόμοι Εγνατία από το σώμα της πόλης, δυτικά η οδός Μοναστηρίου από το νέο σιδηροδρομικό σταθμό και τον κάμπο του Αξιού, 26ης Οκτωβρίου από την Κατερίνη, τα Σφαγεία και το Μπέχτσιναρ, Διοικητηρίου και τώρα επ' ονόματι των κυπρίων ηρώων Καραολή και Δημητρίου από την πάνω πόλη και το υπουργείο Μακεδονίας-Θράκης, Δωδεκανήσου από το λιμάνι, το εμπορικό κέντρο, τον Φραγκομαχαλά και τα Λαδάδικα. Μικρότεροι γνωστοί δρόμοι, Ειρήνης, Αφροδίτης, Βάκχου και Ταντάλου, με τα παλιότερα μουσουλμάνικα ενδεικτικά ονόματα Safa (ελληνιστί Διασκεδάσεως ή Ηδονής) και Dudular (σήμερα Προμηθέως), που πέρασαν στην ερωτική λογοτεχνία, την τέχνη και τα ρεμπέτικα, συμμετέχουν αφανώς στα ερωτικά δρώμενα της παραβαρδάριας περιμέτρου.

Παραδοσιακό ερωτικό κέντρο της Θεσσαλονίκης, η πλατεία Βαρδάρη αντλεί τη δύναμή της από το ερωτικό αλισβερίσι της μείζονος περιφέρειας που περιλαμβάνει σε ακανόνιστο κύκλο τα λεγόμενα παραβαρδάρια, περιοχές Μπάρα, Χιρς, παλιός σιδηροδρομικός σταθμός, Μπαρούτ Χανέ, λιμάνι, Ραμόνα, οδός Λαγκαδά, Καφαντάρη, Διοικητηρίου, οδός Δωδεκανήσου και Φραγκομαχαλάς, Κολόμβου και Εγνατία, με τις πολύβουες παρόδους και τα ξεβαμμένα λαϊκά ξενοδοχεία ως το τζαμί του Χαμζά μπέη, που στέγασε μεταπολεμικά τον κινηματογράφο *Αλκαζάρ*.

Η ευρύτερη περίμετρος της πλατείας του *Αγίου Βαρδαρίου* οριοθετεί την τυπική κακόφημη συνοικία της πόλης, που μνημειώθηκε στη συνείδηση των Θεσσαλονικέων ως ο κατεξοχήν ερωτικός χώρος και σφραγίστηκε από τη διαχρονική φήμη των θαμώνων της και τις λογοτεχνικές περιγραφές του Γιώργου Ιωάννου και του Ντίνου Χριστιανόπουλου, των οποίων οι προσωπικές παρατηρήσεις παραμένουν περισσότερο μαρτυρίες ατομικών βιωμάτων και συμπτωματικές αναφορές των κοινωνικών και πολεοδομικών αλλοιώσεων του χώρου, παρά εκθέσεις των καθολικών ερωτικών δρώμενων της περιοχής. Η τελική αίσθηση που απομένει από την ανάγνωση λογοτεχνικών κειμένων είναι πως η πλατεία Βαρδάρη δεν αποτελεί περιχαρακωμένο ερωτικό προσκήνιο, αλλά το λεκτικό σύμβολο και ο ονοματικός πυρήνας μιας τεράστιας ερωτικής περιοχής, που απλώνεται από το λιμάνι ως τη Σταυρούπολη κι από το σιδηροδρομικό σταθμό ως την οδό Βενιζέλου.

Ο Γιώργος Ιωάννου προσεγγίζει τη θρυλική πλατεία με εξερευνητική ματιά στα πεζογραφήματά του και καταγράφει τις ιδιαιτερότητές της, αναζητώντας βήμα προς βήμα το ιστορικό παρελθόν και το σύγχρονο ερωτικό πορτρέτο της πλατείας. Ο πεζογράφος, ακολουθώντας διάφορες πορείες προς τον ομφαλό της πλατείας, από το σιδηροδρομικό σταθμό, από τις οδούς Φράγκων και Δωδεκανήσου και την Εγνατία, διαδρομές ερωτικής αναζήτησης και ιστορικής παρατήρησης, καταλαμβάνεται από συναισθηματική ταραχή και συνεγείρει όλες τις αισθήσεις και γνώσεις για την κατανόηση του ιδιότυπου χώρου, που παραμένει χωρίς σημασία για τους αμύητους και ανυποψίαστους διαβάτες και σύγχρονους εποχούμενους της περιοχής.

«Για να εισχωρήσεις στην πόλη της Θεσσαλονίκης, ερχόμενος από το σταθμό, ανάγκη, σχεδόν απόλυτη, να περάσεις από την ερωτική πλατεία Βαρδαρίου», γράφει ο Γιώργος Ιωάννου. *«Το Βαρδάρι είναι χώρος ερωτικός, όλες τις ώρες της ημέρας, μα πιο πολύ το απόβραδο. Τη νύχτα ερημώνει σχεδόν ή μάλλον τα πεζοδρόμιά του γίνονται απλά περάσματα. Μόνο έξω από τα λαϊκά*

σινεμά τελείται απροσδιόριστα κάτι, κι αυτό στις ώρες που φωτάνε ακόμα οι προθήκες τους... Απ' το Βαρδάρι να περνάς είναι και παραείναι επιλήψιμο, κι ανήκουστο να ορίζεις εκεί τα ραντεβού, μάλιστα ώρες και μέρες που είναι κλειστά τα καταστήματα. Ίσως γι' αυτό δεν έχει αρκετούς στα πεζοδρόμια, περνούν και φεύγουν ή χώνονται στα σινεμά, φτωχοταβέρνες, πασπαλισμένα σκόνη καφενεία που υπάρχουνε στην περιφέρεια, ενώ αυτοί που μπαίνουνε στα διάφορα γελοία καμπαρέ είναι ξένοι προς την πόλη ή ρεμάλια ξεκομμένα απ' την εντόπια παράδοση.»

Φαντάροι, νέοι των λαϊκών συνοικιών, εργάτες και μαθητευόμενοι τεχνίτες, μαθητές τεχνικών σχολών και νυχτερινών τάξεων από λαϊκά στρώματα που κατακλύζουν την πλατεία, καφενεία, μπαρ, καμπαρέ και προπάντων τα λαϊκά σινεμά με τα καουμπόικα παλιότερα και τα σκληρά έργα πορνό σήμερα, είναι η κινητήρια κοινωνική μάζα που δονεί ερωτικά την πλατεία, καθώς, μόλις πέσει η νύχτα, ξεχύνονται στα πέριξ της πλατείας, από τα γύρω ξενοδοχεία κι ολόκληρη την πόλη, πόρνες, τραβεστί, ομοφυλόφιλοι, περίεργοι κι αναποφάσιστοι. Αυτό το ερωτικό κοινό, που είναι προετοιμασμένο για ερωτική συναλλαγή, κρατάει σε έξαψη και ανησυχία το χώρο, καθώς οι προσεγγίσεις γίνονται συνήθως αδέξια και οι αντιδράσεις για τους ανεπιθύμητους εραστές γίνονται σε φωνακλάδικο τόνο και με ακατανόητες φράσεις και βρισιές στη διάλεκτο των καλιαρντών.

Τις αλλαγές της πλατείας και των παραβαρδάριων, την κοινωνική και ερωτική μορφολογία της, κατέγραψε, με την οξεία παρατηρητικότητα και την πολύχρονη αυτοψία του χώρου, ο ποιητής Ντίνος Χριστιανόπουλος, από την πλούσια ερωτική σοδειά των μεταπολεμικών χρόνων ως τη νεκρή πιάτσα της δεκαετίας του '80. Η τοιχογραφία της πλατείας δίνεται με έντονα χρώματα στο *Βαρδάρι 1977.*

«Σα στολισμένο σαλονάκι το Βαρδάρι υποδέχεται κάθε βράδυ τα φαντάρια του, και σαν οικοδέσποινες οι αδερφές τα φιλεύουν κουνήματα και χαρτζιλίκια. Μοναχικοί τύποι περιφέρονται στα πέριξ, μέχρι που το παίρνουν απόφαση και βολεύονται κατά τα γνωστά. Από τις βόρειες και δυτικές συνοικίες τα λεωφορεία

κατεβάζουν λογιώ λογιώ παίδαρους και μαγκάκια, μαθητές του καράτε, μουντζούρηδες και εργατοτεχνίτες, που σπουδάζουν σε νυχτερινές σχολές. Όλη τους η ψυχαγωγία: ποδοσφαιράκια και αυνανιστήρια. Το βραδινό τους: μια μπουγάτσα και γάλα. Στις κυριακάτικες κριτικές για το ποδόσφαιρο, το "μαλάκα" παίρνει και δίνει σε όλους τους τόνους. Καροτσάκια με λαθραίες κασέτες διαφημίζουν Αγγελόπουλο και Καζαντζίδη. ΥΠΑΡΧΩ διαβάζεις σε τρίκυκλα και μπλουζάκια. Από τα τέσσερα ύποπτα σινεμά, τα τρία πέρασαν ήδη στη λογοτεχνία και τώρα έχουν σειρά τα πατσατζίδικα. Τα μπαρ ξεφυτρώνουν σα μανιτάρια, κρατώντας όσο μπορούν να κρατήσουν την παράδοση του Βαρδάρι. Σέρβοι τουρίστες γδύνουν τα ετοιματζίδικα, και κιτρινόμαυρες φυλές απ' την Ασία τρελαίνονται για τσόντες και πορνό.

»Μέσα σ' αυτήν την τοιχογραφία, κάπου θα πάρει το μάτι σας και μένα, να στέκομαι σε μια άκρη ακίνητος, παίζοντας με το κομπολόι των παθών μου.»

Παρατηρητήριο της κίνησης στην πλατεία και ερωτική πιάτσα το σινεμά *Ίλιον* στη βόρεια πλευρά της, στην αφετηρία της οδού Λαγκαδά, που οδηγεί στους λαϊκούς δήμους με τους πρόσφυγες και τους εσωτερικούς μετανάστες της Μακεδονίας. Από το πεζοδρόμιο του *Ίλιον* με τις φωτεινές προθήκες με τις λογοκριμένες φωτογραφίες των προβαλλόμενων ταινιών, ο ποιητής βίωσε τις αλλαγές και την επερχόμενη ερωτική ερήμωση, όπως την καταγράφει στο ποίημα *Βαρδάρι: Ιλίου πέρσις*.

Χρόνια στημένος έξω από το «Ίλιον»
μαζί με άλλους ομοιοπαθείς, διόλου
απίθανο που άρχισα να νιώθω ετούτο
το άθλιο σινεμά σαν την πρωτεύουσα
της Τροίας, και το επικίνδυνο Βαρδάρι
σαν το στρατόπεδο των Αχαιών. Λουμπίνες
καραδοκούσαν κάθε βράδυ, σαν τους Τρώες,
να καταφθάσουν οι Αχαιοί, οι χακιφόροι,
καραδοκούσα και εγώ, σαν άλλος Έκτωρ,
τον Αχιλλέα να φανεί και να μ' αδράξει,
σε σκοτεινή γωνιά του κάστρου να με σύρει
κι αντί για έρωτα, ν' αρχίσει τις κλοτσιές.

Δε φανταζόμουν τι ερήμωση θα 'ρχοταν
μέσα σε λίγα χρόνια. Κι όμως, σαν την Τροία,
ρήμαξε το Βαρδάρι μας. Τώρα κανένας
δε δέρνει ούτε σκυλεύει. Φώτα και τουρίστες.
Μόνο τα γκρεμισμένα κάστρα έμειναν,
πάθη μιας άλλης εποχής για να θυμίζουν –
κι εγώ να περιφέρομαι, νυχτόβιος,
με αρχαϊκούς συνειρμούς φυτοζωώντας.

Τα λαϊκά σινεμά του Βαρδάρη, *Ίλιον*, *Πάνθεον*, *Λαϊκόν* και *Αλέκα* (το *Αττικόν* έχει χαθεί ανεπιστρεπτί παραχωρώντας την αίθουσά του σε κατάστημα ηλεκτρικών ειδών), λειτουργούν τώρα με τα σκληρά πορνό ως χώροι ερωτικής ομοφυλόφιλης αναζήτησης. Ο ιδιότυπος χαρακτήρας τους αποτυπώνεται στις αντιδράσεις των θαμώνων από τα προβαλλόμενα σεξουαλικά συμπλέγματα στην οθόνη και τις χαραγμένες ή γραπτές ερωτικές προτροπές, κραυγές στερημένων και χυδαιολογίες στους τοίχους και τις πόρτες των ουρητηρίων τους. Όλα αναδίνουν κλεισούρα και μπόχα διάχυτου σπέρματος, από τις πρωινές ώρες που γεμίζουν με περαστικούς, εργατοτεχνίτες, αέργους, ημερήσιους εμπορευόμενους του κάμπου, που παίρνουν τη δίωρη δόση τους στις σκοτεινές αίθουσες, και αδειούχους φαντάρους, με συνεχή εναλλαγή πελατών ως τα μεσάνυχτα. Οι θαμώνες τους είναι ειδικό κοινό των λαϊκών στρωμάτων, παρατηρητές της κινηματογραφικής ερωτικής εκτόνωσης ή αναζητητές ερωτικών συντρόφων μέσα κι έξω από την αίθουσα. Η παντελής απουσία των γυναικών ενθαρρύνει τις θορυβώδεις εκφράσεις ερωτικού περιεχομένου σε δημόσια πρόσκληση ερωτικής ευωχίας και η αίθουσα μεταμορφώνεται σε δημόσιο προσκλητήριο.

Παλιότερα τα λαϊκά σινεμά του Βαρδάρη έπαιζαν καλές αστυνομικές και καουμπόικες ταινίες, και στους θαμώνες τους περιλαμβάνονταν ζευγάρια που αποζητούσαν ερωτικό κλίμα στο σκοτάδι, ακόμη και οικογένειες, γυναίκες και παιδιά, από τις δυτικές λαϊκές συνοικίες.

«Τα σινεμά του Βαρδαρίου παίζουνε στο σύνολό τους ταινίες πορνικές και ξετσίπωτες», παρατηρεί ο Γιώργος Ιωάννου, *«ενώ παλιότερα παίζαν κυρίως αστυνομικά και καουμποΐστικα όπου*

μπροστά στα ελεεινότατα "πορνό" φαντάζουνε ρομαντικά και εξαίσια, κι όταν καμιά φορά και τώρα επαναλαμβάνονται μοιάζουν με θείες λειτουργίες μες σε ουρητήρια.»

Στους δρόμους γύρω από την πλατεία και τα χάνια υπήρχαν από τις αρχές του αιώνα ως το μεσοπόλεμο πολλά *καφέ αμάν*, καφενεία όπου στο πρόχειρο ξύλινο πάλκο γυναίκες, Μικρασιάτισσες, Εβραίες και Αρμένισσες, τραγουδούσαν παθητικά τραγούδια και τσιφτετέλια, αμανέδες και γιαρέδες, με τη συνοδεία λαϊκών οργάνων. Οι στίχοι των παθιάρικων τραγουδιών, που συνοδεύονταν με κλαρίνα, ούτια, ντέφια και νταϊρέδες, κατέληγαν σε αργόσυρτα «αμάν» –έκφραση ερωτικού καημού και οικονομικής και κοινωνικής καταπίεσης– ενώ ημίγυμνες γυναίκες ελευθερίων ηθών χόρευαν ανατολίτικους χορούς της κοιλιάς. Θαμώνες ήταν ντόπιοι, ναυτικοί, ταξιδιώτες, έλληνες πρόσφυγες της Ανατολής, αλλά και στρατιώτες της Αντάντ στα χρόνια του Μακεδονικού Μετώπου από τις ασιατικές και αφρικανικές αποικίες της Γαλλίας και Αγγλίας, καθώς η μουσική και οι χοροί των γυναικών των καφέ αμάν θύμιζαν τις μακρινές πατρίδες τους.

Μετά τη μικρασιατική καταστροφή, πολλά καφέ αμάν μετεξελίχτηκαν σε κέντρα διασκέδασης με λαϊκές κομπανίες στις οποίες συμμετείχαν πολλοί ρεμπέτες και Μικρασιάτες και θρακιώτες πρόσφυγες μουσικοί, με βιολιά, γκάιντες και σαντούρια. Τυπικό δείγμα του μετεξελιγμένου καφέ αμάν την περίοδο του μεσοπολέμου στη Θεσσαλονίκη αποτελεί το *Χρυσούν απίδιον* στη γωνία των οδών Εγνατία και Πρασσακάκη, στο ισόγειο του μεγάρου Βαρβιτσιώτη, δίπλα στο παλιό φαρμακείο του Νίκου Γαβριήλ Πεντζίκη. Σε τέτοια καφέ αμάν και κέντρα τραγούδησαν η Ρόζα Εσκενάζι, και οι Θεσσαλονικιές Στέλλα Χασκήλ και Σεβάς Χανούμ, με το πραγματικό της όνομα Σεβαστή Παπαδοπούλου.

Στο Βαρδάρι βρίσκονταν και άλλα κέντρα με δημοτικές ορχήστρες, όπως ο *Έλατος* και η *Νέα Ζωή*, όπου διασκέδαζαν πρόσφυγες και εσωτερικοί μετανάστες απ' όλη τη Μακεδονία. Ξεχωριστή κατηγορία μαγαζιών ήταν τα *τραβεστάδικα*, καφενεία-στέκια με βασικούς θαμώνες αδερφές και τραβεστί, τα οποία έκλειναν συχνά με αγορανομικές αφορμές από την αστυνομία. Γνωστό στέκι στη δεκασετία του '70, στην οδό Αισχύλου, ήταν η

Σεχραζάτ, με την «ανεπανάληπτη εξωτική και εξωφρενική ατμόσφαιρα, με τα πολύχρωμα λαμπιόνια, τα ερωτικά φτηνολούλουδα, τα αλλόκοτα αλλά μαγευτικά ειδύλλια των θαμώνων», όπως θυμάται ο Θωμάς Κοροβίνης. Από τα κέντρα αυτά, συνήθως έφευγαν για τις ερωτικές πιάτσες οι τραβεστί, αρχικά πέριξ της πλατείας, αργότερα στην οδό Πολυτεχνείου και την οδό Αγίων Πάντων στην Ξηροκρήνη, και σ' αυτά κατέληγαν για να πνίξουν με ποτά μπόμπες τον καημό της ερωτικής προδοσίας ή απογοήτευσης.

Σήμερα η πλατεία και οι γύρω δρόμοι γέμισαν φώτα, φθηνά καμπαρέ με ημίγυμνες γυναίκες που εκλιπαρούν τους περαστικούς να μπουν στα μισοφωτισμένα στενομάγαζα με ερωτικές υποσχέσεις, «μουλέν ρουζ» με γυμνά μπαλέτα από τις ανατολικές χώρες, για τουρίστες και ναυτικούς που πηγαινοέρχονται στα γειτονικά μεγάλα ξενοδοχεία και τα εμπορικά καταστήματα της Εγνατίας. Οι νέοι, το παλιό ιδιότυπο κοινό του Βαρδάρη, με μοτοσικλέτες και ντάτσουν αναζητούν ερωτικές συντροφιές σε άλλους χώρους, στο κέντρο και την ανατολική Θεσσαλονίκη, με την ψευδαίσθηση της κοινωνικής αναβάθμισης και της οικονομικής αυτάρκειας, αφού δεν εξαναγκάζονται πια σε ερωτική συναλλαγή, όπως παλιότερα για το χαρτζιλίκι, περιφερόμενοι στα παραβαρδάρια.

Η πλατεία Βαρδάρη υπήρξεν ανέκαθεν η «πύλη» της πόλης, και στο κέντρο της βρίσκεται θαμμένο το κατώφλι της Χρυσής Πύλης, της μεγάλης δυτικής εξόδου των τειχών της Θεσσαλονίκης, διάσημης θύρας της Εγνατίας οδού απ' όπου πέρασαν θριαμβευτές, περιηγητές και στρατοί κατοχής. Ο γάλλος περιηγητής Κουζινερί, ο οποίος πέρασε τη Χρυσή Πύλη στη δεκαετία της ελληνικής επανάστασης του 1821, μιλάει για τη διπλή πύλη και μια τρίτη, την οποία σχεδίασε, με γλυπτές γιρλάντες «που ενώνεται από τη μια και την άλλη με τα κοντινά σπίτια». Είναι η θριαμβευτική αψίδα του Αντωνίου και Οκταβιανού, που έστησαν προς τιμήν των ρωμαίων αυτοκρατόρων οι φιλοκαισαρικοί κάτοικοι της πόλης, υπέρ «Θεσσαλονικέων ελευθερίας», μετά τη νίκη στους Φιλίππους το 42 π.Χ. κατά του Βρούτου, ο οποίος είχε τάξει στους στρατιώτες του ως νικητήριο δώρο τη λεηλασία της πόλης.

Η Χρυσή Πύλη κατεδαφίστηκε το 1874 από τον εκσυγχρονιστή βαλή της Θεσσαλονίκης Μιδάτ Πασά, για να μην εμποδίζεται η κυκλοφορία της Εγνατίας που είχε διαπλατυνθεί το 1868. Έμειναν όρθια, ευτυχώς, νότια της πλατείας τα κάστρα του φρουρίου του Βαρδαρίου, του Μπαρούτ Χανέ, και βόρεια το τείχος της οδού Ειρήνης, όπου κάτω από τον κεραμοπλαστικό διάκοσμο του τείχους πακτώθηκαν τα μαρμάρινα έδρανα από το αρχαίο στάδιο και τον ιππόδρομο της Θεσσαλονίκης, στα βυζαντινά χρόνια, διά την σωτηρίαν της πόλεως από τις επιδρομές Σλάβων, Βησιγότθων, Σαρακηνών, Καταλανών, Νορμανδών, Βουλγάρων, Βενετών, Φράγκων και Τούρκων. Στο Μπαρούτ Χανέ, όπου στεγάζονταν οι τουρκικές αποθήκες υλικού πολέμου, υπήρχαν ως τις αρχές του αιώνα, διασωσμένα ως λάφυρα, όπλα και περικεφαλαίες των βυζαντινών υπερασπιστών κατά την άλωση της πόλης από τους Τούρκους το 1430. Και σήμερα, στον άλλοτε άγριο χώρο του Μπαρούτ Χανέ, για δεκαετίες νυχτερινό ερωτικό καταφύγιο για τις καλντεριμιτζούδες γυναίκες και τα ομοφυλόφιλα ζευγάρια του Βαρδάρη, παρά τον εξωραϊσμό, το φωτισμό και την αποκατάσταση των τειχών από την αρχαιολογική υπηρεσία, τη νύχτα συνεχίζεται η παραδοσιακή ερωτική λειτουργία, μετά την αποχώρηση αυτοκινήτων από το πάρκινγκ του κάστρου και των θαμώνων του γειτονικού δικαστικού μεγάρου.

Η περιοχή της Χρυσής Πύλης, η πλατεία Βαρδάρη, συγκέντρωνε από τους πρώτους αιώνες της ίδρυσης της πόλης ως σήμερα, καπηλειά, κακόφημα χάνια και χαμαιτυπεία, καφενεία, καφέ αμάν, καφέ σαντάν, καμπαρέ, λαϊκά σινεμά και κέντρα διασκέδασης. Στα γύρω χάνια ξεπέζευαν οι μακρινοί επισκέπτες και εμπορευόμενοι της πόλης, που έφταναν στη Θεσσαλονίκη μέσω της Εγνατίας από την Αδριατική και την Κωνσταντινούπολη, την Αθήνα, το Βελιγράδι, τη Βιέννη και τη Σόφια και στα πολυτελή ξενοδοχεία των αρχών του αιώνα κατέλυαν οι ξένοι ταξιδιώτες που οδηγούνταν αναγκαστικά στην πλατεία από τον παλιό σιδηροδρομικό σταθμό, αφού η διεμβολή των Λαδάδικων έγινε μόλις στη δεκαετία του 1930 με τη διάνοιξη της οδού Τσιμισκή. Αυτή η ετερόκλητη άφιξη των χιλιάδων ξένων επισκεπτών, που αναζητούσαν τις πρώτες νύχτες ξεκούραση, ψυχαγωγία και ερωτική θαλπωρή, προκάλεσε τη συγκέντρωση των ψυχαγωγικών λειτουργιών στα παραβαρδάρια, πέρα από τα εμπορικά καταστήματα και τα πολλά ξενοδοχεία.

Έξω από τη Χρυσή Πύλη, στα ρωμαϊκά χρόνια στηνόταν εμπορικό πανηγύρι και στους ναούς της πόλης τελούνταν οργιαστικές τελετές λατρείας, τα Καβείρεια-Πύθια, προς τιμήν του πολιούχου της πόλης θεού Καβείρου, που αντικαταστάθηκε στους πρωτοχριστιανικούς χρόνους από το χριστιανό Άγιο Δημήτριο.

Στον ίδιο χώρο απλωνόταν κατά τη βυζαντινή περίοδο και η λαμπρή εμποροπανήγυρη των Δημητρίων, όπου, πέρα από την εντυπωσιακή έκθεση εμπορευμάτων απ' ολόκληρη τη Βαλκανική, ακόμη και την Ιταλία, την Ισπανία και τη Ρωσία, οι χιλιάδες έμποροι και πανηγυριώτες έβρισκαν ποικίλες διασκεδάσεις, όπως μαρτυρείται στο σωζόμενο διάλογο του 12ου αιώνα «Τιμαρίων ή περί των καθ' αυτών παθημάτων». Περιγράφοντας τις εντυπώσεις του από το ταξίδι του στη Θεσσαλονίκη, στην εποχή του παζαριού, ο πρωταγωνιστής Τιμαρίων λέει ότι γελωτοποιοί, πλανόδιοι μουσικοί, τσιρκολάνοι, μίμοι και θεατρίνοι διασκέδαζαν τον κόσμο, ενώ πολλοί μεθούσαν στα γύρω πανδοχεία, καταγώγια, χαμαιτυπεία και καπηλειά με αυλητρίδες, ορχηστρίδες, εταίρες και «πορνοβοσκούς», τους σημερινούς προαγωγούς και σωματέμπορους. Στην ίδια παραβαρδάρια περιοχή υπήρχαν στα βυζαντινά χρόνια, πέραν των καλυμμένων κακόφημων πανδοχείων, και πορνεία, αλλά οι βυζαντινοί συγγραφείς περιορίζονται σε ηθικολογικές αναφορές και μόνο ο επίσκοπος Θεσσαλονίκης Ευστάθιος, περιγράφοντας την άλωση της πόλης από τους Νορμανδούς το 1181, αναφέρεται στις πόρνες «αις μόναις ανέλαμπε κάλλος ιματισμού», μέσα στην τραγωδία της αιχμαλωσίας των νέων και γυναικών της συμβασιλεύουσας.

Την ψυχαγωγική παράδοση της περιοχής δεν διέκοψε ούτε η συντηρητική ιδεολογία του ισλαμισμού και στα ταβερνεία του Βαρδάρη «εσύχναζον άπιστοι, διεφθαρμένοι και έκδοτοι εις τας ασωτείας και τας ακολασίας», όπως σημειώνει ο Εβλιά Τσελεμπί που πέρασε από το Βαρδάρι το 1667. Στον τούρκο περιηγητή έκανε εντύπωση το θέαμα «των από πρωίας μεθυσμένων» κι ακόμα ότι στα χάνια «όταν τις μεθύσει, ούτε την χείρα εκτείνει προς τα παιδία και τας γυναίκας των καπήλων ούτε διά λόγων ενοχλεί· επικρατεί μεγάλη τάξις». Τα χάνια και τα καφενεία στα χρόνια της τουρκοκρατίας συνεχίζουν να παρέχουν τις ερωτικές διευκολύνσεις, πέρα από τα παραδοσιακά γειτονικά πορνεία της Μπάρας, και οι θαμώνες τους να πίνουν κρασί και ρακί παρά τη ρητή θρησκευτική αντικατάσταση των κρασοπουλειών από μποζαχανέδες, που πουλούσαν μποζά (γλυκό ρόφημα από κεχρί) και χοσάφι (αφέψημα από ξερά βερίκοκα, δαμάσκηνα και σταφίδες). Στο Βαρδάρη συγκεντρώνονταν, ιδιαίτερα τις νύχτες του Ραμαζανιού, και πολλοί μεττάχηδες, τούρκοι μίμοι και κωμικοί, που διασκέδαζαν τους μουσουλμάνους με αστείες διηγήσεις και παρωδώντας διάφορα πρόσωπα της επικαιρότητας.

«Εις την συνοικίαν αυτήν» (Βαρδάρη), γράφει ο Τσελεμπί, *«υπάρχουν 20 μποζαχανέδες και 17 μεγάλα ωραία καφενεία. Τους θαμώνες των καφενείων διασκέδαζον τα ανατολίτικα μουσικά όργανα και τραγουδισταί και μεττάχηδες και αοιδοί και γελωτοποιοί και βωμολόχοι. Εκεί διήρχοντο ευχαρίστως τας ώρας της ημέρας και της νυκτός όχι μόνο οι ταξιδιώται, αλλά και άνθρωποι των γραμμάτων, οι ποιηταί, οι κομψευόμενοι και οι ερωτύλοι...»*

Η συνοικία του Βαρδάρη στο τέλος του 19ου αιώνα με τον *«Τζάντε Γιολ»*, το *Φαρδύ δρόμο*, όπως ονομαζόταν η Εγνατία και επίσημα στους πολεοδομικούς χάρτες ως την οδό Βενιζέλου Vardar Kapisi Cadessi, δηλαδή Λεωφόρος της Πύλης του Βαρδαρίου, συγκέντρωνε τις περισσότερες υπηρεσίες και λειτουργίες για τους ταξιδιώτες που επισκέπτονταν τη Θεσσαλονίκη. Κοντά στην πλατεία ήταν χτισμένο το τριώροφο ξενοδοχείο *Grand Hotel*, με 38 δωμάτια, και από την κάτω μεριά της Εγνατίας το ξενοδοχείο *Θεσσαλονίκη*. Τα περισσότερα οικήματα πέριξ της πλατείας, λαϊκές αγορές, καφενεία και εμπορικά καταστήματα κατεδαφίστηκαν μετά την πυρκαγιά και με το νέο πολεοδομικό σχέδιο χτίστηκαν δύο λαϊκά σινεμά, ένα ιταλικό σχολείο και μεταπολεμικά άχαρες εργατικές πολυκατοικίες για μετανάστες. Την παλιά κτιριακή κλίμακα της περιοχής διατηρούν με τη σημερινή μιζέρια της τα ισόγεια καταστήματα ετοίμων ενδυμάτων στη δυτική πλευρά της πλατείας απ' όπου αρχίζει η οδός Μοναστηρίου.

Δίπλα στο σινεμά *Πάνθεον* στέκεται, χτισμένη το 1934 με κόκκινα τούβλα, έρημη η ιταλική βασιλική σχολή «Alessandro Manzoni», σχεδιασμένη από ιταλούς αρχιτέκτονες. Στην ιταλική σχολή του Βαρδάρη δίδαξε ο πεζογράφος Στέλιος Ξεφλούδας, φοίτησε ο γραφίστας της «Διαγωνίου» Κάρολος Τσίζεκ, λειτούργησε στρατοδικείο στον Εμφύλιο και στα χρόνια της χούντας στέγασε την ασφάλεια όπου στα στενά κρατητήρια με θέα τους αμέριμνους θαμώνες της πλατείας εγκλείστηκαν και βασανίστηκαν πολλοί φοιτητές του αντιδικτατορικού αγώνα. Ο ύποπτος χαρακτήρας της πλατείας απόβαλε από το χώρο της ένα κτίριο που δεν είχε σχέση με πορνεία και αυνανιστήρια, παρά την προσπάθεια να εξυγιανθεί η περιοχή στο μεσοπόλεμο και με το γαλλικό λύκειο Jean Baptiste de la Salle, ένα οικοδομικό τετράγωνο νοτιότερα, δίπλα στο Μπαρούτ Χανέ, όπου αργότερα, με τη μεταφορά του σχολείου «Δελασάλ» στο Ρετζίκι, στεγάστηκαν επί πολλά χρόνια οι τεχνικές σχολές Δημόκριτος.

Η πλατεία Βαρδάρη φημίστηκε ως ερωτικός τόπος, ιδιαίτερα στα χρόνια του πρώτου παγκοσμίου πολέμου καθώς στα πορνεία και τα καφέ σαντάν Ελληνίδες, Εβραίες, Γαλλίδες, Σερβίδες, Πολωνές και Ιταλίδες διασκέδαζαν τους ξένους στρατιώτες που έφθαναν στα μετόπισθεν από τα λασπωμένα αμπριά του Μακεδονικού Μετώπου. Τα καφέ σαντάν της περιοχής ψυχαγωγούσαν απλούς στρατιώτες με ξένες αρτίστες που τραγουδούσαν τον αγγλικό εθνικό ύμνο *God save the King* και το *Madelon*. Οι αξιωματικοί της στρατιάς της Ανατολής κατέφευγαν στα αριστοκρατικά καφέ και καφέ σαντάν της πλατείας Ελευθερίας, του σιδηροδρομικού σταθμού, του Μπέχτσιναρ και της παραλίας, καθώς η κακόφημη λαϊκή πλατεία απωθούσε ανέκαθεν και τους ντόπιους μεγαλοαστούς. Η πληθώρα των οίκων ανοχής και των maisons privees, παρά τη φθίνουσα πορεία από έλλειψη υψηλής πελατείας, παρέμεινε και στα χρόνια του μεσοπολέμου, αφού, όπως καταγράφονται σε επίσημους οδηγούς της Θεσσαλονίκης, από τους σαράντα επτά οίκους που υπήρχαν στην πόλη στις αρχές της δεκαετίας του τριάντα, έξι τρίτης και τριάντα τετάρτης κατηγορίας βρίσκονταν στην οδό Ειρήνης και γενικότερα στην περιοχή του Βαρδάρη.

Η οδός Ειρήνης είναι ο ερωτικός άξονας της πολύγωνης πλα-

Κουτσομπολιό στο Βαρδάρι. 1916-18. (Αρχείο Πανόραμα)

Πάνω: Ένας πολύ «περιποιημένος» δρόμος στο Βαρδάρι. 1916. (Αρχείο Πανόραμα)

Κάτω: Δρόμος στο Βαρδάρι. 1916-18. (Αρχείο ΚΙΘ)

Στη δεξιά σελίδα: Σε αναζήτηση γενναιόδωρου πελάτη στο Βαρδάρι. 1916-18. (Αρχείο Πανόραμα)

Απολαμβάνοντας τα μικροκαμωμένα πόδια και τις καλλίγραμμες γάμπες κάπου στο Βαρδάρι. 1916-18. (Αρχείο Πανόραμα)*

Θιασώτες του κάλλους στο Βαρδάρι. 1916-18. (Αρχείο Πανόραμα)

* Στις φωτογραφίες από το Βαρδάρι διατηρήσαμε τις λεζάντες των καρτποστάλ.

Ψιλοκουβέντα στο Βαρδάρι. 1916-18. (Αρχείο Πανόραμα)

Παζαρεύοντας τις τιμές στο Βαρδάρι. 1916-18. (Αρχείο Πανόραμα)

Ποιος προσφέρει περισσότερα; Στιγμιότυπο στο Βαρδάρι. 1916-18. (Αρχείο Πανόραμα)

Ποιος είναι ο πιο ανοιχτοχέρης; Στιγμιότυπο στο Βαρδάρι. 1916-18. (Αρχείο Πανόραμα)

Στη δεξιά σελίδα

Πάνω: Οι δουλειές φουντώνουν, οι πελάτες περιμένουν στο Βαρδάρι. 1916-18. (Αρχείο Πανόραμα)

Κάτω: Σε δρόμο του Βαρδάρη, κοντά στον αντιαφροδισιακό σταθμό της περιοχής. (Αρχείο ΚΙΘ)

Πρόκληση για αναμέτρηση στο Βαρδάρι σε καρτποστάλ του 1916-18. (Αρχείο Πανόραμα)

Πάνω: Άποψη προς την Τούμπα. Αριστερά το υπό κατασκευή κτίριο της ΧΑΝΘ (1924). Μπροστά ο συνοικισμός της Αγίας Φωτεινής και οι εγκαταστάσεις του Γ΄ Σ. Σ. Η καρτποστάλ ταχυδρομήθηκε στις 2.5.1929. (Αρχείο Α.Π.)

Κάτω: Το καφενείο της Διεθνούς Έκθεσης Θεσσαλονίκης το 1927. (Αρχείο Α.Π.)

Πάνω: Από τα καλλιστεία που οργάνωσε η Ένωση Συντακτών Μακεδονίας-Θράκης το 1929. Φωτογραφίες υποψηφίων της περιοχής. (Αρχείο ΚΙΘ)

Κάτω: Η «Μις Θεσσαλονίκη» του 1929 Ελένη Σταθοπούλου με το ΔΣ της ΕΣΗΕΜΘ.

Στη δεξιά σελίδα: Στο Λευκό Πύργο στη δεκαετία του 1930. (Συλλογή Χρ. Ζαφείρη)

Πάνω: Καλοκαίρι στη Νέα Κρήνη στη δεκαετία του 1930. Στην ομπρέλα διαφήμιση «Μπενβενίστε, Βαλαωρίτου 11». (Αρχείο Α.Π.)

Στην αριστερή σελίδα

Πάνω: Σχολική εκδρομή στο Ζυθοπωλείον «Τροκαντερό» της Αρετσούς το 1929. (Αρχείο Α.Π.)

Στο κέντρο: Γλέντι στον Χορτιάτη με το φωνογράφο. (Αρχείο Α.Π.)

Κάτω: «Είμαστε στην εκδρομή στο Μπέχτσιναρ, 8 Φλεβάρη 1930». (Αρχείο Α.Π.)

Στο καραβάκι για Μπαχτσέ Τσιφλίκι. (Συλλογή Χρ. Ζαφείρη)

Πάνω: «Εκδρομή εις Σέι Σου. Θεσσαλονίκη, τη 8.5.1931». (Αρχείο Α.Π.)

Στο κέντρο: Μπάνια στη Νέα Κρήνη το 1935. (Αρχείο Α.Π.)

Κάτω: Γυμνόστηθες προπολεμικά στο Θερμαϊκό. (Αρχείο Α.Π.)

Στην επόμενη σελίδα: Μπροστά στην εξέδρα του Λευκού Πύργου το 1935. (Συλλογή Χρ. Ζαφείρη)

τείας, εκτεινόμενη κατά μήκος της εξωτερικής πλευράς των τειχών ανάμεσα στη βόρεια πλευρά της, όπου βρισκόταν ως το 1930 το καφενείο του Μαλίκ μπέη και σήμερα το πορνοσινεμά *Ίλιον*, και την οδό Αγίου Δημητρίου, όπου ήταν χτισμένος ο τεκές των μυστικιστών μουσουλμάνων δερβίσηδων Μεβλεβί, εξού και η παλιά ονομασία του δρόμου Μεβλιβιχανέ.

«*Στην οδό Ειρήνης*», γράφει ο Ηλίας Πετρόπουλος, «*λειτουργούσαν ως το '52 δύο μεγάλα διώροφα μπορντέλα, που τα χώριζε ένα στενό (έβγαζε στην οδό Λαγκαδά)... Ωστόσο –παρά τις εμπειρίες μου– δεν καλοκατάλαβα σε ποιον τύπο οίκου ανοχής ανήκαν τα μπορντέλα αυτά. Σήμερα, αφού πέρασαν τριάντα χρόνια, μένω με την εντύπωση πως οι οίκοι ανοχής της οδού Ειρήνης είχαν τα γνωρίσματα των μπορντέλων-στρατώνων. Εκεί οι πόρνες μάλλον είχαν νοικιασμένα δωμάτια, αν και παράλληλα υπήρχε διευθύντρια. Επίσης οι πόρνες της οδού Ειρήνης είχαν μεγάλες ελευθερίες. Δεν ξέρω ποιος ήτο ο ιδιοκτήτης των μπορντέλων της οδού Ειρήνης...*»

Στην οδό Ειρήνης βρισκόταν το μαγαζί του Χρήστου Παπαδόπουλου ή Κέρκυρα, απ' όπου πέρασαν όλοι οι γνωστοί ρεμπέτες της Αθήνας μετά το 1935 ως το τέλος της Κατοχής. Το 1944 ο Κέρκυρας κι ο 17χρονος γιος του Γιωργάκης, που έπαιζε μπουζούκι, ταγματασφαλίτες και οι δυο στα τάγματα του Βήχου, βρέθηκαν δολοφονημένοι έξω από το μαγαζί τους από τις ομάδες του διαβόητου Δάγκουλα σε ξεκαθάρισμα ύποπτων συναλλαγών. Ο Κέρκυρας, τυπικός εκπρόσωπος του υποκόσμου που σύχναζε και συναλλασσόταν στο Βαρδάρι, παρότι είχε καταδικαστεί για φόνο και λαθρεμπορία, βρισκόταν έξω από το Γεντί Κουλέ, μια και κατά πάγια τακτική της εποχής τέτοιοι τύποι ήταν το «μάτι και το αυτί» της αστυνομίας και του παρακράτους. Στο μαγαζί του Κέρκυρα έπαιξαν όλοι σχεδόν οι συνθέτες και μπουζουξήδες του κλασικού ρεμπέτικου, Βασίλης Τσιτσάνης, Μάρκος Βαμβακάρης, Γιώργος Μπάτης, Στράτος Παγιουμτζής, Ανέστης Δελιάς, Δημήτρης Γκόγκος ή Μπαγιαντέρας, Στέλιος Κερομύτης, Γιάννης Παπαϊωάννου, Γιώργος Μανησαλης, Στελλάκης Περπινιάδης, Απόστολος Χατζηχρήστος και άλλοι.

«Στη Θεσσαλονίκη δουλέψαμε την πρώτη φορά στην οδό Ειρήνης», θυμάται ο Γιάννης Παπαϊωάννου, *«που ήταν τα μπουρδέλα και τα τέτοια. Πολύ άγριος κόσμος ερχόταν σ' αυτό το μαγαζί, γιατί ήταν κοντά τα μπουρδέλα και όλα τα άλλα μαγαζιά, που μαζευόντουσαν κάθε λογής άνθρωποι. Καβγάδες κάθε βράδυ και τέτοια. Ο Κέρκυρας ήταν αγριόμαγκας. Μετά πήγαμε στο μαγαζί του Καφαντάρη που ήταν λίγο πιο πάνω. Άλλος άνθρωπος ο ένας, άλλος ο άλλος. Κι έγινε μια παρεξήγηση εκεί ένα βράδυ που κάτι κουτσαβάκια της Θεσσαλονίκης ήρθανε και χαλάσανε το μαγαζί. Ήτανε βαλτοί είπανε τότε από τον Κέρκυρα...»*

Στη γωνία της οδού Ειρήνης με την πλατεία Βαρδάρη ήταν το καφενείο του Μαλίκ Μπέη που διατηρήθηκε ως το 1930, ανατολίτικο καφενείο με ναργιλέδες, μεγάλους καθρέφτες και δερμάτινους καναπέδες όπου οι θαμώνες έμεναν ως το πρωί, αρκεί να καθάριζαν το μαγαζί για τους πρωινούς πελάτες. Ο Μαλίκ ήταν αρχινταβατζής, ιδιοκτήτης πολλών πορνείων της Μπάρας και της οδού Ειρήνης και στο καφενείο του και στα γύρω μαγαζιά σύχναζαν σωματέμποροι, προστάτες, αγαπητικοί, λαθρέμποροι, προμηθευτές των πορνείων, μάγκες, χασισέμποροι, γυναικωτοί, γυρολόγοι, παπατζήδες, νταήδες, όλος ο προπολεμικός κόσμος της νύχτας.

Απ' όλους τους νταήδες της περιοχής στην τοπική παράδοση του νταϊλικιού έμεινε ο Αλκής Πέτσας, αγνώστων λοιπών στοιχείων, που δολοφονήθηκε από αντιπάλους προαγωγούς. Τα αρχεία της ασφάλειας παραμένουν ακόμη κλειστά ή κάηκαν το 1989 μαζί με τους φακέλους των αριστερών και αντιστασιακών από την κυβέρνηση Τζαννετάκη στην υψικάμινο της «Σιδενόρ» της Σίνδου. Γράφει ο Γιώργος Σταμπουλής:

«Η κηδεία του Αλκή, έγινε σε στυλ Μαφίας, πολυτελέστατη (συνεισέφεραν όλες οι πόρνες της Μπάρας), και πίσω από την ιππήλατη νεκροφόρα ακολουθούσε όλος ο υπόκοσμος. Το κορίτσι του, μια από τις ωραιότερες πόρνες της οδού Ειρήνης, ακολουθούσε περπατώντας, ντυμένη στα άσπρα, με λουλούδια λεμονιάς στο κεφάλι, και συνοδευόταν από γυναίκες ντυμένες κι αυτές με άσπρα...»

Διαβόητος μπράβος, λαθρέμπορος και αγαπητικός του υποκόσμου στα χρόνια της προσφυγιάς, ο οποίος άφησε το όνομά του στην περιοχή, υπήρξε και ο Καφαντάρης, που διατηρούσε καφενείο στην αρχή της οδού Αγίου Δημητρίου, στα κάστρα, κοντά στον ιερό χώρο του τεκέ των Μεβλεβήδων, όπου στα βυζαντινά χρόνια υπήρχε το μοναστήρι της Αγίας Ματρώνας.

Στην άλλη πλευρά του βυζαντινού τείχους, από την πλατεία ως του Καφαντάρη, απλώνεται η ιερή ζώνη του Βαρδάρη με τη βυζαντινή εκκλησία και τους αρχαίους ναούς με τις οργιαστικές λατρείες και τους μυημένους του έρωτα και του θανάτου, που αποκαλύφθηκαν στις εκσκαφές των οικοδομικών θεμελίων. Η εκκλησία των Αγίων Αποστόλων με τις ψηφιδωτές παραστάσεις του ρεαλισμού και του πάθους, που φιλοτέχνησαν μαΐστορες από την Κωνσταντινούπολη, με χορηγό τον οικουμενικό πατριάρχη Νίφωνα, ενέπνεε δέος σ' όσους περιφέρονταν το βράδυ στα παραβαρδάρια. Τσατσάδες και ομοφυλόφιλοι άναβαν συχνά κερί, και τη Μεγάλη Βδομάδα τα κορίτσια της οδού Ειρήνης έκλειναν τα σπίτια και παρακολουθούσαν με κατάνυξη τα δώδεκα ευαγγέλια και την περιφορά του Επιτάφιου, που εξαγίαζε τον πέριξ λειψόφωτο βέβηλο χώρο. Ως τζαμί οι Τούρκοι ονόμαζαν την εκκλησία του «κρύου νερού», που πήρε το όνομα από την πλινθόκτιστη κιστέρνα η οποία διασώζεται στη βόρεια πλευρά του ναού. Νοτιότερα βρίσκεται το ερειπωμένο Πασά χαμάμ, τα λουτρά *Φοίνιξ*, που συνεχώς από το 1530 ως το 1981, που έκλεισαν λόγω των ρηγματώσεων από τους σεισμούς, αποκάθαραν και χαλάρωσαν σώματα ανδρών και γυναικών από τις λαϊκές συνοικίες και των πορνών του Βαρδάρη.

Η βορειοανατολική περιοχή της πλατείας Βαρδάρη στα ελληνιστικά και ρωμαϊκά χρόνια αποτελούσε το ιερό κέντρο της πόλης με τους ναούς των αιγυπτίων θεών και το μεγάλο ναό του Διονύσου του οποίου θεμέλια και αρχιτεκτονικά μέλη βρέθηκαν στις εκσκαφές των οικοπέδων και σκεπάστηκαν στα πολεοδομικά τετράγωνα. Στα ιερά των θεών, του Σάραπη, της Ίσιδας και του Άνουβη διασώθηκαν, μεταφερμένα στο μουσείο της πόλης, αγάλματα, ειδώλια της Αφροδίτης, φτερωτοί έρωτες και ερωτιδείς, ένας βωμός αφιερωμένος στην Ίσιδα «Οργία» και το αβρό άγαλμα του γιου της Αρποκράτη, ο οποίος με το δάχτυλό του στα τρυφερά χείλη υπαγορεύει τη σιωπή για τους μυημένους του διαχρονικού θρησκευτικού και ερωτικού χώρου.

Από το κέντρο της πόλης η σταδιακή είσοδος στο κλίμα της πλατείας Βαρδάρη γίνεται από την Εγνατία οδό, μάνα-δρόμος της πόλης. Πύλη στον προθάλαμο της πλατείας παραμένει από τα βυζαντινά ακόμη χρόνια η διασταύρωση Εγνατία - Βενιζέλου, όπου βρίσκεται το μουχλιασμένο Χαμζά Μπέη τζαμί, του οποίου οι τρούλοι διακοσμημένοι με μπλε και χρυσά αστέρια είδαν δακρύβρεκτες ταινίες και σκληρά πορνό ως κινηματογράφος *Αλκαζάρ*, στα μεταπολεμικά χρόνια ως τις αρχές της δεκαετίας του '80. Η παράδοση της σκεπαστής αγοράς, με ελληνικά και εβραϊκά καταστήματα στο σκονισμένο Φαρδύ δρόμο της τουρκοκρατίας, συνεχίζει ως τις μέρες μας με επαρχιώτες, αγρότες, διερχόμενους των λαϊκών συνοικιών, Σέρβους και Σκοπιανούς, που αγόραζαν πιπέρι, χρυσό, καφέ σε κόκκους και αθλητικές φόρμες και παπούτσια, πριν από το θάνατο το Τίτο και την αιματηρή διάλυση της Γιουγκοσλαβίας. Τα λαϊκά καταστήματα και τις γειτονικές αγορές χαζεύουν τώρα Ρωσοπόντιοι, Βούλγαροι, Πολωνοί και Βορειοηπειρώτες που κοιμούνται σε πανδοχεία της Εγνατίας.

Οσμές μπουγατσάδικων, γύρου και κεμπάπ, ξεθωριασμένες προσόψεις λαϊκών ξενοδοχείων, ιατρεία αφροδισιολόγων, φροντιστήρια και γραφεία τουρισμού, σφιγμένα πρόσωπα που μπαίνουν στο εσωτερικό των ξενοδοχείων, πλασιέ και διερχόμενοι για τα κοντινά πρακτορεία και το σιδηροδρομικό σταθμό, ξένοι τουρίστες, είναι οι ημερήσιοι θαμώνες του μεγάλου δρόμου, πριν πέσει η νύχτα και εκκενωθούν αυθορμήτως τα πεζοδρόμια.

Τα προπολεμικά λαμπρά ξενοδοχεία που δέχονταν τους επιβάτες των τρένων και των εμπόρων της βαλκανικής ενδοχώρας, τώρα ζουν αποκλειστικά με ξεπεσμένους ταξιδιώτες, παράγοντες του ερωτικού κυκλώματος και αλλοδαπούς μετανάστες. Δεκαπέντε ξενοδοχεία περιλάμβανε ο οδηγός της πόλης του 1920, *Μεγάλη Βρετάνια, Μινέρβα, Αλεξάνδρεια, Εθνικόν, Εμπορικόν, Ίλιον, Μέγα, Νέα Νίκη, Νέα Υόρκη, Παρθενών, Φλώρινα, Ελβετία, Θεσσαλία* και άλλα που αναγέρθηκαν στο μεσοπόλεμο, όπως το ξενοδοχείο *Βιέννη*, το 1925, πάνω στα θεμέλια του καμένου Μπουρμαλί τζαμιού και της παλιότερης βυζαντινής εκκλησίας της Αγίας Κυριακής, με σιδεριές, περίτεχνες θύρες και ανάγλυφα στις προσόψεις, αναδίνοντας χαρούμενη ανατολίτικη ατμόσφαιρα με ευρωπαϊκή φινέτσα.

Μεταπολεμικά, όταν μετατοπίστηκαν και διασπάρθηκαν οι προορισμοί των ταξιδιωτών στην πόλη, πολλά ξενοδοχεία της Εγνατίας στα παραβαρδάρια έκλεισαν, άλλαξαν χρήσεις ή συνεχίζουν να στεγάζουν στην πλειονότητα ερωτικές δραστηριότητες του Βαρδάρη. Η *Βιέννη* ερειπώνεται ως διατηρητέο κτίριο, η *Μεγάλη Βρετάνια* στεγάζει σύγχρονο ωδείο, το *Αβέρωφ* φιλοξενεί γυναίκες ελευθερίων ηθών, *Αργώ, Αιγαίον, Ίλιον, Μοντέρν, Λίντο, Εμπορικόν, Ατλαντίς, Αλεξάνδρεια, Καστοριά, Άτλας*, «γκριζωπά κι από δεκαετίες κατάκλειστα ξενοδοχεία της αρχοντιάς», κατά τον Γιώργο Ιωάννου, όπου τη νύχτα παραμένουν ανοιχτά ως το πρωί τα ροζ φώτα των δωματίων και στις σιδεριές των μπαλκονιών οι ένοικοί τους στεγνώνουν πουκάμισα και εσώρουχα.

Από την πλειάδα των παραβαρδάριων ξενοδοχείων, προσωρινό καταφύγιο άστεγων εραστών, μόνο το ξενοδοχείο *Αύγουστος* στην οδό Ελένης Σβορώνου, δίπλα στην Εγνατία, πέρασε επώνυμα στη λογοτεχνία, συμπτωματική αναφορά του Πάνου Θασίτη στο ποίημα *Δυτικά προάστια*:

Ξενοδοχείο Αύγουστος, μαύρα σίδερα σταυρωτά, μαίανδροι
και πουλιά από πυρακτωμένο ψευδάργυρο,
ανώνυμη γεωμετρία του τοίχου. Στη σκοτεινή θύρα που έκλεισα
η βούλα της ερυθρής Αφροδίτης, το μάτι του ξενοδοχείου
στη σκάλα σα φίδι κι ύστερα,
η μεγάλη πυρά της αγάπης κατακαίγοντας τον πηλό,
ελευθερώνοντας την ήσυχη άσπρη ανταύγεια της καρδιάς
την ακύμαντη τάξη των άστρων που σου 'δειχνα τις νύχτες.

Η περιοχή Κολόμβου, μια στάση από την πλατεία Βαρδάρη, που πήρε το όνομά της από τον ιταλό μάγειρα των τεχνικών της σιδηροδρομικής γραμμής Τζιάκομο Κολόμπο, ο οποίος έστησε στην καμπή του αιώνα το πρώτο ευρωπαϊκό καμπαρέ στην περιοχή, δεν θυμίζει τίποτα από την ακμή των πρώτων δεκαετιών του αιώνα, με τα καφέ σαντάν, τα θέατρα, τα καμπαρέ και τα παλιά ξενοδοχεία. Ακόμη και το καφενείο *Ηλύσια* με τους μεγάλους καθρέφτες, προπολεμικό στέκι εμπόρων της επαρχίας και μουσικό κέντρο Γερμανών και δοσίλογων στην Κατοχή, μετατράπηκε σε ουδέτερο κατάστημα με ηλεκτρονικά είδη για επαρχιώτες και τουρίστες.

Όταν πέσει η νύχτα, στο τμήμα της Εγνατίας απλώνεται το ερωτικό αλισβερίσι της πλατείας. Φαντάροι με πολιτικά, εργάτες, ομοφυλόφιλοι, ναυτικοί, πόρνες και τραβεστί στήνονται στα πεζοδρόμια, ανεβοκατεβαίνουν στα μπορντέλα-ξενοδοχεία ή χάνονται εποχούμενοι σε μοτοσακό και Ι.Χ. στα δυτικά προάστια, σε τσαϊράδες και αλάνες, στη Σταυρούπολη, στη Νεάπολη, την Πολίχνη, τις παρυφές του Σέιχ Σου και τα εγκαταλειμμένα στρατόπεδα. Τις καταλυτικές αλλαγές της νύχτας τις δυο τελευταίες δεκαετίες στα παραβαρδάρια επισφραγίζει δραματικά ο Ντίνος Χριστιανόπουλος: «Και η Εγνατία, που άλλοτε μερακλωνόταν κάθε σούρουπο με τους φαντάρους της, ανακαλύπτει τώρα με θλίψη τις αρβύλες σε πόδια κουλτουριάρηδων.»

ΛΑΔΑΔΙΚΑ
Η συνοικία του χονδρεμπορίου και του έρωτα

Το λιμάνι απόψε είναι ήρεμο
κοιμούνται τα φορτωμένα καράβια
οι ίσκιοι της νύχτας στο καλντερίμι της αμαρτίας.

ΝΙΚΟΣ - ΑΛΕΞΗΣ ΑΣΛΑΝΟΓΛΟΥ
Tristis usque ad mortem

Τα Λαδάδικα είναι η μοναδική συνοικία της Θεσσαλονίκης που αναπτύχθηκε πάνω στη θάλασσα και γι' αυτό ελκύει τους ναυτικούς που περιφέρονται τη νύχτα στα στρωμένα με γρανίτες σοκάκια, ζαλισμένοι σαν σε κατάστρωμα βαποριού, ψάχνοντας ερωτικές μνήμες, εφήμερες απολαύσεις και φαντάσματα από το παρελθόν που βοούν και υπερίπτανται στα λιμάνια.

Η συνοικία του χονδρεμπορίου και του έρωτα σχηματίστηκε πάνω στο ανατολικό τμήμα του βυζαντινού λιμανιού, που είχε κατασκευάσει ο Μέγας Κωνσταντίνος για να προσορμίσει τα καράβια που ετοίμαζε κατά του ρωμαίου άρχοντα Λικίνιου, μετά από πολύχρονες προσχώσεις με φερτές ύλες των ποταμών, απορρίψεις σκουπιδιών και τεχνητά μπαζώματα. Το λιμάνι εκείνο με αυξομειώσεις της επιφάνειας εξαιτίας των επιχώσεων είχε έκταση ένα τετραγωνικό χιλιόμετρο και πλάτος πεντακόσια μέτρα και οριζόταν δυτικά με πέτρινο λιμενοβραχίονα, που στα χρόνια της άλωσης της Θεσσαλονίκης, το 15ο αιώνα, οι βυζαντινοί τον ονόμαζαν *τζερέμπουλο*.

Η προκυμαία του λιμανιού περιβαλλόταν, από τον 7ο αιώνα, με θαλάσσιο τείχος που άρχιζε από το Λευκό Πύργο, έφθανε στον επιβλητικό δυτικό πύργο, τον Τοπ Χανέ, απ' όπου ρίχνονταν οι πανηγυρικοί κανονιοβολισμοί, έστριβε βόρεια στη σημερινή διασταύρωση των οδών Μητροπόλεως και Κατούνη, ακολουθούσε την οδό Κατούνη ως την πλατεία Εμπορίου, συνέχιζε κατά μήκος την οδό Φράγκων κι έφτανε ως το φρούριο του Βαρδαρίου, τμήμα του οποίου διασώθηκε δίπλα στο δικαστικό μέγαρο της πόλης.

Οι Θεσσαλονικείς, έμποροι και ναυτικοί, έβγαιναν στο λιμάνι από την πύλη του «Γιαλού» ή της Αποβάθρας, της οποίας τα μαρμάρινα κατώφλια βρίσκονται θαμμένα στο χώρο όπου σχηματίστηκε αργότερα από τις προσχώσεις η πλατεία Εμπορίου. Ο ανύποπτος περιπατητής ή οχούμενος που περνά τη νέα οδό Πολυτεχνείου, προέκταση της οδού Τσιμισκή, αφήνοντας δεξιά το κάστρο και το σωζόμενο βυζαντινό πύργο του, πρέπει να φανταστεί ότι προχωρεί πάνω στη θάλασσα, αφού τα υπολείμματα του βυζαντινού φρουρίου ήταν τμήμα της θαλάσσιας οχύρωσης της πόλης.

Περιορισμένο σε έκταση από τις επιχώσεις, αλλά ζωντανό ακόμη συναντά το παλιό λιμάνι της Θεσσαλονίκης και ο Τούρκος περιηγητής Εβλιά Τσελεμπί στα 1668:

«Προστατεύεται από το παραλιακό τείχος και από πελώριους πύργους στο δυτικό και ανατολικό άκρο, που είναι εφοδιασμένοι με πάμπολλα τεράστια τηλεβόλα έτοιμα να βάλουν κατά των εχθρικών στόλων των απίστων που δεν είχαν την τύχη να πλησιάσουν.

»Μέσα στο ευρύχωρο λιμάνι της Θεσσαλονίκης χωρούν εκατοντάδες γαλεόνια, καραβέλες, γαλεότες, επιβατικά, κάτεργα, μαούνες και άλλα καράβια. Έχει καλό αραξοβόλι και μάλιστα όταν τα καράβια ρίξουν τις άγκυρες είναι καλά ασφαλισμένα. Από τα καράβια ξεχύνονται στο λιμάνι και μέσα στην πόλη γραφικότατο πλήθος ναυτικών και εμπόρων από τη Μαύρη Θάλασσα, από την Άσπρη (Αιγαίο), από τον Περσικό Κόλπο, από την Αίγυπτο, τη Συρία, το Αλγέρι, την Τρίπολη, τη Γένουα, Γαλλία, Πορτογαλία, Αγγλία, Ολλανδία, Δανία και άλλες χώρες.»

Στο μπαζωμένο βυζαντινό λιμάνι, από τα μέσα του 15ου αιώνα, αναπτύχθηκαν, λόγω και της γειτνίασης με το νέο λιμάνι, εμπορικές δραστηριότητες, πρόχειρα μαγαζιά με εδώδιμα αποικιακά και είδη που έρχονται από το Μισίρι, τα λιμάνια της Αιγύπτου, γι' αυτό είπαν εκείνη την περιοχή του χονδρεμπορίου *Μισίρ Τσαρσί* και *Λαδάδικα* μετά την απελευθέρωση της πόλης, παρότι η αναδινόμενη ως σήμερα ταγκίλα των παλιών μαγαζιών με λάδια και ελιές από τη Λέσβο, το Βόλο, την Άμφισσα και την Καλαμάτα προσδιόριζε αυτόματα το όνομα της συνοικίας. Οι περισσότεροι έμποροι που ήξεραν από λιμανίσιο εμπόριο ήταν Εβραίοι Σεφαράδ, που εγκαταστάθηκαν φυγάδες από την Αραγονία και την Καστίλλη μετά το 1492 στη Θεσσαλονίκη. Εκεί κοντά Ρωμανιώτες Εβραίοι από τα αρχαία ακόμη χρόνια, στη συμβολή των δρόμων Καλαποθάκη και Δημοσθένους, ίδρυσαν την πρώτη εβραϊκή συναγωγή, την Ετς Αχαΐμ, που θα πει Δέντρο της Ζωής, ακουμπισμένη στη θάλασσα ως το 1866 και δεχόμενη τη θαλάσσια αύρα ως το 1917 που κάηκε από τη μεγάλη πυρκαγιά.

Έξω από τα τείχη, στο προάστιο της αποβάθρας, σε σκονισμένους το καλοκαίρι και λασπωμένους το χειμώνα δρόμους σκεπασμένους με τέντες, γνώρισμα των ανατολίτικων παζαριών, οργανώθηκε το κέντρο του χονδρεμπορίου της πόλης. Στα χρόνια της τουρκοκρατίας, το τμήμα από την οδό Κουντουριώτου ως τη φράγκικη συνοικία, που το όριό της ήταν η οδός Ολυμπίου Διαμαντή, κι από την Ίωνος Δραγούμη ως την οδό Λήμνου ονομάζονταν *Ιστιρά*. Τα σημερινά σώζομενα κτίρια των Λαδάδικων καλύπτουν τμήμα του παλιού Ιστιρά, που κράτησε ενιαίο και σταθερό τον εμπορικό του χαρακτήρα ως το 1866 όταν κατεδαφίστηκαν τα θαλάσσια τείχη και ρυμοτομήθηκε η Σαμπρί Πασά, σημερινή οδός Βενιζέλου, που ως οικονομικός άξονας περιέλιξε, από την αποβάθρα και την πλατεία Ελευθερίας ως την Εγνατία και τους εκατέρωθεν δρόμους, τις σημαντικότερες εμπορικές δραστηριότητες της πόλης. Οι πολεοδομικές διεμβολίσεις, που έγιναν αργότερα από τις οδούς Σαλαμίνος, Κουντουριώτου και Τσιμισκή, κατέστρεψαν το ύφος και διέλυσαν την ενότητα της συνοικίας και τη συνάφειά της με το λιμάνι.

Όταν ο τούρκος περιηγητής Εβλιά Τσελεμπί επισκέφτηκε το 1668 τη Θεσσαλονίκη, ως γνήσιος ανατολίτης, πήγε και στον Ιστιρά και κατέγραψε ως ακολούθως τον έπαινο της συνοικίας στο συνολικό εγκώμιο που έκανε για τη μεγάλη πολιτεία:

«Στο Μισίρ-τσαρσισί (Αιγυπτιακή αγορά) υπάρχουν πεντακόσια περίπου μαγαζιά, που εμπορεύονται όλα τα προϊόντα της Αιγύπτου. Εκεί μπορείς να βρεις λινάρι, κινά, ζάχαρη, ρύζια, καφέ και διάφορα άλλα που τα διακινούν οι τριακόσιοι περίπου έμποροι της αγοράς, διαθέτοντας τεράστια υπόγεια για να αποθηκεύουν την πραμάτεια τους.»

Στην πλατεία της αγοράς, που αιώνες είχε το όνομα Λόντσα, βρισκόταν δίπατο τζαμί που στον όροφό του ήταν τέμενος και το ισόγειο νοικιαζόταν ως καταστήματα στους εμπόρους της αγοράς για την ενίσχυση των ιμάμηδων του τζαμιού. Στο ανοιχτό μέρος το 18ο αιώνα γινόταν η συγκέντρωση του σταριού του κάμπου της Μακεδονίας που στελνόταν στην Πόλη ή αγοραζόταν από ευρωπαίους εμπόρους και θεσσαλονικιούς μεταπράτες για τις πόλεις της Δύσης.

«Το τζαμί έχει πολλή κίνηση», γράφει ο Τσελεμπί, *«γιατί το επισκέπτονται κάθε στιγμή της ημέρας και της νύχτας οι πιστοί μουσουλμάνοι έμποροι και ναυτικοί. Εκεί προσεύχονται κι αναγαλλιάζει η ψυχή τους, απολαμβάνοντας το θέαμα του λιμανιού με τα εκατοντάδες δεμένα καράβια.»*

Κοντά στη Λόντσα, διαμορφώθηκε μετά την ανοικοδόμηση των Λαδάδικων, που είχαν καεί στην πυρκαγιά του 1856, η γνωστή πλατεία, που μετά το 1912 πήρε το όνομα της ελληνικής επαρχίας της Άνω Μακεδονίας, του ηρωικού Μορίχοβου, με το μέγαρο των συνδέσμων βιομηχάνων και εξαγωγέων, όπου πολλοί σεμνότυφοι οικονομικοί παράγοντες της πόλης απέφευγαν για αρκετά χρόνια να συναλλάσσονται αυτοπροσώπως με τις υπηρεσίες του γραφείου, επηρεασμένοι από το μύθο της περιοχής.

Μετά το 1910, όταν άρχισαν να λειτουργούν οι προβλήτες του νέου λιμανιού, τα διώροφα σπίτια, που στήθηκαν μετά την πυρκαγιά του 1856, αποτέλεσαν το ναυτιλιακό κέντρο της πόλης, καθώς οι ανάγκες του πρώτου πολέμου αναβάθμισαν τις ναυτιλιακές δραστηριότητες. Διώροφα σπίτια με κλασικιστικές προσόψεις, ανάμεσα στις χαρακτηριστικές φράγκικες αποθήκες με το σκούρο τούβλο στα γείσα του ορόφου και τις απολήξεις των θυρών και των παραθύρων και τις οξυκόρυφες στέγες φλαμανδικού τύπου, στέγασαν εναλλάξ ναυτιλιακές και εμπορικές επιχειρήσεις, ιδίως στις οδούς Αβέρωφ, Ναυάρχου Βότση, Φωκαίας και Αξιού, που γειτονεύουν με το λιμάνι και το τελωνείο, το οποίο αναγέρθηκε το 1910 από το θεσσαλονικιό εβραίο μηχανικό Ελί Μοδιάνο.

Τα περισσότερα παλιά σπίτια, που στέγασαν γραφεία ξένων ναυτιλιακών εταιρειών και της γαλλικής εταιρείας κατασκευής του λιμανιού, όταν απομακρύνθηκαν από την περιοχή, καλύφθηκαν από συστεγασμένες πόρνες σε οργανωμένα «σπίτια», πολυτελή και λαϊκά, με κορίτσια απ' όλα τα λιμάνια της Μεσογείου και τις χαμένες πατρίδες του ελληνισμού. Μετά την πυρκαγιά του 1917 και την αποχώρηση των ξένων στρατευμάτων, όταν άρχισε να παρακμάζει η διαβόητη μπουρδελοπολιτεία Μπάρα, έξω από τα δυτικά τείχη της Θεσσαλονίκης, και αποσύρθηκαν οι πολυεθνικοί μόνιμοι πελάτες της στρατιάς της Ανατολής, άνθισε στα Λαδάδικα η συντεχνιακή πορνεία, οι οίκοι ανοχής με τις πολλές γυναίκες που συστεγάζονταν στο ίδιο σπίτι. Τσατσάδες, αγαπητικοί, προστάτες, άβγαλτα κοριτσόπουλα και κομψευόμενες πουτάνες γέμισαν τα μπορντέλα των Λαδάδικων και τα σοκάκια της περιοχής, ανανεώνοντας το εμπόρευμα σε τακτά διαστήματα, κάθε φορά που οι τραγικές συγκυρίες κουβαλούσαν καραβιές προσφύγων στη Θεσσαλονίκη.

Στους οίκους ανοχής των Λαδάδικων σύχναζαν λαϊκά στρώματα, αγρότες από την ενδοχώρα της Μακεδονίας, στερημένοι μικροαστοί και ναυτικοί, μια και οι αστοί διέθεταν πολυτελείς οίκους ανοχής διάσπαρτους σ' ολόκληρο το κέντρο της πόλης, από την ηλεκτρική εταιρεία, στο πεδίο του Άρεως, ως το Βαρδάρη. Μετά την απαγόρευση του συνεταιρισμού κοινών γυναικών, στα Λαδάδικα έμειναν μοναχικές γυναίκες οι οποίες εναλλασσόμενες σε βάρδιες ή μόνες τους κρατούσαν το κόκκινο φανάρι στην εξώθυρα του «σπιτιού» ανοιχτό όλο το εικοσιτετράωρο.

Η μετεμφυλιακή περίοδος και ο κατατρεγμός των συνεταιρισμένων γυναικών έδωσε το διαβόητο όνομα στα Λαδάδικα, μια και στα μοναχικά δωμάτια παρέμειναν ξεπεσμένες πόρνες και στους στρωμένους με γρανιτένιες πλάκες δρόμους και στα σκοτεινά αδιέξοδα των αποθηκών και καταστημάτων, που έσφυζαν από ζωή τη μέρα, δούλευαν με χαμηλές ταρίφες πόρνες τρίτης κατηγορίας, οι λεγόμενες καλντεριμιτζούδες. Από τα πορνεία των Λαδάδικων, με τη μετεμφυλιακή ερωτική στέρηση και την ηθικολογία της εποχής, πέρασαν για χρόνια φαντάροι, φοιτητές, νέοι εργαζόμενοι, που έκαναν πολλές πόρνες να καυχιώνται ότι ασκούσαν κοινωνικό έργο. Όταν έκλειναν τα καταστήματα χονδρεμπορίου και άναβαν τα κόκκινα γλομπάκια, μοναχικά άτομα με συνωμοτική εμφάνιση και συντροφιές νέων έκαναν τακτικές επισκέψεις στα σπίτια της περιοχής, τις γνωστές μπουρδελότσαρκες, για ερωτική επισήμανση και φθηνή ψυχαγωγία. Στα σπίτια εκείνα εμφανίζονταν αρκετές φορές και πατεράδες με τους έφηβους γιους τους για να τους διδάξουν την αρμονική ερωτική δραστηριότητα, όπως πίστευαν, βετεράνες και έμπειρες γυναίκες, που τις γνώριζαν για τα προσόντα τους από προσωπικές επισκέψεις.

Τα τελευταία χρόνια, τα Λαδάδικα, μια κακόφημη για δεκαετίες περιοχή, αρχίζει να αναβαθμίζεται αλλάζοντας χρήστες. Τα παλιά καταστήματα χονδρεμπορίου και εδώδιμων αποικιακών στις οδούς Αιγύπτου, Κατούνη, Ορβήλου, Λυκούργου, Δόξης, Πίνδου, ναυμαχίας Έλλης και Βαΐου διατηρούν άθικτα από την πυρκαγιά του 1917 κτίρια με προσόψεις από σκουρόχρωμο τούβλο, με ξεφτισμένους τοίχους που μυρίζουν ταγκίλα από τα λάδια και τα παστά, εγκαταλειμμένα από τους τελευταίους παραδοσιακούς εμπόρους, μετατρέπονται σιγά σιγά σε μπιραρίες, μπαρ, ταβέρνες, αλλάζοντας τους παλιούς θαμώνες με αστούς και ξενόφερτους. Στα Λαδάδικα, όπου ξέμειναν οι τελευταίες γριές πουτάνες με τα σαθρά δωμάτια, τις ξύλινες τριζάτες σκάλες και τις ξεθωριασμένες «Γενοβέφες» στους τοίχους, συμφύρονται τώρα καλντεριμιτζούδες, πόρνες και τραβεστί, λιμενεργάτες, σωματέμποροι και αγαπητικοί των μπορντέλων και παραξενοδοχείων της περιοχής, με κοσμικούς, διανοούμενους, καλλιτέχνες και νέους, προκαλώντας τους παραδοσιακούς ενοίκους επαγγελματίες και επισκέπτες. Τα Λαδάδικα με τα αρχιτεκτονικά υπολείμματα, που διασώθηκαν χάρη στον κακόφημο ως πρόσφατα μύθο της περιοχής, αλλά και στο γραφειοκρατικό χαρακτηρισμό των κτιρίων ως παραδοσιακών, χαρακτηρίζονται ως το ιστορικό κέντρο της Θεσσαλονίκης, μια και στην άλλη περιτειχισμένη πόλη δεν έμεινε άλλο παλιό ολοκληρωμένο αρχιτεκτονικό σύνολο από την καταστροφική πυρκαγιά του 1917. Πολλά ετοιμόρροπα σπίτια και εμπορικά καταστήματα μετατράπηκαν σε σύγχρονες ταβέρνες με επιτόπια ονόματα, *Μπέχτσιναρ, Ζύθος, Ίστιρα, Λαδάδικα, Μουράγιο, Παλάτι*, μεταμορφώνοντας την κακόφημη συνοικία σε παραδοσιακό ψυχαγωγικό κέντρο της πόλης.

Τα Λαδάδικα, πριν η συνοικία διεμβολιστεί με τη διάνοιξη της οδού Κουντουριώτου το 1930 και την επέκταση της οδού Τσιμισκή στις αρχές της δεκαετίας του '60, άκμασαν ερωτικά και οικονομικά, στα χρόνια του Μεσοπολέμου και του Εμφυλίου, ως το 1952 που απαγορεύτηκε η συστέγαση και ο συνεταιρισμός γυναικών σε παραδοσιακούς οίκους ανοχής. Μετά την Κατοχή και τον Εμφύλιο τα άθλια μπορντέλα των Λαδάδικων με τις ξύλινες σκάλες επισκέπτονται κατ' αποκλειστικότητα φαντάροι, εργάτες, αγρότες επισκέπτες της πόλης και φτωχοί αστοί, που έφθαναν με προφυλάξεις στη διαβόητη συνοικία.

«Εδώ στα Λαδάδικα», γράφει ο Θωμάς Κοροβίνης, *«οι πιο φτηνές, οι πιο βολικές, οι πιο γριές, οι πιο σακάτισσες και ξυλοφορτωμένες. Στα γονατιστά, στα όρθια. Η Αρμένισσα ήταν η τελευταία πόρνη που έκανε τη δουλειά στα γρήγορα, πίσω ακριβώς από το ξέφωτο όπου βλέπει η μια πλάγια πλευρά του μερακλίδικου μοντέρνου μπαρ Ρόκι και Ντοκ, τελευταίο απόκτημα της περιοχής. Εκεί πίσω, δίπλα σε μια σιδεριά, μέσα στα κατρουλιά γινόταν το σώσε στα όρθια. Μέχρι την άνοιξη του '87 η κοκκινομάλλα μπάμπω, που είχε πια σαλέψει, έκοβε βόλτες εκεί τριγύρω από την πλατεία Μοριχόβου στα στενά της οδού Ορβήλου και της οδού Βαΐου, ελεεινή σκυφτή ζητιάνα προς άγραν πελατείας. Οι μουστερήδες της, κάτι λιγούρια από τα βορειοδυτικά κοντινά χωριά του νομού μας και κάτι χαρμάνια φανταράκια, όλο νιάτα η πελατεία της. Πριν χρόνια είδα με τα μάτια μου έναν ψευτομόρτη σουρωμένο κοιλαρά να την καταχεριάζει και να τη σκυλοβρίζει. Αυτή, όσο τις έτρωγε, τόσο του μιλούσε τρυφερά "γιατί, γιόκα μου" του 'λεγε "δε σε γλύκανα; μη με πειράζεις, παιδί μου, μάνα σου είμαι, πήγαινε να πλαγιάσεις, αύριο θα 'σαι καλά". Η Αρμένισσα αυτή εξαφανίστηκε ως διά μαγείας, ακούστηκε, μάλιστα, πως κάποτε έκαψε το διαμέρισμά της εις ένδει-*

ξιν διαμαρτυρίας επειδή την έκραζαν οι γείτονες και γι' αυτό το λόγο έκανε μήνες στη στενή. Καμιά φορά την παίρνει το μάτι μου καταμεσήμερο, παραγερασμένη πια και αποτρελαμένη, να τρώει χασκογελώντας και βρίζοντας καναν κερασμένο πατσά στο πατσατζίδικο της μικρής αγοράς Βλάλη, στο κέντρο, δίπλα στην Αριστοτέλους.»

Από τα Λαδάδικα έχει περάσει όλος σχεδόν ο δραστήριος ερωτικά πληθυσμός της Θεσσαλονίκης και ιδιαίτερα της πρωτόβγαλτης νεολαίας, και ο διακινούμενος από το λιμάνι της Μακεδονίας ελληνισμός. Θεσσαλονικιές, Σμυρνιές, Πολίτισσες, Πατρινές, Βολιώτισσες, Εβραίες, Αρμένισσες, νεανικά ναυάγια των χαμένων πατρίδων, κορίτσια από λιμάνια της Μεσογείου και πόλεις της Βαλκανικής, χάρηκαν και χάθηκαν στις μισοφωτισμένες κάμαρες των πορνείων στα Λαδάδικα.

Μετά τον πόλεμο, κατατρεγμένες πόρνες και καλντεριμιτζούδες, με τελευταία του είδους τη Σοφία Γεμενετζή στην πλατεία Μοριχόβου, έκαναν αδιάβατους, για όσους δεν προσέρχονταν λόγω ειδικών ενδιαφερόντων στη συνοικία, τους δρόμους των Λαδάδικων. Σήμερα στην περιοχή, που αλλάζει όψη μεταφέροντας τους παλιούς θαμώνες σε άλλες περιοχές, παραμένουν ακόμη τρία τέσσερα μοναχικά πορνεία με τους ροζ γλόμπους στα χαμόσπιτα που προσελκύουν πελάτες από το λιμάνι και παλιούς θιασώτες της ακμής και του μύθου των Λαδάδικων.

Η ΘΑΛΑΣΣΙΝΗ ΠΕΡΙΠΟΛΟΣ

Πλατεία των καϊκιών είναι το λιμάνι
που συνωστίζονται κατάρτια κι άλμπουρα και ιστοί
ώρα δειλινού και σούρουπο μουντό
να δούνε κινηματογράφο με χρώματα εξαίσια
κατά τον Όλυμπο και τις ακτές της Κατερίνης.

ΜΑΡΚΟΣ ΜΕΣΚΟΣ
Στον ίσκιο της γης

Η παραθαλάσσια ανατολική ζώνη του Θερμαϊκού, από το Φάληρο ως το Καραμπουρνάκι, την Αρετσού, την Περαία και την Αγία Τριάδα, με τους γραφικούς κολπίσκους, τα οργανωμένα θαλάσσια λουτρά, τα υπαίθρια κέντρα διασκέδασης και τα λαϊκά καφενεία, φιλοξένησε ερωτικά ζευγάρια, ανολοκλήρωτους έρωτες και καημούς. Ντόπιοι αστοί στους εράσμιους κήπους και τις βίλες των Εξοχών και εκδρομείς από την παλιά πόλη και τις παραγκοσυνοικίες, την πάνω πόλη, την Αγία Τριάδα και την Τούμπα, κατέβαιναν στην παραλία για μπάνιο όπου ατένιζαν λιγωμένοι το θεσπέσιο ηλιοβασίλεμα του Θερμαϊκού και τα γυναικεία σώματα που διαγράφονταν κάτω από τα ολόσωμα μαγιό το καλοκαίρι.

Στα απόμερα ταβερνάκια και τις πλαζ έφταναν με τα καραβάκια, τα τραμ και τα λίγα αστικά λεωφορεία, καθώς από τα γραμμόφωνα ακούγονταν προπολεμικά η *Παπαρούνα*, η *Ραμόνα*, τραγούδια του Αττίκ και του Εντουάρντο Μπιάνκο, και μεταπολεμικά τα *Ηλιοβασιλέματα* του Χιώτη και το *Λίγα ψίχουλα αγάπης σου γυρεύω* της Ευτυχίας Παπαγιαννοπούλου. Τα αστικά καραβάκια ξεκινούσαν από την πλατεία Ελευθερίας και έπιαναν στάσεις στο Λευκό Πύργο, την *Καστέλα*, το *Μέγα Αλέξανδρο*, στο Φάληρο και το Καραμπουρνάκι. Βάρκες με κεντημένα μαξιλαράκια και γυαλισμένα μπρούντζινα πόμολα έβγαζαν βόλτα ερωτευμένα ζευγάρια και κανταδόρους με κιθάρες στο Θερμαϊκό, όπου το φλερτ, η ερωτική οπτική επαφή, επιτυγχάνονταν περισσότερο μέσα από τα ηδυπαθή τραγούδια της εποχής, όπως του Μενέλαου Σπάθη:

Ο έρωτας γεννιέται μες στα μάτια σου
και πάλι μες στα μάτια σου πεθαίνει...

Στην περιοχή του Φαλήρου η νεολαία προτιμούσε τα μεικτά λουτρά στο *Μιραμάρ*, δίπλα στο σκεπασμένο σήμερα χείμαρρο Κωνσταντινίδη, ενώ στο γειτονικό *Μέγα Αλέξανδρο*, οι ξύλινες καμπίνες πάνω στη θάλασσα ήταν χωριστές για άνδρες και γυναίκες.

Όταν η παραλία ευθυγραμμίστηκε με την επέκταση της προκυμαίας, στη δεκαετία του '50, τα «μπάνια του λαού» μεταφέρθηκαν στο Καραμπουρνάκι και την Αρετσού. Στο δυτικό επίνειο της προσφυγούπολης Καλαμαριάς, κατά μήκος της οδού Αλλατίνι, που μετονομάστηκε σε Θεμιστοκλή Σοφούλη, ανάμεσα στα παλιά αρχοντικά του Κονιόρδου, του Ζάννα, το τούρκικο σπίτι όπου στεγάστηκε το Αμερικάνικο Κολέγιο Θηλέων, που μεταφέρθηκε από τη Μερζιφούντα του Πόντου το 1924, και το στρατόπεδο Κόδρα στο ακρωτήρι του μικρού Καραμπουρνού, υπήρχαν παλιές ταβέρνες, όπως του Πιτιφρή, του Καρεκλά και του Βερβελίδη, όπου σύχναζε και τραγουδούσε ο Βασίλης Τσιτσάνης, βγαίνοντας από το γειτονικό τάγμα τηλεγραφητών. Στα κέντρα διασκέδασης *Παπαρούνα, Νεράιδα* και *Καλαμάκι*, έπαιξαν γύρω στο δεύτερο πόλεμο, πολλοί ρεμπέτες και στις στρογγυλές πίστες με γιρλάντες και λαμπιόνια χόρεψαν ταγκό πολλά ζευγάρια με ευρωπαϊκές ορχήστρες. Βορειότερα, ανάμεσα στη βίλα Αλλατίνι και το κλαμπ του τένις, που ίδρυσαν αστοί Εβραίοι το 1900, πάνω στη σημερινή οδό Εθνικής Αντίστασης, βρισκόταν το εξοχικό κέντρο του Φλόκα, όπου έπαιζαν και τραγουδούσαν, ανάμεσα σε νούμερα με ξένες καλλιτέχνιδες, το ζεύγος Τίλντα και Θεόφιλος Κλέπφερ. Η ορχήστρα της Βιενέζας Τίλντας και του Λευκορώσου Θεόφιλου, με ακορντεόν, κιθάρα, πιάνο, βιολί, ντραμς και σαξόφωνο, διασκέδασε τη μακάρια νεολαία του μεσοπολέμου στα κέντρα της Καλαμαριάς, από του *Φλόκα* ως τον *Παράδεισο* και το *Ακταίον*.

Τα ταβερνάκια και τα θαλάσσια λουτρά στο Φάληρο, τη Σαλαμίνα, το Καραμπουρνάκι έκλεισαν από την μπόχα της θάλασσας στη δεκαετία του '60, αποτραβήχτηκαν προς την Αρετσού και την αντίπερα όχθη του Θερμαϊκού, τα λαϊκά κέντρα διασκέδασης έγιναν σχολεία, οργανωμένες ναυταθλητικές προκυμαίες και γήπεδα τένις και γκολφ. Στα στοιχειωμένα ερωτικά στέκια με την αμεσότητα των χορταριών, της άμμου και του χώματος, τώρα νεαρά ζευγάρια, διατηρώντας τη διαιώνια περιπάθεια της νεότητας, κάνουν έρωτα μέσα σε αυτοκίνητα που τα δανείζονται από τους γονείς τους ως ερωτικό στέγαστρο, θωρώντας από το Παλατάκι τα φώτα της Θεσσαλονίκης.

Το χαμένο Καραμπουρνάκι της μεταπολεμικής δεκαετίας όπου ακούγονταν τα τραγούδια του Σπύρου Ζαγοραίου

Προσευχή τα χείλη μου
για σένανε λένε
και τα μάτια μου
μερόνυχτα κλαίνε.

και το *Έξω ντέρτια και καημοί* του Στέλιου Καζαντζίδη, αναθυμάται στο ομώνυμο ποίημα ο Ντίνος Χριστιανόπουλος:

«Με πήρε με τη νέα του μηχανή και πήγαμε βολτίτσα στο Καραμπουρνάκι. Σκοτάδι, εδώ και κει σταματημένα γιώτα-χι, απέναντι η σεισμόπληκτη Θεσσαλονίκη. Παντού αγκάθια. Προχωρήσαμε σε κάτι χαλασμένα τσιμέντα. Εδώ, πριν λίγα χρόνια ήταν το ξενυχτάδικο "Καλαμάκι". Ακόμα υπήρχε η στραπατσαρισμένη πίστα και το πάλκο για τα όργανα. Εδώ είχαν παίξει ο Τσιτσάνης και ο Μάρκος, εδώ είχα δει από τα σύρματα τη Γιώτα Λύδια να τραγουδάει την Παρανομία.

»Σκέφτηκα: Μόνο ο έρωτας ξέρει να εκμεταλλεύεται τα χαλάσματα. Και ξαπλώσαμε πάνω στο ζεστό τσιμέντο, εκεί που κάποτε είχαν ακουστεί τα πιο λυπητερά τραγούδια της αγάπης.»

Στη Νέα Κρήνη, δίπλα στα τραπεζάκια που έφταναν ως το κύμα από τα παραδοσιακά κέντρα, *Κουκουβάουνες, Χαμόδρακας, Παράδεισος, Καντάδα, Πεταλούδες, Κουίντα, Ρέμβη, Όαση, Αγάπη* και στις ξύλινες προβλήτες των προσφύγων ψαράδων από το Κουρί, το Κατιρλί, την Κρήνη και την Αρετσού, αποτυπώθηκαν αλίμενα πάθη και τρυφεροί έρωτες, προσφύγων, φαντάρων και Θεσσαλονικιών που έφταναν στη γραφική παραλία, όπως τη διέσωσε στους ίδιους χώρους με τα κινηματογραφικά πλάνα της *Εκδρομής* και της *Παρένθεσης* ο ερωτικός σκηνοθέτης της πόλης Τάκης Κανελλόπουλος. Οι παραλίες της Αρετσούς, πριν αξιοποιηθούν από τη δημοτική επιχείρηση Καλαμαριάς ως σύγχρονα τουριστικά αναψυκτήρια, αποτυπώθηκαν και σε δεκάδες πίνακες του ζωγράφου Κώστα Λούστα, που περιφέρει την ενδυματολογική του ανεμελιά στους ξαφνιασμένους περιπατητές της οδού Τσιμισκή και της λεωφόρου Νίκης.

Στην παραλία της Αρετσούς, στη *Χαβάη*, το *Γουότερ Λίλι* και στις αντίπερα ακτές της Αγίας Τριάδας και της Περαίας χόρεψε τους νεανικούς έρωτες με τους *Ολύμπιανς*, τους *Φόρμιγξ* και άλλα νεανικά συγκροτήματα της Θεσσαλονίκης στη δεκαετία του '60, η ανυποψίαστη νεολαία της πόλης, όταν πολλοί συνομήλικοί τους, καταφεύγοντας σε ρεμπέτικα καταγώγια, σε γιάφκες και αμφιθέατρα, ερωτεύονταν σε επαναστατικούς ρυθμούς του Τσε Γκεβάρα, του Μπομπ Ντίλαν, του ερωτικού Μάη του '68, του *Φορτηγού* και της *Συννεφούλας* του Διονύση Σαββόπουλου, του Μίκη Θεοδωράκη και του αντιδικτατορικού αγώνα. Οι ερωτευμένοι αγωνιστές της εξορίας και της φυλακής, που στερήθηκαν το άλλο σώμα, επικάλυψαν την ερωτική στέρηση του εγκλεισμού, με την έντονη παρούσα μνήμη των ερωτικών συντρόφων και τοπίων της πόλης, αποζημιώθηκαν από την ερωτική προσφορά και ένταση της επιστροφής, διατηρώντας την ως τη μοναδική ευτυχισμένη συγκυρία της νεότητας.

Ακαλλιέργητα αγροτεμάχια, οικόπεδα, αλάνες και χωράφια της ανατολικής Θεσσαλονίκης από την Καλαμαριά ως τη Μηχανιώνα, που φιλοξένησαν παλιότερα «κάθε άστεγη αγάπη», συνεχίζουν και σήμερα να παραχωρούν, στα ζεστά καλοκαίρια, το ξεραμένο χορτάρι στους νέους που βγαίνουν ζαλισμένοι από τις ντισκοτέκ και τα ξενυχτάδικα της Μίκρας.

Η περιοχή που έχει συνδέσει το όνομά της με τη δολοφονία του ίλαρχου Ραΐση, την ώρα των ερωτικών περιπτύξεων, από τον άγνωστο ακόμη δράκο του Σέιχ Σου, συγκινεί ζευγαράκια και ποιητές, όπως στο *Αεροδρόμιο Μίκρας*, του Αλέξη Ασλάνογλου, πολύ πέρα από τα συναισθήματα που δίνει ο αποχωρισμός και η ευτυχία του ερχομού αγαπημένων προσώπων στο σύγχρονο αεροδρόμιο.

Ομίχλη κατεβαίνει με τ' απόγευμα κι ο δρόμος
χαρακώνει το φως κομματιαστά γυρνώντας
μέσα στο άλλο φέγγος, σαν ξεγύμνωμα
σ' έναν απαίσιο αδυσώπητο βιασμό.

Τότε λάμπουν για μας προβολείς, λάμπουν για σένα
ανάβουνε οι δυνατοί φακοί κι όλα φωτίζουν
το στόμα, τα μαλλιά, το νυχτωμένο σώμα·
έτσι φέγγει βαθιά στον ουρανό η αγάπη μας
θρυμματισμένη μουσική στον αερολιμένα, φέγγει
για τη στιγμή που η φλόγα θα εγγίσει
γλείφοντας το δοσμένο χέρι, κι όμως τρέμει
σαν ανοιχτή πληγή στη μουσκεμένη ώρα.

Ομίχλη κατεβαίνει με τ' απόγευμα
μες στο μισόφωτο αλλάζουν όλα όψη, εξωραΐζονται
και ντύνονται το άλλο φως, το πιο δικό μας.

Η αντίπερα όχθη του Θερμαϊκού, Περαία, Μπαξέ Τσιφλίκι, Αγία Τριάδα, με μικρά σπίτια προσφύγων από τους Επιβάτες και την Περαία της ανατολικής Θράκης, στάθηκε στις τρεις μεταπολεμικές δεκαετίες η λαϊκή πλαζ της Θεσσαλονίκης, χώρος ψυχαγωγίας με ψαροταβέρνες, ερωτικός προορισμός της νεολαίας που πήρε μέρος στα «μπιτς πάρτι» της δεκαετίας του '60 και χάρηκε την καθαρή ακόμη θάλασσα. Στις δυο εξέδρες της Περαίας και της Αγίας Τριάδας έφταναν, από τη δεκαετία ακόμη του '20, πολλοί Θεσσαλονικείς με τα καραβάκια του Θερμαϊκού, *Ποσειδών, Αλέκος, Λευκή, Ερμής, Ευδοκία, Θεσσαλονίκη 1, Θεσσαλονίκη 2*, έπειτα από πολύωρες ουρές επιβίβασης στην παλιά παραλία κι αργότερα στην προκυμαία του Λευκού Πύργου. Στα καραβάκια και τις αμμουδιές της Αγίας Τριάδας φλερτάρησε και ερωτεύτηκε όλη σχεδόν η νεολαία της Θεσσαλονίκης από το μεσοπόλεμο ως τη δεκαετία του '70, όταν η ρύπανση του κόλπου απώθησε τους λουόμενους πέρα από το μεγάλο Καραμπουρνού, στις μαγευτικές ακτές της Κασσάνδρας και της Σιθωνίας.

Η ερωτική μαγεία του Θερμαϊκού μετατοπίστηκε στις πευκόφυτες ακτές της Χαλκιδικής, όπου πηγαινοέρχονται χωρίς βαρυγκομό, με μποτιλιαρισμένα αυτοκίνητα και πολύβουες μοτοσικλέτες, οι εραστές του σαββατοκύριακου. Οι αμμουδιές και οι πευκοβελόνες της Χαλκιδικής, τα παραθεριστικά σπίτια και τα ζεστά ξενοδοχεία της έχουν σφραγίσει ανεξίτηλα την ερωτική ανατριχίλα και ερωτική ευτυχία χιλιάδων Θεσσαλονικιών και ξένων παραθεριστών.

Το μοναδικό πανόραμα της Θεσσαλονίκης έδινε ανέκαθεν ο θαλάσσιος δρόμος του Θερμαϊκού κόλπου, πριν οι δροσεροί πλόες αντικατασταθούν από τα σύγχρονα μεταφορικά μέσα, που προσεγγίζουν την πόλη από άθλιες και βρομερές εισόδους. Οι καταπλέοντες στο λιμάνι, μετά τη σταδιακή υπερπήδηση του μικρού και του μεγάλου Εμβόλου, έμεναν έκθαμβοι με τις εναλλασσόμενες εικόνες της αμφιθεατρικής θέας της πόλης από το Σέιχ Σου, το Επταπύργιο, την πάνω πόλη και τη γραφική θαλάσσια ζώνη που απλώνεται απ' το Μπέχτσιναρ ως το Λευκό Πύργο και τους όρμους της Καλής Μεριάς.

Οι τελευταίοι ρομαντικοί θεατές της Θεσσαλονίκης από τη θάλασσα ήταν οι ξένοι μαχητές του πρώτου παγκόσμιου πολέμου που κατέγραψαν και φωτογράφισαν την πόλη καταπλέοντας έκθαμβοι στον όρμο της. «Εξαίσια οπτασία», «γητεύτρα εικόνα», «μαργαριτάρι του Αιγαίου», «όραμα αιώνιας ωραιότητας», είναι ελάχιστοι εντυπωσιακοί χαρακτηρισμοί των ξένων στρατιωτών από τους πολλούς που συνέλεξε και μετέφρασε ο Σάκης Σερέφας στο βιβλίο του *Η Θεσσαλονίκη εξ αποστάσεως*. Αυτή τη λιγοθυμική θέα είχαν οι παλιοί επιβάτες από τα προπολεμικά αστικά καραβάκια του Θερμαϊκού και οι λίγοι καλοκαιρινοί τουρίστες που επιστρέφουν τη νύχτα με τα φέριμποτ από τα νησιά του ανατολικού Αιγαίου.

ΟΙ ΠΛΑΤΕΙΕΣ ΤΗΣ ΘΑΛΑΣΣΑΣ
Λευκού Πύργου - Αριστοτέλους - Ελευθερίας

Εδώ είναι πολύ ωραία να περπατάς. Να ξεκινάς από τη δεντροφυτευμένη πλατεία Ελευθερίας, εκεί στο λιμάνι, και προχωρώντας προς τα ανατολικά να περνάς μπροστά από παλιά, πληγωμένα, αλλά ωραία κτίρια, άρρηκτα δεμένα με τη μορφή αυτής της πολιτείας, το εστιατόριο «Όλυμπος - Νάουσα», το ξενοδοχείο «Μεντιτερανέ», την πλατεία Αριστοτέλους, με την περίφημη βυζαντινή αρχιτεκτονική της.

Γιωργος Ιωαννου
«Θεσσαλονίκης ανάβαση και κατάβαση»
στο βιβλίο *Εφήβων και μη*

Ερωτικό ηρώο και προσκύνημα είναι ο Λευκός Πύργος της Θεσσαλονίκης, καθώς στο σύμβολο προσανατολισμού της πόλης καταλήγουν ανέκαθεν τα ερωτικά ζευγάρια της επαρχίας, νεόνυμφοι στην κατωφερική πορεία του μήνα του μέλιτος, μετά την ερωτική αγρυπνία στα λαϊκά ξενοδοχεία, τα γειτονικά πάρκα και την έρημη προκυμαία. Ξέπνοες μορφές ξεροσταλιάζουν στα παγκάκια του πύργου ατενίζοντας το ηλιοβασίλεμα του Θερμαϊκού, σαν να περιμένουν στην ουρά για να σφραγίσουν στο ληξιαρχείο της πόλης την ανεπανάληπτη νυχτωδία.

Στην πέτρινη περιφέρεια του Πύργου, ψηλαφώντας άγνωστες βυζαντινές και τουρκοκρατούμενες μνήμες, λευκά περιστέρια και καλλωπιστικούς θάμνους – ερωτικούς θώρακες στους ηδονοβλεψίες, περιέφεραν τον παροδικό έρωτα αδειούχοι φαντάροι, πρωτόβγαλτοι φοιτητές, επιβάτες τρένων και πλοίων που ολοκληρώνουν το ταξίδι του προσκυνήματος στο Λευκό Πύργο, μαθητριούλες με ποδιές και τζιν, λουόμενοι που περίμεναν τα καραβάκια για την απέναντι ακτή, βόρειοι τουρίστες, πρόσωπα μειλίχια που αποτύπωσαν τη λιγωτική γλύκα του σώματος στους υπαίθριους φωτογράφους του Πύργου, με τις φωτογραφίες στιγμής κολλημένες στον κιβωτιόσχημο σκοτεινό θάλαμο των τρίποδων μηχανών τους. Όταν οι γέροι φωτογράφοι, που διέσωσαν στις πλάκες και τη μνήμη τους την ευτυχία του προσκυνήματος, εξοβελίστηκαν από το γλίσχρο ασφαλιστικό ταμείο ή εξέλιπαν βιολογικά, το μνημείο ως ερωτικό σκηνικό συνεχίζει να αποτυπώνεται στις μηχανές ινσταμάτικ και την προθεσμιακή μνήμη, που επιζητεί απτούς χώρους και στέρεους τοίχους, προκειμένου να διατηρήσει με αυταπάτες και παροδικές αναλαμπές ισόβια την ευτυχία.

Στο Λευκό Πύργο, δίκην εξομολόγου και παρηγορητή, καταλήγουν, κατευθυνόμενοι από μια εσωτερική καθοδήγηση όλοι οι στερημένοι από κοινωνικές και πολιτικές κακουχίες, που μέσα από την ερωτική ένδεια, λόγω εγκλεισμού, εξιδανίκευσαν τον έρωτα, διαστρέβλωσαν ή πειθανάγκασαν τη γενετήσια ορμή σε πνιγηρά αδιέξοδα, ξερονήσια και φυλακές, έχασαν μαζί με άλλες θρησκευτικές και ιδεολογικές στρατεύσεις τον κορεσμό της νεότητας, η οποία περιφέρεται στον ίδιο χώρο σήμερα ως υπερήλικη τραυματισμένη θλίψη και απογοήτευση.

Ο «λέων των φρουρίων» και «έρυμα ισχυρόν», κατά τον Τούρκο περιηγητή Εβλιά Τσελεμπί, υπήρξε επί αιώνες στοιχειωμένος πύργος του αίματος, *Κανλί Κουλέ* στα τούρκικα, ως φυλακή ισοβιτών και καταδίκων των απελευθερωτικών κινημάτων, γιατί εκεί «απέσφαττον τους καταδίκους, ενώ το αίμα έβαφε τους λευκούς τοίχους της ειρκτής», καθώς γράφει ο Χατζηιωάννου στην «Αστυγραφία» του. Αιμοδιψείς γενίτσαροι ανέβαζαν στις επάλξεις τους θανατοποινίτες, προειδοποιώντας την εκτέλεση με κανονιοβολισμούς, ενώ το αίμα των σφαγμένων με σπαθιά έβαφε τους εξωτερικούς τοίχους του πύργου με τριάντα μέτρα ύψος και εβδομήντα μέτρα περίμετρο. Το πενταώροφο θαλάσσιο οχυρό, που χτίστηκε το 1430 από τούρκους και βενετσιάνους τεχνίτες, σύμφωνα με αρχειακές πηγές, έβαψε με άσπρο ασβέστη το 1890 ο φυλακισμένος Nathan Gueledi για να επανακτήσει την ελευθερία του. Το άσπρισμα του πύργου, που ονομάστηκε έκτοτε *Μπεγιάζ Κουλέ*, Λευκός Πύργος δηλαδή, κι ας ξέβαψε με τις βροχοβολές και την πολυκαιρία, έγινε μετά το συνέδριο του Βερολίνου, το 1878, ως χρωματική απεικόνιση του δήθεν εκσυγχρονισμού της οθωμανικής αυτοκρατορίας.

Ήταν τόσο αιμόφυρτη η μνήμη των Θεσσαλονικέων που κάποιοι πρότειναν να κατεδαφιστεί, και σε ομότιτλο ποίημα ο Γιώργος Στρατήγης, μετά την απελευθέρωση της πόλης, πρόσταζε:

Γκρεμίστε τον σύρριζα τον Πύργο το Λευκό
....
Δες! μοιάζει σαν κυκλώπειο της τυραννίας στέμμα!
Κάθε του πέτρα, κάθε αρμός, κάθε του καρφί,
ωσάν γρανίτη τα 'δεσε μυρίων θυμάτων αίμα,
από τα ριζοθέμελα στην κροσσωτή κορφή.

Ο πύργος μετά το 1929 άνδρωσε στα πέτρινα διαμερίσματα με τις σχοινοξύλινες επιγραφές των συστημάτων τους στις πόρτες τους ναυτοπρόσκοπους της πόλης, ως το 1978, που παραχωρήθηκε στο Υπουργείο Πολιτισμού, για να στεγάσει, έπειτα από εξαίσια αναστήλωση, από το 1985 τη βυζαντινή συλλογή της πόλης. Στη δεκαετία του '30 ο Λευκός Πύργος ήταν η αεράμυνα της πόλης και ζωγραφιστός ως τεράστιο δέντρο παραλλαγής διασώθηκε σε φωτογραφίες από τη γερμανική κατοχή, για το φόβο των αγγλικών αεροπλάνων.

Η πλατεία ανάμεσα στο Λευκό Πύργο και το Βασιλικό Θέατρο επί πενήντα χρόνια, από τις αρχές του αιώνα, ήταν χώρος ψυχαγωγίας και ερωτικών επαφών πλουσίων Θεσσαλονικέων, επισκεπτών της πόλης και στρατών κατοχής που σύχναζαν στον Κήπο, το αριστοκρατικό εστιατόριο και το Θέατρο του Λευκού Πύργου.

Αρχιτεκτονικός πυρήνας του Κήπου, που στήθηκε με αρχαία και βυζαντινά οικοδομικά υλικά του γειτονικού κατεδαφισθέντος βυζαντινού τείχους, ήταν το νεοκλασικό διώροφο κτίριο που χτίστηκε το 1906 προς τιμήν του σουλτάνου Χαμίτ και περιλάμβανε το θέατρο στο ισόγειο, την αίθουσα του χορού και δύο ακόμη αίθουσες, για εστιατόριο και ταβέρνα. Στον όροφο λειτουργούσε καμπαρέ ευρωπαϊκών προδιαγραφών, με αρτίστες απ' όλη την Ευρώπη, καθώς και μια μεγάλη αίθουσα που κατά καιρούς χρησιμοποιήθηκε από καλλιτεχνικά και εθνοτοπικά σωματεία.

«*Κατά την περίοδο 1915*», γράφει ο Κώστας Τομανάς, «*τότε που η Θεσσαλονίκη ήταν ένα περιχαρακωμένο στρατόπεδο, στο θέατρο και τα σαλόνια του κήπου σύχναζαν αξιωματικοί της Στρατιάς, όμορφες Σέρβες, Λεβαντίνες, Ρωσίδες και άλλες γόησσες αμφιβόλου προελεύσεως και ηθικής. Μαζί με το μωσαϊκό αυτό των φυλών και των φύλων, μεσίτες κάθε λογής εμπορευμάτων και προμηθευτές του Στρατού με τις γυναίκες τους και τις θυγατέρες τους προσπαθούσαν να κλείσουν παραγγελίες με την επιμελητεία της Στρατιάς και έκλειναν τα μάτια στις περιποιήσεις που επιδαψίλευαν οι γηραιοί κοιλαράδες αξιωματικοί στα θήλεα μέλη της οικογένειάς τους. Στα παζάρια αυτά διακρίθηκαν οι Εβραίοι, αλλά δεν ήταν λίγοι και οι δικοί μας που επωφελήθηκαν από την εγκάρδια αυτή συνεννόηση των γυναικών τους με τους συμμάχους αξιωματικούς.*»

Την πρώτη δεκαπενταετία λειτουργίας του, ο Κήπος του Λευκού Πύργου συγκέντρωνε αριστοκράτες της πολυεθνικής Θεσσαλονίκης και τούρκους αξιωματικούς, που είχαν εκεί και τη λέσχη τους ως την απελευθέρωση, καθώς και πλούσιους ξένους επισκέπτες, εμπόρους και τραπεζίτες. Μετά τον πρώτο πόλεμο, ο Κήπος εξελίχτηκε σε κέντρο διασκέδασης με πολυμελή ορχήστρα που προσείλκυε μεσοαστικά στρώματα, για τους αποκριάτικους και τους σχολικούς χορούς και την οικογενειακή βόλτα της Κυριακής ως το 1958, όταν ο Κωνσταντίνος Καραμανλής τα κατεδάφισε, ως δημόσια ανταλλάξιμα κτίρια, χάριν επεκτάσεως της νέας παραλίας και ευθυγράμμισης της παραλιακής λεωφόρου. Τα στρογγυλά τρίποδα μαρμάρινα υπαίθρια τραπέζια του Κήπου, που ικανοποιούσαν την έμφυτη καταφυγή των Θεσσαλονικέων στη θάλασσα, μεταφέρθηκαν σήμερα βορειότερα στις αλέες του πάρκου της ΧΑΝΘ με την ακαλαίσθητη μακρά παράταξη των πλαστικών τραπεζοκαθισμάτων.

Από τη σκηνή του ιστορικού θεάτρου της Θεσσαλονίκης πέρασαν αξιόλογοι ελληνικοί και ξένοι θίασοι και ονομαστοί πρωταγωνιστές, όπως η Μαρίκα Κοτοπούλη, η Κυβέλη, ο Χριστόφορος Νέζερ και ο Μάνος Κατράκης. Δίπλα στο παλιό θέατρο του Λευκού Πύργου παραμένει όρθιο το κακόγουστο Βασιλικό Θέατρο, χτισμένο στη μεταξική δικτατορία. Πέρα από το θέατρο, προς το σύγχρονο μνημείο της Εθνικής Αντίστασης, λειτούργησαν, κυρίως το καλοκαίρι με επιθεωρήσεις και μουσικά έργα, στη μεταπολεμική εικοσαετία διάφορα θέατρα, το *Μετροπόλ* και άλλα, με ντόπιους θιάσους και πολλά αθηναϊκά μπουλούκια.

Τη μανία της ισοπέδωσης όλων των φυσικών όρμων και των κτιρίων της παραλιακής ζώνης, όσοι δε μεταβλήθηκαν με την τεχνητή πρόσχωση της νέας παραλίας σε στεριανά οικόπεδα, δέχτηκε και το παλιό νεοκλασικό αρχοντικό του Τότσικα, που βρισκόταν στο πάρκο, κοντά στο χάλκινο σύμπλεγμα του Μεγάλου Αλεξάνδρου. Το λιτό κτίριο, που ήταν σερβική λέσχη αξιωματικών στους βαλκανικούς πολέμους, και για δεκαετίες στέγασε το μοναδικό κρατικό ωδείο που ιδρύθηκε μετά την απελευθέρωση στην πόλη, για να ικανοποιήσει έτσι ο Ελευθέριος Βενιζέλος την ιδιαίτερη κλίση των Θεσσαλονικέων προς την ευρωπαϊκή μουσική, κατεδαφίστηκε το 1969 επί χούντας. Αν παρέμενε αρχιτεκτονική όαση στο πολυώροφο παραλιακό μέτωπο των πολυκατοικιών, θα μπορούσε σήμερα να στεγάσει ένα μουσικό μουσείο, αλλά πού καιρός για τέτοια εκείνη την εποχή: Λίγοι Θεσσαλονικείς με την αντιδικτατορική δράση έσωσαν την τιμή των όπλων και οι υπόλοιποι συνέχιζαν αδιάφοροι, οικονομούντες και ψυχαγωγούμενοι στα ποικίλα κέντρα διασκέδασης, που άνθισαν ιδιαίτερα στη δικτατορία, την εκ παραδόσεως μεταπρατική νοοτροπία της πόλης.

Πέριξ του αριστοκρατικού Κήπου του Λευκού Πύργου επί δεκαετίες υπήρξαν χώροι του υποκόσμου και του λαϊκού έρωτα. Η παλιότερη κακόφημη αποφορά της περιοχής ανάγκασε πολλά δημοτικά συμβούλια να αποκαθάρουν το χώρο γκρεμίζοντας αδιακρίτως και τα παλιά κτίρια του Ωδείου και του Λευκού Πύργου. Οι μεταμορφώσεις του τοπίου είναι συγκλονιστικές και οι αλλαγές χρήσεων της γης, με την ανάπτυξη του σύγχρονου πάρκου, έχουν απωθηθεί στις καταγραφές παλιών νοσταλγών της.

Πίσω από το Βασιλικό Θέατρο, πριν από το μπάζωμα, ήταν επί Κατοχής το Λιμανάκι, κέντρο λαθρεμπορίου και μαύρης αγοράς και σειρές από «μπλόκια», τσιμεντένιοι κύβοι που είχαν χυθεί σε καλούπια πριν από τον πόλεμο, για την επέκταση της νέας προκυμαίας. «Ανάμεσα στα μπλόκια», σημειώνει ο Ηλίας Πετρόπουλος, «υπήρχαν διάδρομοι που τους χρησιμοποιούσαν οι περαστικοί ως πρόχειρα αποχωρητήρια, οι χασικλήδες, οι πόρνες, οι κωλομπαράδες βαρκάρηδες και οι μαυραγορίτες.» Οι χασικλήδες της περιοχής μαζεύονταν στα καφενεία-τεκέδες του Ιορδάνη και του Χιώτη στην οδό Τσιρογιάννη, την *Κιβωτό* του Μακρή, απέναντι από τη ΧΑΝΘ, και μικρότερα ταβερνάκια στη λεωφόρο Βασιλέως Γεωργίου. Στην οδό Νικηφόρου Φωκά, βρισκόταν και ο τεκές του Σιδέρη, που δόξασε ο Βασίλης Τσιτσάνης και διέσωσε με γλαφυρή αναπαράσταση για το χώρο και τον ιδιοκτήτη του ο Τόλης Καζαντζής στο πεζογράφημά του «Δροσούλα».

Στο χώρο του κτιρίου της στρατιωτικής λέσχης, πριν στηθεί στο ισόγειό του ο κινηματογράφος *Αλέξανδρος*, ήταν το καφενείο Νέον του Ηλία Ευδαίμονα, νυχτερινό στέκι για νταβατζήδες, χασικλήδες και πόρνες. Σ' αυτό το καφενείο ο Βασίλης Τσιτσάνης έγραψε το 1946 το τραγούδι *Της μαστούρας το σκοπό*, εμπνευσμένο από παιδικές μνήμες της γενέτειράς του για τους βαρυποινίτες στο στρατόπεδο Τρικάλων. Απέναντι, στο χώρο όπου αναγέρθηκε το 1962 το Θέατρο της Εταιρείας Μακεδονικών Σπουδών, κακόγουστο αρχιτεκτόνημα του Βασίλη Κασσάνδρα, ήταν το καφενείο *Νέα Γενιά* και στην είσοδο του κινηματογράφου *Αριστοτέλειον* το φημισμένο θέατρο *Σκέτιγκ*, που κατέληξε από παγοδρόμιο σε θέατρο-μπαρ. Από το *Σκέτιγκ* πέρασαν πολλοί θίασοι κι εμφανίστηκαν ο Χριστόφορος Νέζερ, η Αφροδίτη Λαουτάρη κι οι αδελφές Βερώνη, ενώ για πολλές περιόδους το θέατρο λειτούργησε ως βαριετέ με ταχυδακτυλουργούς και άλλους καλλιτέχνες.

Το γνωστότερο καφέ της οδού Βλάση Τσιρογιάννη, απέναντι από το Λευκό Πύργο, είναι από το μεσοπόλεμο μέχρι σήμερα το *Ντορέ* του Τάκη Ξεφτέρη, το οποίο υπό νέα διεύθυνση και πελατεία δρέπει την παλιότερη φήμη του. Το *Ντορέ*, πέρα από τις συναισθηματικές αναφορές για τους ποικιλώνυμους έλληνες και ξένους θαμώνες, συνέδεσε το όνομά του κυρίως με την τριαντάχρονη ιστορία του Φεστιβάλ Ελληνικού Κινηματογράφου. Σκηνοθέτες, ηθοποιοί, κριτικοί, τεχνικοί του κινηματογράφου και η προοδευτική νεολαία του '60 και του '70, συνέχιζαν μετά τις προβολές, ως το πρωί, την έντονη κριτική για την ποιότητα των ταινιών, για πρόσωπα και καταστάσεις του θεσμού. Όλοι ανεξαιρέτως οι παράγοντες του ελληνικού κινηματογράφου από το 1962 ως τη δεκαετία του '90 κάθισαν στα τραπεζάκια του *Ντορέ*, που αποτελεί ζωντανή ιστορία του Φεστιβάλ και το μαζικότερο χώρο επαφής της μεταπολεμικής κινηματογραφίας. Από την πλειάδα των γνωστών θαμώνων, αξιομνημόνευτα είναι δυο πρόσωπα – μόνιμοι θαμώνες του *Ντορέ*, ο σκηνοθέτης Τάκης Κανελλόπουλος και ο κριτικός κινηματογράφου Λάμπρος Παπαχρόνης. Ο πρώτος συνέχιζε επί χρόνια να κάθεται, μοναχικός και εσωστρεφής επόπτης των δρώμενων της πλατείας, από το πρωί ως το μεσημέρι, στο τραπεζάκι που φέρει στη μνήμη του την πινακίδα «τραπέζι του Τάκη Κανελλόπουλου». Ο δεύτερος, πέρα από την τακτική κινηματογραφική κριτική στην εφημερίδα *Θεσσαλονίκη*, στις πολύωρες και πολυπρόσωπες νυχτερινές συζητήσεις, στη δεκαετία του '60, σφυρηλάτησε και διεύρυνε το πάθος των νέων Θεσσαλονικιών για τον ποιοτικό κινηματογράφο. Αν ο Λάμπρος Παπαχρόνης επέλεξε έκτοτε τη σιωπή και τη φυγή, όσοι δέχτηκαν το γόνιμο προβληματισμό του, ευγνώμονες, θα πρέπει να κρατήσουν ζωντανά τα μηνύματά του μέσα από τη δημοσιοποίηση των άγνωστων κειμένων του που αντέχουν στο χρόνο και μικραίνουν την απόσταση με τη χαμένη περίοδο των «θρανίων» του *Ντορέ*.

Στο πάρκο της ΧΑΝΘ, που φιλοξένησε το πρώτο γήπεδο ποδοσφαίρου του ιστορικού αθλητικού συλλόγου «Ηρακλής» και το μαρμάρινο ανδριάντα του βασιλιά Κωνσταντίνου, που εξοβελίστηκε στην πλατεία Δημοκρατίας, μετά το 1969 κάθισαν ερωτευμένοι και χασομέρηδες, ακούγοντας από τα μεγάφωνα των αναψυκτηρίων όλα τα σουξέ της μεταπολεμικής δισκογραφίας. Πικ-απ και τζουκ μποξ, τα περίφημα ηλεκτρόφωνα που έκαναν την εμφάνισή τους γύρω στο 1960, μετέδιδαν τραγούδια του Βασίλη Τσιτσάνη, του Μανώλη Χιώτη, του Γιώργου Ζαμπέτα, του νέου κύματος, του Δήμου Μούτση, του Μάνου Λοΐζου, του Μίμη Κουγιουμτζή, του Μάνου Χατζιδάκι, του Σταύρου Ξαρχάκου, του Χρήστου Λεοντή, του Διονύση Σαββόπουλου, του Μίκη Θεοδωράκη. Περιπτύξεις, φιλιά, λόγια και βλέμματα είναι ζυμωμένα με στίχους και μουσικές που ακούγονταν από τον Στέλιο Καζαντζίδη, τον Γρηγόρη Μπιθικώτση, τη Σωτηρία Μπέλλου, τον Σπύρο Ζαγοραίο, τη Γιώτα Λύδια, την Πόλυ Πάνου, τη Μαίρη Λίντα, τη Μαρινέλλα, τον Γιάννη Πουλόπουλο, τη Βίκυ Μοσχολιού, τον Πάνο Γαβαλά, τον Μπάμπη Τσετίνη, τον Γιάννη Καλατζή, τον Γιώργο Νταλάρα, τον Πολ Άνκα, τον Ανταμό, τον Πεπίνο Ντι Κάπρι...

Το μεγαλύτερο πάρκο της πόλης, το πάρκο της ΧΑΝΘ, που για τον Γιώργο Ιωάννου «είναι πολύ πιο ερωτικό, με την έννοια της ημεράδας και της ανθρώπινης κατάστασης», συγκρινόμενο με άλλα πάρκα της Θεσσαλονίκης και της Αθήνας, φωτισμένο και περιποιημένο, μετά τη μεταφορά και του μίζερου δημοτικού ζωολογικού κήπου στο Σέιχ Σου, έχασε την παλιότερη αίγλη της μέρας, όπου συγκεντρώνονταν διάφοροι τύποι, υπηρετριούλες και νεαρές μαμάδες και το βράδυ με τον ανύπαρκτο φωτισμό μεταβαλλόταν σε εκτεταμένο ερωτώνα.

Τα ερωτικά δρώμενα στο πάρκο, πριν αποκαθαρθεί και «αξιοποιηθεί», απηχεί το ομώνυμο ποίημα του Ντίνου Χριστιανόπουλου:

Παροπλισμένα γεροντάκια και ντεντάδες,
μικρά παιδιά που παίζουν στα λουλούδια
και κουλουρτζήδες και μικροί αλήτες
τα πρωινά στολίζουνε το πάρκο
με την αθώα τους ξενοιασιά και με τη φτώχεια τους.

Κι ο ήλιος λάμπει μέσ' απ' τα φυλλώματα,
κι όλα είν' ωραία και μικροαστικά.

Μα όταν πέσει η νύχτα, αλλάζουν όλα:
μούτρα επικίνδυνα κυκλοφορούνε τώρα,
λογιώ λογιώ υποκείμενα πίσω απ' τα δέντρα,
κάθε παγκάκι και βιασμός.
Μονάχα πού και πού κάνα ζευγάρι

τον έρωτά του ριψοκινδυνεύει
μπροστά σε μάτια που αχόρταγα κοιτούνε.

Κι όλο το πάρκο γίνεται πρατήριο,
που βγάζει στο σφυρί την παρθενιά του.

Μα το πρωί θα 'ρθει το συνεργείο
του Δήμου, βιαστικά να καθαρίσει·
της νύχτας τα τεκμήρια μαζεύονται,
μαντίλια βρόμικα, χαρτιά τσαλακωμένα
– να 'ρθει ήλιος, να 'ρθουν τα παιδιά,
να παίξουν στα λουλούδια ανυποψίαστα.

Η παραισθητική παράδοση του χώρου πέριξ του Λευκού Πύργου αναβιώνει ως τις μέρες μας με σκληρά ναρκωτικά γύρω από τους σκοτεινούς τοίχους του Βασιλικού Θεάτρου και την πλατεία επ' ονόματι του Μακεδονομάχου στη Στρώμνιτσα και αξιωματικού του μικρασιατικού μετώπου Βλάσση Τσιρογιάννη, παρά την αστυνομική παρενόχληση και τη διάλυση των τελευταίων νεαρών ομάδων, που προτίμησαν για το εφήμερο εξωγήινο ταξίδι τους άλλους σκιερούς και απόκοσμους χώρους της πόλης.

Η *Αριστοτέλους* είναι η νεότερη μεγάλη πλατεία της Θεσσαλονίκης, που παρά τις βυζαντινίζουσες προσόψεις και στοές, οι οποίες επιβλήθηκαν με το πολεοδομικό σχέδιο Εμπράρ, μετά την πυρκαγιά του 1917, θυμίζουν πλατείες του Παρισιού και της Ρώμης του 19ου αιώνα.

Πολεοδόμοι κι αρχιτέκτονες σχεδίασαν μια δυτικότροπη αρχιτεκτονική με ανάμεικτα μοτίβα από μεσογειακές πόλεις, βυζαντινές μνήμες και ευρωπαϊκές αρχιτεκτονικές παραπομπές. Η βυζαντινή και βαλκανική πόλη απουσίασε από το σχεδιασμό και οι στοές με τα κιονόκρανα και κάποια παλαιοχριστιανικά θωράκια στα μπαλκόνια, δεν είναι αρκετά αρχιτεκτονικά και διακοσμητικά στοιχεία για να δημιουργήσουν ντόπια αρχιτεκτονική. «Το σχεδιαστικό αποτέλεσμα είναι αόριστα βυζαντινο-ιταλικό και μια εξευρωπαϊσμένη εκδοχή αποικιακών ή αραβικών προτύπων που προωθούνται ως τοπικά χαρακτηριστικά», επισημαίνει συμπερασματικά η μελετήτρια της πυρίκαυστης πολεοδομίας της Θεσσαλονίκης Αλέκα Καραδήμου-Γερόλυμπου.

Παρά την ξενόφερτη επιβεβλημένη αρχιτεκτονική, που θυμίζει παριζιάνικες πλατείες και αφρικάνικους δρόμους του Μαρόκου, η πλατεία Αριστοτέλους, συγκρινόμενη με τις ακαλαίσθητες μεταπολεμικές πολυκατοικίες, φαντάζει ως μοναδικό αξιοθέατο αρχιτεκτονικό σύνολο. Αυτή η μορφολογική συγγένεια με την αρχιτεκτονική των προπολεμικών πόλεων της Ευρώπης προσελκύει στα ζαχαροπλαστεία και τα παγκάκια, ατενίζοντας το Θερμαϊκό, τουρίστες και μόνιμους ευρωπαίους κατοίκους της πόλης.

Η σημερινή μορφή των προσόψεων της πλατείας Αριστοτέλους, που πριν από την πυρκαγιά καλυπτόταν από διώροφα σπίτια με στενούς δρόμους, ολοκληρώθηκε μόλις στη δεκαετία του '60. Πριν από τον πόλεμο ελάχιστα οικόπεδα είχαν χτιστεί, ενώ τα δύο μεγάλα κοίλα συγκροτήματα που στενεύουν την πλατεία, χτίστηκαν το μεν δεξιό, που στεγάζει τον κινηματογράφο *Ολύμπιον*, το 1948-1950 σε σχέδια του Ζακ Μοσέ, το δε αριστερό, το ξενοδοχείο *Ηλέκτρα*, μόλις στο τέλος της δεκαετίας του '60 από αρχιτέκτονες του ΕΟΤ. Τα ενδιάμεσα οικόπεδα φιλοξένησαν ταβερνάκια, ζαχαροπλαστεία και θερινούς κινηματογράφους, μετατρέποντας τα καλοκαίρια την πλατεία, στις δεκαετίες του '50 και του '60, σε μόστρα του προπολεμικού και μεταπολεμικού ελληνικού και ξένου κινηματογράφου.

Στην Αριστοτέλους λειτουργούσαν οι θερινοί κινηματογράφοι *Ρίον, Ηλύσια, Ελληνίς, Ρεξ* και *Ζέφυρος* που έπαιζαν κυρίως παλιές ξένες ταινίες με την Τζιν Χάρλοου, τον Χάμφρεϊ Μπόγκαρντ, τον Γκάρι Κούπερ, τον Κλαρκ Γκέιμπλ, τον Έρολ Φλιν, τον Ζαν Γκαμπέν, τη Ρίτα Χέιγουορθ, την Γκρέτα Γκάρμπο, τον Τάιρον Πάουερ, την Μορίν Ο' Χάρα, τον Τζον Γουέιν, τον Τζέιμς Κάγκνεϊ, τον Τζέιμς Ντιν και άλλα διάσημα αστέρια. Εκεί και οι ελληνικές ταινίες με τον Βασίλη Αυλωνίτη, τον Βασίλη Λογοθετίδη, τη Γεωργία Βασιλειάδου, τον Ορέστη Μακρή, τον Ντίνο Ηλιόπουλο, τη Σμαρούλα Γιούλη, τον Νίκο Σταυρίδη, τον Δημήτρη Χορν και την Έλλη Λαμπέτη.

Η πιο ειδυλλιακή ώρα της πλατείας ήταν το ηλιοβασίλεμα, πριν αρχίσουν οι ταινίες, όταν κατέφθαναν για βόλτα από το κέντρο της πόλης και τις βόρειες συνοικίες ζευγάρια και οικογένειες με μικρά παιδιά, που χάζευαν στα πρόχειρα ταμπλό με τις φωτογραφίες των έργων, προκειμένου να επιλέξουν την ταινία, και στη συνέχεια, ώσπου να πέσει το σκοτάδι, βολτάριζαν στην πλατεία και τη γειτονική ήρεμη προκυμαία, τρώγοντας πασατέμπο, στραγάλια και μαλλί της γριάς.

Την κινηματογραφική πλατεία θυμάται με νοσταλγία ο σκηνοθέτης Γιάννης Δαλιανίδης, που έζησε παιδί, στη δεκαετία του '40 και λίγα χρόνια μετά τον Εμφύλιο, στην Αριστοτέλους.

«Μικρό παιδί έπαιζα πολύ στην πλατεία Αριστοτέλους, η οποία είχε γύρω γύρω πέντε θερινά σινεμά. Τότε θα μπορούσα να πω πως άρχισαν οι κινηματογραφικές μου ανησυχίες. Μάλιστα, ο ιδιοκτήτης των Ηλυσίων *ήταν φίλος του πατέρα μου κι έτσι, από τις πέντε το απόγευμα, κλεινόμουν μέσα στον κινηματογράφο σκουπίζοντας και τακτοποιώντας τις καρέκλες για να εξασφαλίσω τζάμπα είσοδο. Κάθε βράδυ έβλεπα το ίδιο έργο, όμως δεν με πείραζε: και μόνο που υπήρχαν εικόνες στο πανί, μου έφτανε. Μεθούσα.»*

Οι επιβεβλημένες προσόψεις της πλατείας πού και πού κατακλύζονται από ανθρώπους που διαλύουν τα κρύα μπαλκόνια και τα ρετιρέ σε πολιτικές συγκεντρώσεις και συλλαλητήρια. Η πιο γραφική παρουσία σημειώθηκε στο συλλαλητήριο της 15ης Φεβρουαρίου 1992 για το όνομα των Σκοπίων, όταν στην κοίλη οροφή του ξενοδοχείου *Ηλέκτρα* παρατάχθηκαν, ως μαύρη ζώνη με κυανόλευκους κυματισμούς, μητροπολίτες της Μακεδονίας, αγιορείτες ηγούμενοι, μοναχοί και αμούστακα καλογεράκια της εν τω Αγίω Όρει Αθωνιάδος Σχολής.

Τα μπαλκόνια της πλατείας Αριστοτέλους, μεταξύ του πρώτου και τρίτου ορόφου, δέχτηκαν όλους τους μεταπολεμικούς κομματικούς αρχηγούς στις κορυφαίες προεκλογικές συγκεντρώσεις της Θεσσαλονίκης. Οι πιο συχνές θέσεις των ομιλητών ήταν η δυτική πρόσοψη της πλατείας και τα μπαλκόνια του ξενοδοχείου *Ηλέκτρα* που είχαν θέα προς την πλατεία και την οδό Αριστοτέλους. Στη δεκαετία του '80, που κορυφώθηκε ο τηλεοπτικός εντυπωσιασμός των πολιτικών συγκεντρώσεων, στήνονταν στην πλατεία τεράστιες εξέδρες όπου η προσέγγιση των πολιτικών αρχηγών γινόταν με δυσκολία μέσα από τα παραληρούντα πλήθη με τις πλαστικές σημαίες.

Πέρα από τις συγκεντρώσεις των μεγάλων κομμάτων, η πλατεία Αριστοτέλους επιλέγεται κάθε χρόνο ως αφετηρία για τις πορείες της Πρωτομαγιάς και του Πολυτεχνείου, όπου έρωτας και επανάσταση συνοδοιπορούν. Ακόμη προσελκύει όλες τις ανοιχτές δραστηριότητες της πόλης, χάπενινγκ, μουσικές εκδηλώσεις και οικολογικές καμπάνιες. Όλοι οι οργανωτές των συγκεντρώσεων ποντάρουν και στο μόνιμο ακούσιο ακροατήριο που κάθεται ράθυμα τα απογεύματα των γλυκών εποχών στα ουζερί και τα ζαχαροπλαστεία της πλατείας. Τα τραπεζάκια χρησιμοποιούσαν ως άλλοθι στις πολιτικές συγκεντρώσεις και εκατοντάδες κρυφοί οπαδοί αριστερών κυρίως κομμάτων, που απέφευγαν να δείξουν ανοιχτά τις ιδεολογικές πεποιθήσεις τους.

Τις άλλες μέρες, η ανοιχτή πλατεία με την αύρα της θάλασσας παραμένει ήρεμη και ερωτική. Στα τραπεζάκια που την περιβάλλουν, από μπαρ, ζαχαροπλαστεία, εστιατόρια, πιτσαρίες και ουζερί, καταλήγουν, μεσημέρια και βράδια, νεαρά ζευγάρια, μαμάδες που παρακολουθούν τα παιδιά να παίζουν στον ομφαλό της πλατείας, σκασιάρχες μαθητές από συνοικιακά σχολεία, στερημένοι επαρχιώτες, ηλικιωμένα ζευγάρια, βιζιτούδες, καμάκια και τουρίστες.

Η πλατεία *Ελευθερίας* υπήρξε ιστορική πλατεία από την ίδρυσή της, πύλη της Θεσσαλονίκης από τη θάλασσα, πριν μετατραπεί σε μουντό ελεγχόμενο πάρκινγκ αυτοκινήτων. Τη στενή πλατεία *Λιμπερτέ*, με τα μαρμάρινα τραπεζάκια στο πλακόστρωτο, αντίκριζαν οι επιβάτες των πλοίων που κατέβαιναν στην προκυμαία της, όταν η πόλη είχε προσπέλαση από τη θάλασσα.

Στην αποβάθρα έφταναν με μικρές βάρκες οι επιβάτες των ατμόπλοιων από τον Πειραιά, την Κωνσταντινούπολη, τη Σμύρνη και τα ευρωπαϊκά λιμάνια, που έδεναν μακριά από την προκυμαία, λόγω του μικρού βάθους της θάλασσας. Με τις βάρκες προσορμίστηκαν στην πλατεία βασιλείς, πρωθυπουργοί, στρατηγοί, διπλωμάτες, έμποροι και διάσημοι καλλιτέχνες που επισκέφτηκαν ατμοπλοϊκώς τη Θεσσαλονίκη. Η αποβάθρα, μια ορθογώνια πέτρινη εξέδρα στη θάλασσα, είχε δύο περίτεχνα ξύλινα κιόσκια που εξυπηρετούσαν τους τελωνειακούς ελέγχους των επιβατών, εκεί όπου σήμερα απόμαχοι ψαράδες πουλούν μαμούνια για ερασιτέχνες αλιείς του Θερμαϊκού και της Χαλκιδικής.

Η πλατεία Ελευθερίας διανοίχτηκε το 1867, μαζί με την οδική προέκτασή της, την οδό Σαμπρί Πασά, τη σημερινή οδό Βενιζέλου, τον κεντρικό δρόμο της αγοράς, γεννήτορα δρόμο του εμπορικού κέντρου της Θεσσαλονίκης. Ήταν ένα πλατύ παραθαλάσσιο τμήμα του δρόμου που ονομαζόταν Όλυμπος από το παρακείμενο ξενοδοχείο, ως το 1908, όταν με την επανάσταση των Νεοτούρκων μετονομάστηκε σε πλατεία Ελευθερίας. Σε ενθουσιώδη συγκέντρωση στο χώρο της, τον Ιούλιο του 1908, όλος ο λαός της Θεσσαλονίκης φωνάζοντας «Yasasin hurriyet» (Ζήτω η Ελευθερία) άκουσε την παραπλανητική διακήρυξη των Νεοτούρκων για τη συναδέλφωση των εθνικοτήτων, την ελευθερία όλων, την ισότητα και την παροχή συντάγματος.

Από τα τέλη του περασμένου αιώνα ως την πυρκαγιά του 1917 η πλατεία Ελευθερίας με τα πολυτελή ζαχαροπλαστεία, ξενοδοχεία και εμπορικά καταστήματα αποτέλεσε την ταυτόσημη με την πόλη πλατεία, ευρωπαϊκό ξάφνιασμα για τους ανύποπτους ταξιδιώτες της Βαλκανικής. Η μικρή πλατεία διατήρησε επί δεκαετίες το κοσμοπολίτικο κλίμα αλλά έγινε διάσημη μόλις στο τέλος του πρώτου παγκόσμιου πολέμου, όταν δημοσιογράφοι, απομνημονευματογράφοι και στρατευμένοι καλλιτέχνες και φωτογράφοι, που σύχναζαν εκεί στα διαλείμματα των συγκρούσεων του Μακεδονικού Μετώπου, με τις περιγραφές, και τις φωτογραφίες τους, την έκαναν γνωστή σ' όλον τον κόσμο. Για τους ξένους στρατιώτες, η πλατεία Ελευθερίας ήταν το «θέαμα της Θεσσαλονίκης», το «παλκοσένικο της πόλης», «το πιο φιγουράτο μέρος για ραντεβού», «μεγάλη σκηνή θεάτρου», το κέντρο της κοσμικής ζωής και του έρωτα της Θεσσαλονίκης.

Γύρω από τη μικρή πλατεία, όπου έστριβε το τραμ, λειτούργησαν πολλά ξενοδοχεία, *Όλυμπος Παλάς, Ιμπέριαλ, Ρόμα, Μπρίστολ, Οτέλ Ντ' Ανγκλετέρ*, που κάηκαν στην πυρκαγιά του 1917. Ανέπαφο από την πύρινη λαίλαπα παρέμεινε μόνο ως κτίριο και όνομα το εμπορικό και κοσμικό κατάστημα Στάιν, χάρη στα σύγχρονα οικοδομικά υλικά με τα οποία ήταν χτισμένο. Την κοσμοπολίτικη ατμόσφαιρα της πλατείας θέλησε να διατηρήσει το ξενοδοχείο *Ριτζ*, που χτίστηκε μετά την πυρκαγιά και στέγασε το γερμανικό στρατηγείο στην Κατοχή, αλλά μεταπολεμικά κατεδαφίστηκε παραχωρώντας το χώρο του σε πολυώροφη πολυκατοικία.

Το διασημότερο από τα καφέ της πλατείας, όπως παρουσιάζεται από τους ξένους θαμώνες που έγραψαν γι' αυτήν και μετέφρασε ο Σάκης Σερέφας, ήταν το καφεζαχαροπλαστείο Φλόκα, η Patisserie Floka της επιγραφής, που άνοιξε το 1896 και καταστράφηκε στην πυρκαγιά. Ήταν «το πιο εκθαμβωτικό απ' όλα τα cafés», «η κορυφαία ατραξιόν της Βενιζέλου», το «πιο διάσημο μέρος των ραντεβού στη Σαλονίκη». Υπερβολικοί χαρακτηρισμοί πολεμιστών που εντυπωσιάστηκαν από την κοσμοπολίτικη κίνηση του ετερόκλητου πλήθους της πλατείας και την ερωτική προσφορά από ντόπιες και ξένες γυναίκες, αδελφές νοσοκόμες του εκστρατευτικού σώματος, καλλιτέχνιδες και πόρνες.

Μετά την πυρκαγιά, το σχέδιο Εμπράρ έφερε την πλατεία στις σημερινές διαστάσεις της, αλλά ποτέ δεν μπόρεσε να ξανακερδίσει την παλιά φήμη της. Στο μεσοπόλεμο, με τράπεζες και γιαπιά γύρω γύρω, ήταν ανοιχτή αλάνα για πολιτικές συγκεντρώσεις και τα συλλαλητήρια του αιματηρού Μάη του '36, ενώ στις 11 Ιουλίου του 1942 στην πλατεία Ελευθερίας συγκεντρώθηκαν από τους ναζί 9.000 Εβραίοι της πόλης για να καταγραφούν οι ικανοί για καταναγκαστικά έργα άνδρες. Η ολοήμερη παραμονή στον καύσωνα, οι εξευτελισμοί και τα βασανιστήρια των ναζί, προάγγελοι του ολοκαυτώματος, έχουν σφραγίσει με τραγικές μνήμες την πλατεία.

Η πλατεία Ελευθερίας, που μετατράπηκε σε αφετηρία αστικών λεωφορείων και χώρο στάθμευσης, δε θυμίζει τίποτα από το παρελθόν της, εκτός από το όνομα του εστιατορίου *Στάιν* που στεγάζεται στο παλιότερο σωζόμενο κτίριο-μάρτυρα των δρώμενων της πλατείας.

ΑΠΟ ΤΟ ΜΠΕΧΤΣΙΝΑΡ ΩΣ ΤΟ ΓΚΕΤΟ ΤΩΝ ΕΒΡΑΙΩΝ

Γλυκιά καλοκαιριάτικη εσπέρα
πλάι στα φύκια και τα βότσαλα
της παραλίας του Μπέχτσιναρ.

ΛΕΑΝΔΡΟΣ ΒΑΖΑΚΑΣ
Κήπος Πριγκήπων

Χαρίεις και ειδυλλιακός τόπος, χώρος ερώτων και αναψυχής ήταν ως το δεύτερο πόλεμο ο Κήπος των Πριγκίπων, γνωστός ως Μπέχτσιναρ, ένας παράδεισος μέσα στη βιομηχανική περιοχή, τοπωνύμιο που έχει αντικατασταθεί στις μέρες μας με τα δυσώνυμα «Σφαγεία».

Ο ανιστόρητος περιπατητής της οδού 26ης Οκτωβρίου στη Δυτική Θεσσαλονίκη, ανάμεσα στο λιμάνι, τα βυρσοδεψεία και τον παλιό σιδηροδρομικό σταθμό, αδυνατεί να πειστεί ότι κάτω από μάντρες οικοδομικών υλικών, χονδρεμπορίου και ανταλλακτικών αυτοκινήτων, βιοτεχνιών και ερειπωμένων εργοστασίων, υπήρχε όλο το τελευταίο τέταρτο του περασμένου αιώνα και το πρώτο μισό του εικοστού, σκιερός χώρος με πλατάνια (τουρκιστί τσινάρ, εξού και το όνομα), πολύδεντρο πάρκο αναψυχής με εξωτικά φυτά και λουλούδια, όπου κατέφθαναν οι Θεσσαλονικείς για να διασκεδάσουν με ορχήστρες και ως πικ νικ για οικογένειες και ζευγάρια, με το τραμ της πάνω γραμμής «Μπέχτσιναρ» ως το 1912 και «Χαριλάου - Κήπος των Πριγκίπων» μετά την απελευθέρωση.

Η τοποθεσία Μπέχτσιναρ ήταν γνωστή ως φυσική παραδείσια

περιοχή από τα χρόνια της ελληνικής επανάστασης, με πηγή, πλατάνια και στρατωνισμένο πανδοχείο, όπως αναφέρουν στα απομνημονεύματά τους οι αγωνιστές Νικόλαος Κασομούλης και Στέφανος Καλαμίδας. Ως ελεγχόμενος χώρος αναψυχής το Μπέχτσιναρ οργανώθηκε το 1867 από τον οθωμανό περιφερειάρχη της Μακεδονίας Σαμπρί Πασά, με το όνομα «μιλέτ μπαξεσί», εθνικός κήπος δηλαδή, την εποχή της οθωμανικής προσπάθειας για τον εκσυγχρονισμό της πόλης, μαζί με το γκρέμισμα του θαλάσσιου τείχους, τη διαπλάτυνση κεντρικών δρόμων της πόλης και το άπλωμα κατοίκων και δραστηριοτήτων έξω από τα βυζαντινά τείχη της Θεσσαλονίκης.

«Το Μπέχτσιναρ ήταν ένας μεγάλος περιφραγμένος χώρος δίπλα στη θάλασσα, με μεγάλα δέντρα, με ανθισμένους κήπους, με σιντριβάνια γεμάτα χρυσόψαρα κι ένα λούνα παρκ με κούνιες και αλογατάκια», γράφει για τον «παράδεισο μέσα στη βιομηχανική περιοχή» η Ελευθερία Δροσάκη. *«Σκόρπια μέσα στα δέντρα ήταν χτισμένα σπιτάκια εξάγωνα, σαν παραμυθένια, κιόσκια και υπόστεγα με σκαλοπάτια και παράξενες στέγες.*

»Τις ηλιόλουστες μέρες του χειμώνα και όλο το καλοκαίρι, αμέτρητος κόσμος ερχόταν με τραμ για περίπατο ή για μπάνιο στην όμορφη ακρογιαλιά, που στη μια της άκρη ήταν οι καμπίνες λουόμενων ανδρών και στην άλλη άκρη των γυναικών. Ανάμεσά τους πηγαινοερχόταν με βάρκα ένας ναύτης του λιμεναρχείου για τη διαφύλαξη της «ηθικής». Έτσι, όποιος ζωηρούλης τολμούσε να μπει στα γυναικεία χωρικά ύδατα και να κάνει τις γυναίκες να ξεφωνίζουν όλες μαζί σαν να έβλεπαν καρχαρία, αντιμετώπιζε το λιμεναρχείο και τις συνέπειες της παράβασης. Οι καμπίνες ήταν ξύλινες και μέσα στη θάλασσα. Ήταν στημένες πάνω σε πασσάλους και η καθεμιά είχε καταπακτή με σκαλίτσα, για να κατεβαίνουν οι λουόμενες να κάνουν μπάνιο στη σκιά και να μένουν λευκές "ωσάν τα κρίνα", όπως το απαιτούσε η μόδα της εποχής.»

Στο Μπέχτσιναρ, ως δροσερό αξιοθέατο της πόλης, παρέθεσε γεύμα ο οθωμανός διοικητής στους υψηλούς καλεσμένους της Ευρώπης που έφθασαν με το πρώτο τρένο στη Θεσσαλονίκη, το καλοκαίρι του 1888, εγκαινιάζοντας τη νέα σιδηροδρομική γραμμή, παρακλάδι του θρυλικού «Οριάν εξπρές», και κάτω από τα βαθύσκια πλατάνια γευμάτισε το 1895 το βασιλικό ζεύγος της Σερβίας Αλέξανδρος και Δράγα Οβρένοβιτς, φιλοξενούμενοι από τον βαλή Ριζά Πασά.

Στις αρχές του αιώνα το Μπέχτσιναρ είχε καθιερωθεί ως τόπος διασκέδασης και διέθετε καφενείο, μπιραρία, εστιατόριο, καμπαρέ, πίστα πατινάζ και μεγάλο λούνα παρκ με κούνιες, τραμπάλες και περιστρεφόμενη κούνια, αλλά και θεατρική σκηνή για πολλούς περιφερόμενους θιάσους απ' όλη την Ευρώπη.

«Όταν έπεφτε το σούρουπο», θυμάται ο Γιώργος Σταμπουλής, *«οι διάφορες παρέες που σύχναζαν στο κέντρο Μπέχτσιναρ, νοίκιαζαν βάρκες που ήταν στολισμένες με φαναράκια και έκαμναν τις ρομαντικές βόλτες τους, με φεγγαράδα, όπως έλεγαν τότε, οι μεν χριστιανοί με κιθάρες και μαντολίνα, τραγουδώντας τα τραγούδια της τότε εποχής, τα δε τουρκάκια με ούτια, σαντούρια και βιολιά και όλα αυτά προς τέρψιν και αγαλλίασιν των θαμώνων όχι μόνο του κήπου αλλά και των πολυτελών κέντρων της παραλίας και των περιπατητών.»*

Μετά την απελευθέρωση, το 1913, το εθνικό πάρκο των οθωμανών μετονομάστηκε, με λαϊκό διαγωνισμό από τους διαχειριστές του, μέσω της εφημερίδας *Αλήθεια*, σε Κήπο των Πριγκίπων, προς τιμήν των παιδιών της βασιλικής οικογένειας του Γεωργίου Α΄, που είχε μετακομίσει από τον Οκτώβριο του 1912 στη Θεσσαλονίκη και σύχναζε στο Μπέχτσιναρ. Στα ταχυδρομικά δελτάρια της εποχής ο κήπος των Πριγκίπων αναγραφόταν γαλλιστί «Ζαρντέν ντε Πρενς» και τουρκιστί «Πρεσλέρ μπαγτσισί».

Στον εθνικό κήπο γιόρτασε για πρώτη φορά το 1910 την εργατική Πρωτομαγιά, με διαπρύσιους λόγους, κόκκινες σημαίες και τραγούδια, η σοσιαλιστική εργατική οργάνωση «Φεντερασιόν» του Αβραάμ Μπεναρόγια. Το Μπέχτσιναρ, παρά τον αριστοκρατικό χαρακτήρα του χώρου, συγκέντρωνε την εργατιά της πόλης και στο χαμένο εθνικό κήπο ήχησε για πρώτη φορά από τους εβραίους εργάτες το ιταλικό τραγούδι *Αβάντι πόπολο*, το διεθνές επαναστατικό τραγούδι των αγώνων της εργατιάς στο μεσοπόλεμο.

Στην περίοδο του Μακεδονικού Μετώπου, αξιωματικοί της Στρατιάς της Ανατολής, που σύχναζαν ως αργόσχολοι με αναρρωτική ή κανονική άδεια, προσείλκυαν στα καμπαρέ και τα σεπαρέ του πάρκου ξεπεσμένες αριστοκράτισσες της Ευρώπης και πόρνες που πλούτιζαν από το εφήμερο επάγγελμα ή με την ερωτική πρόφαση συνεργούσαν στην κατασκοπευτική διαδικασία των μετόπισθεν.

Μετά το 1920, όταν απομακρύνθηκε το ετερόκλητο πλήθος της στρατιάς της Ανατολής, τον Κήπο των Πριγκίπων επισκέπτονταν μεσοαστοί και στη δεκαετία του '30 πρόσφυγες από τον Πόντο, την Ιωνία και τη Θράκη, που κατέβαιναν από τους γειτονικούς προσφυγικούς συνοικισμούς στην περιοχή, καθώς τους θύμιζε τις ακτές των χαμένων πατρίδων. Στην παραλία του Μπέχτσιναρ λειτούργησε το 1926 και το πρώτο στρατόπεδο γυμνιστών από ιταλό γιατρό, που εφάρμοζε τη νέα σωματική αγωγή και την ελεύθερη φυσιολατρεία, αλλά τα συντηρητικά ήθη ενεργοποίησαν τις εκκλησιαστικές και αστυνομικές αρχές και διέλυσαν τον επαναστατικό σύλλογο στον οποίο είχαν εγγραφεί πάνω από πενήντα νέοι της Θεσσαλονίκης.

Λίγο πριν από το δεύτερο πόλεμο, όταν η κοσμική κίνηση μετατοπίστηκε στην ανατολική Θεσσαλονίκη, το Μπέχτσιναρ άρχισε να πολιορκείται από βιομηχανικές μονάδες και στην παραλιακή του ζώνη να επεκτείνονται οι εγκαταστάσεις του λιμανιού με την ανέγερση μεγάλων πετρελαιοδεξαμενών. Τη χαριστική βολή έδωσαν στον Κήπο στη διάρκεια της Κατοχής οι Γερμανοί που δημιούργησαν στο Μπέχτσιναρ αποθηκευτικούς χώρους πολεμικού υλικού.

Η μεταπολεμική εγκατάλειψη του Κήπου, η απρογραμμάτιστη εγκατάσταση βιομηχανιών, η δυσώδης γειτνίαση με τα βυρσοδεψεία και οι απανωτές πολεοδομικές μεταβολές, ανάλογα με τα συμφέροντα των ισχυρών, εξαφάνισαν μετά τον πόλεμο έναν ιστορικό πνεύμονα της δυτικής πόλης. Από τον παλιό κήπο έμειναν οι παλιές καρτ ποστάλ με τα γραφικά κιόσκια και το θυρωρό με τη λιβρέα και τα πολεοδομικά σχεδιαγράμματα γύρω από τον παλιό σιδηροδρομικό σταθμό και το λιμάνι που οριοθετούν τον κήπο με την αναγραφή «Public Garden Besh Chinar». Ο Κήπος των Πριγκίπων έμεινε μακρινή εικόνα στους παλιούς και νοσταλγική φαντασίωση στους νεότερους, όπως στο ομώνυμο ποίημα του Λέανδρου Βαζάκα:

Περνώντας βιαστικά ένα βράδυ
στο χαλασμένο δρόμο με τις καμινάδες
πίσω από τον Παλιό Σταθμό, σαν αστραπή
πετάχτηκε η εικόνα.

Γυαλιστερά κι αγέρωχα –μπροστά
στα μάτια του παιδιού – γυρνούσαν τ' αλογάκια
με τα δυο πόδια στον αέρα, το μικρό
μπρούντζινο κανόνι ανεβοκατέβαινε,
πολύχρωμα λαμπιόνια, μουσική, ευωδιές
από πανσέδες.

Στο βάθος οι δικοί του
πατέρας και μητέρα στα λευκά
με φίλους, φλυαρούσαν πίνοντας μπίρα
σε ψηλόκορμα ποτήρια «μπαλονάκια».
Στο τραπεζάκι πιάτα με βραστές γαρίδες
κι αλατισμένα άσπρα μύγδαλα.

Γλυκιά καλοκαιριάτικη εσπέρα
πλάι στα φύκια και τα βότσαλα
της παραλίας του Μπέχτσιναρ.

Απέναντι από το χαμένο για πάντα Κήπο των Πριγκίπων, ομότιτλο μυθιστόρημα του Νίκου Μπάκολα, απόμεινε από την εποχή της λειτουργίας του πάρκου όρθιο, ως αποθηκευτικός χώρος, το σπίτι των πλούσιων εμπόρων Μεϊμάρη, προσφύγων από το Δενισλί της Σμύρνης, απ' όπου οι ένοικοι του σπιτιού με τα καμπύλα μπαλκόνια, τις αρχαιόπρεπες κολόνες και τις περίτεχνες σιδεριές είχαν θαυμάσια θέα προς το πάρκο και το Θερμαϊκό με τα πρώτα οργανωμένα θαλάσσια λουτρά της Θεσσαλονίκης. Μακρύτερα, περιβαλλόμενο από λαχανόκηπους και αμπέλια ήταν το εξοχικό αριστοκρατικό κέντρο του «Χατζή Μπαξέ», ενώ στη γύρω περιοχή κανένα αναμνηστικό στοιχείο δεν θυμίζει το αίμα αθώων αγωνιστών που εκτελέστηκαν σε έρημους τοίχους και ρυπαρά ρέματα από τους ναζί στα χρόνια της Κατοχής.

Την ίδια τύχη με τον Κήπο των Πριγκίπων είχε και ο χώρος του παλιού σιδηροδρομικού σταθμού, το τέρμα μιας παραλλαγής του μυθικού «Οριάν Εξπρές» και του «Σεμπλόν Εξπρές», που μετέφερε το 1888, όταν έφτασε ο πρώτος συρμός στην πόλη, τυχοδιώκτες, ευρωπαϊκούς συρμούς και νέα ήθη. Γύρω από τα εγκαταλειμμένα βαγόνια και τις σκουριασμένες σιδηροτροχιές του παλιού σταθμού, ο μίζερος τώρα χώρος με τις μάντρες οικοδομικών υλικών, τα πρακτορεία μεταφορών και τα συνεργεία αυτοκινήτων, ανέδινε για δεκαετίες ευρωπαϊκή ατμόσφαιρα ανάκατη με τη βαλκάνια φωνακλάδικη παρουσία και την πολύχρωμη αμφίεση Ελλήνων, Τούρκων, Βουλγάρων, Σέρβων και Αλβανών που διακινούνταν με το τρένο, ύστερα από πολύωρη αναμονή στις ψηλοτάβανες αίθουσες του σταθμού.

Γύρω από την πλατεία του επιβατικού σταθμού, που η επιγραφή του «Salonique ville» (πόλη Θεσσαλονίκη) έδωσε το όνομα «Βιλ» στην περιοχή, στήθηκαν πανσιόν γία ξεκούραση των επιβατών και ερωτική εξυπηρέτηση, μπιραρίες και κέντρα διασκέδασης με πολύχρωμα φώτα στα τραπεζάκια γύρω από το καθαρό γειτονικό ποταμάκι, σε τέτοιο σημείο, που, όπως θυμάται ο Κώστας Τομανάς, «έκαναν την περιοχή να μοιάζει με παριζιάνικη συνοικιακή πλατεία σε μέρες εθνικής γιορτής».

Το πρώτο τρένο από την Ευρώπη έφτασε στη Θεσσαλονίκη στις 18 Μαΐου 1888, κουβαλώντας πάνω από εκατό ευρωπαϊκές προσωπικότητες, τραπεζίτες, επιχειρηματίες και διπλωμάτες, που γιόρτασαν στη βίλα Αλλατίνι τη μεγαλύτερη προσδοκία του 19ου αιώνα για τη μακεδονική πρωτεύουσα, αλλά και για τους ευρωπαίους τυχοδιώκτες της νέας βαλκανικής αγοράς και τους εραστές των εξωτικών τόπων της Ανατολής, τη σιδηροδρομική της σύνδεση με την Ευρώπη.

Προηγουμένως, πριν από δεκαεφτά χρόνια, το 1871, είχε κατασκευαστεί η σιδηροδρομική γραμμή ως τη Μητροβίτσα από το δημιουργό της εταιρείας των Ανατολικών Σιδηροδρόμων βαρόνο Χιρς, ευεργέτη των Εβραίων της Θεσσαλονίκης. Η σύνδεσή της με την ενδοχώρα της πόλης, την περιοχή των Σκοπίων, παρέμεινε ενδοβαλκάνια υπόθεση ως το 1888, όταν ολοκληρώθηκε η ενωτική γραμμή Νις-Σκοπίων και η Θεσσαλονίκη ενώθηκε τελικά με το Βελιγράδι και όλα τα μεγάλα αστικά κέντρα της Ευρώπης.

Στην πλατεία του σιδηροδρομικού σταθμού και στο κεντρικό κτίριο, που δεν υπάρχει σήμερα, χτισμένο από τον αρχιτέκτονα Πιέρο Αριγκόνι το 1900, έφταναν επιβάτες από όλη την Ευρώπη, την Πόλη και την Άνω Μακεδονία, μια και πριν από την καμπή του αιώνα η Θεσσαλονίκη είχε συνδεθεί με τη Φλώρινα και το Μοναστήρι, το 1894, και την Αλεξανδρούπολη, το παλιό Δεδεαγάτς, το 1896, περνώντας από τα μεγάλα οικονομικά κέντρα της Μακεδονίας και της Θράκης πριν συναντήσει τη γραμμή της Κωνσταντινούπολης.

Πολυτελή κέντρα σαν το «Picadilly Circus» για τους αστούς της πόλης και τους ευρωπαίους ταξιδιώτες, αλλά και βαλκάνια πανδοχεία, πορνεία και καφέ σαντάν στήθηκαν γύρω από τον τερματικό σταθμό Salonique ville, που διατήρησε τον επαρχιακό του χαρακτήρα και τη μορφή του στρατιωτικού έμπεδου στα χρόνια του Μακεδονικού Μετώπου, όταν ο σταθμός για τους ταλαιπωρημένους στρατιώτες της πρώτης γραμμής ήταν η έξοδος στη ζωή. Γύρω από το σταθμό και κατά μήκος της οδού 26ης Οκτωβρίου, που οδηγούσε στα ξενοδοχεία της πλατείας Βαρδάρη και της Εγνατίας, δεκάδες πόρνες καλούσαν στα γαλλικά και αγγλικά τους αποκαμωμένους πολεμιστές για να τους ξεκουράσουν στα βρόμικα κρεβάτια των διώροφων σπιτιών τους.

Μοναδικό απομεινάρι της άλλοτε αριστοκρατικής συνοικίας είναι το διώροφο σπίτι στη οδό Αναγεννήσεως, ιδιοκτησίας Νικολάου Πετρίδη, με κατεστραμμένα ανάγλυφα στην πρόσοψή του, που επί χρόνια στέγασε στα δωμάτια με τ' ανάγλυφα ταβάνια και τις σκαλιστές πόρτες μεταχειρισμένο μηχανολογικό εξοπλισμό και γραφείο μεταφορών. Το σπίτι που έβλεπε στην πλατεία του παλιού σιδηροδρομικού σταθμού με τα κοσμικά κέντρα και το πολύβουο πέρασμα των επιβατών για την Ευρώπη, χτίστηκε το 1900-1910 και αποτελεί αξιόλογο δείγμα του αρχιτεκτονικού εκλεκτικισμού της πόλης. Όσα ανάγλυφα σώθηκαν τυχαία από το χρόνο και τη σωβινιστική μανία του καθεστώτος Μεταξά, που ήθελε να κατεδαφίσει τις λεοντοκεφαλές γιατί του θύμιζαν, λένε, βουλγαρικά σύμβολα, περιμένει τη σωτηρία του και την αναβίωσή του με πολιτισμική χρήση από το Δήμο Θεσσαλονίκης. Η ερημωμένη βίλα Πετρίδη προκαλούσε δίκαια για δεκαετίες την έκπληξη και τον καγχασμό των φορτηγατζήδων που συναλλάσσονταν με τα γειτονικά πρακτορεία εμπορευμάτων:

από ποιον τρελό άραγε να χτίστηκε το περίτεχνο σπίτι μέσα στα μπορντέλα και τα καυσαέρια των φορτηγών, αγνοώντας τις μεταλλαγές του τοπίου, που ξαφνιάζει και τους τελευταίους επιζώντες, εγκρατείς της μεσοπόλεμης μνήμης, Θεσσαλονικείς.

Η εξυγίανση του Τσαΐριού, με τα σιδηροδρομικά έργα έξω από τα τείχη του Βαρδαρίου, και η συγκοινωνιακή προσέγγιση με την ενδοχώρα της Μακεδονίας και την Ευρώπη, προσείλκυσε στην ευρύτερη περιοχή του σταθμού δεκάδες βιομηχανίες, όπως τα βυρσοδεψεία των αδελφών Νούσια και Σερέφα, τα ψυγεία του Χαριλάου, ο οποίος έδωσε ως οικοδομικός κατασκευαστής το όνομα στον ομώνυμο συνοικισμό της ανατολικής Θεσσαλονίκης, το παγοποιείο-ζυθοποιείο «Όλυμπος - Νάουσα» που το 1926 αγοράστηκε από τον Κάρολο Φιξ, το υφαντουργείο του Λεβόν Χοβαγκιμιάν και αλευρόμυλοι σαν του Χατζηγιαννάκη το 1924, που μετά το κλείσιμό του, το 1987, ατόφιο το βιομηχανικό συγκρότημα άλλαξε χρήση και προσαρμόστηκε αριστοτεχνικά σε πολιτιστικές και ψυχαγωγικές λειτουργίες. Ο «Μύλος» ύστερα από χρόνια, με την παρουσία αθώων σφριγηλών κοριτσιών και αγοριών και το ποιοτικό καλλιτεχνικό πρόγραμμα, ημέρωσε το σκληρό νυχτερινό πρόσωπο της δυτικής Θεσσαλονίκης.

Μεταπολεμικά, τη νύχτα, όταν σταματούσε η κίνηση των εμπορικών κέντρων, η περιοχή του παλιού σταθμού ήταν ιδεώδης χώρος για υπαίθριες πόρνες, τολμηρά ερωτικά ζευγάρια των δυτικών συνοικιών, μετά την παρακολούθηση λαϊκών ταινιών στο «Πάνθεον» και το «Αττικόν» και την απογευματινή βόλτα της παραλίας, ομοφυλόφιλους και τραβεστί. Η έντονη παρουσία στρατιωτών στο ερωτικό αλισβερίσι δικαιολογούνταν από τη λειτουργία επί χρόνια του Κέντρου Διερχομένων Στρατιωτών από τη Θεσσαλονίκη, σε θαλάμους γεμάτους κοριούς, κολλητά με τους αποθηκευτικούς χώρους του λιμανιού και με είσοδο στο κάτω οικοδομικό μέτωπο της οδού 26ης Οκτωβρίου.

Η ερημιά της περιοχής δίνεται λιτά στο τοπογραφικό τραγούδι του Γιώργου Ιωάννου, που μελοποιήθηκε από τον Νίκο Μαμαγκάκη:

Δίπλα το λιμάνι, πίσω τα σφαγεία
πέρα στην πλατεία άδεια καφενεία.
Όλη μέρα μπρος μου ο σταθμός των τρένων
ΑΜ στην πύλη, κέντρο Διερχομένων.

Με τη μεταφορά του επιβατικού σταθμού βορειότερα, στη δεκαετία του '50, ο χώρος ερήμωσε και τα παλιά βαγόνια από τις πρώτες σπάνιες ατμάμαξες έγιναν καταφύγιο εφήμερων ερώτων, σκυλιών και τσιγγάνων και ιδανικό φυσικό μοντέλο για το ζωγράφο των τρένων Στέλιο Μαυρομάτη.

Πολλά σαπισμένα βαγόνια κουβάλησαν από το γειτονικό στρατόπεδο Χιρς χιλιάδες Εβραίους στα κρεματόρια του Άουσβιτς, του Μπιρκενάου, του Μελκ και του Μπέλσεν. Από το συνοικισμό Χιρς, που είχε ιδρυθεί δίπλα στον παλιό σιδηροδρομικό σταθμό με δωρεές του αυστριακού βαρόνου Χιρς για να στεγάσει ομόθρησκους πυροπαθείς Εβραίους της Θεσσαλονίκης από την πυρκαγιά του 1890 και φυγάδες των προγκρόμ του Κίτσινεβ και του Μοχίλεφ της Ουκρανίας, δεν έχει μείνει κανένα ορατό ίχνος, πέρα από λίγα μίζερα χαμόσπιτα, που να θυμίζει τον τραγικό χαμό των 46.000 Εβραίων και το χρέος των συνδημοτών τους.

Ο φτωχός εβραϊκός συνοικισμός με τα 600 δωμάτια σε έκταση 30.000 τ.μ. μετατράπηκε από τους ναζί, αφού περιφράχτηκε με ψηλά σανίδια και συρματοπλέγματα, σε γκέτο των Εβραίων της Θεσσαλονίκης, πριν επιβιβαστούν ασφυκτικά στα άθλια βαγόνια για τα κρεματόρια.

Το διττό πρόσωπο του στρατοπέδου Χιρς, της τραγικής ιστορίας του γκέτο των Εβραίων και του έρωτα έδωσε γλαφυρά σε εξομολόγηση-συνέντευξή του (Ιούλιος 1992) στο συντάκτη του βιβλίου ο Ντίνος Χριστιανόπουλος:

«Ας πούμε, για πολλά χρόνια σύχναζα σε μια κακόφημη περιοχή, τα Παραβαρδάρια. Όταν λέμε Παραβαρδάρια, εννοούμε κυρίως τη συνοικία της Ραμόνας από την επάνω πλευρά του Βαρδάρη και το συνοικισμό Χιρς από την κάτω πλευρά του Βαρδάρη, μέχρι τον παλιό σιδηροδρομικό σταθμό. Πολύ γρήγορα ο συνοικισμός Χιρς, ιδίως μετά τον αποχρωματισμό της

πλατείας του Βαρδάρη, άρχισε να παίζει ένα σημαντικό ερωτικό ρόλο στην κακόφημη Θεσσαλονίκη επί πολλές δεκαετίες. Μόλις τώρα έχει ξεθυμάνει κι έγινε κι αυτό περίπου ένα πράγμα άχρωμο, άνοστο και άγευστο. Ο συνοικισμός Χιρς, λοιπόν, ταυτίστηκε και για μένα με το νυχτερινό αγοραίο έρωτα. Όμως ενώ για πολλούς αυτή η περιοχή δεν ήταν τίποτε άλλο εκτός από μια περιοχή που τους βόλευε για ψωνιστήρι, για μένα ήταν μονίμως δεμένη με το μαρτύριο των Εβραίων. Γιατί, όπως ξέρεις, το 1943 οι Γερμανοί μπουζούριασαν τους φουκαράδες τους Εβραίους εκεί σ' ένα φρικτό γκέτο κι από κει τους έβαλαν στα βαγόνια του θανάτου για να τους στείλουν στα κρεματόρια. Εκεί λοιπόν γράφτηκε η τελευταία σελίδα του δράματος των Εβραίων της Θεσσαλονίκης. Σκηνές απίθανου εξευτελισμού και μαρτυρίου. Δεν τα ζήσαμε βέβαια, τα διαβάσαμε, αλλά είναι εύκολο να καταλάβει κανείς το τι συνέβη σε κείνη τη γειτονιά. Σ' αυτή, λοιπόν, τη γειτονιά του μαρτυρίου ενός ολόκληρου λαού, έρχομαι εγώ να χαρώ τον έρωτα. Μη μου πεις ότι αυτός ο έρωτας δεν θα είναι ζυμωμένος με μια γεύση απ' αυτό το μαρτύριο. Και μη μου πεις ότι η μνήμη αυτού του μαρτυρίου δεν θα ζυμωθεί με το μαρτύριο και του δικού μου έρωτα. Αλλά και το αντίστροφο: το μαρτύριο του δικού μου έρωτα θα με βοηθήσει να νιώσω ακόμη περισσότερο, όχι απλώς να αντιληφθώ, το μαρτύριο των συνανθρώπων μου. Να λοιπόν που ο έρωτας μέσα από την πόλη αποκτά μια επιπλέον διάσταση. Αν η διάσταση αυτή είναι δραματική, η δραματικότητά της οφείλεται κυρίως στην ιστορική αίσθηση και μνήμη...»

Τα τελευταία ερωτικά τραγούδια των Εβραίων της Θεσσαλονίκης ακούστηκαν στο στρατόπεδο Χιρς, δίπλα στον παλιό σιδηροδρομικό σταθμό, όπου χιλιάδες Εβραίοι, ερωτευμένοι κι αρραβωνιασμένοι, παντρεύονταν για να εισπράξουν τα ζλότι της νέας πατρίδας που είχαν υποσχεθεί οι ναζί στην Κρακοβία, πριν μπούνε ως μελλοθάνατοι στα τρένα για τα κρεματόρια.

Το φλογερό ταμπεραμέντο των Καστιλιάνων Σεφαράδ, η τρυφερότητα, το ερωτικό πάθος, το γοητευτικό χρώμα της επιδερμίδας «όμοιο με θαμπό κίτρινο τοπάζι», όπως γράφει ο δημοσιογράφος Πάουλ Λιντάου το 1888, η προσμονή του ερωτικού συντρόφου, η επιστροφή στην ερωτική γη της επαγγελίας, ο καημός του ανικανοποίητου έρωτα, περνούν μέσα από τα ερωτικά τραγούδια των Εβραίων της Θεσσαλονίκης, που τραγουδήθηκαν σε γλέντια και κέντρα διασκέδασης της καλής εποχής, από τις όμορφες εβραιοπούλες με τ' ανοιχτά βαθύκολπα στήθια, και τον ερωτισμό που απέπνεαν σε ομόφυλους και ξένους τα σταρένια ξανθά πρόσωπα με τα γαλανά μάτια. Τα ισπανοεβραϊκά τραγούδια, γραμμένα στη μουσική εβραϊκή διάλεκτο της Θεσσαλονίκης, τη Λαδίνο, αποδόθηκαν σε ποιητική μορφή, στα ελληνικά, από το μελετητή των εβραϊκών τραγουδιών της *Μάνας του Ισραήλ* Αλμπέρτο Ναρ.

1.
Να φύγω θέλω από τη Θεσσαλονίκη.
Τα τόσα ντέρτια πια δεν τα μπορώ.
Πεθαίνουν οι λεβέντες απ' αγάπη
λιώνουν οι κοπελιές απ' το χτικιό.

Θ' ανέβω μια βραδιά σ' ένα μπαλκόνι
με το τσαλγκί θα πιάσω ένα σκοπό
εκείνη που αγαπώ για να ξυπνήσω
που γέρνει μες στον ύπνο το γλυκό.

Fuir me quiero de Selanik
por no ver mas manzillas.
Mancevikos mueren d' amor
muchachas de tiquia.

Yo vo a salir en un balkon
con el calgui taniendo
a despertar el mi amor
q' esta durmiendo.

Κοιμήσου, κοιμήσου, γλυκιά αγαπημένη
κοιμήσου, κοιμήσου δίχως πόνο και καημό.
Κι είν' ο σκλάβος σου, που με πόθο προσμένει
να τον δεις στ' όνειρό σου, το ερωτικό.

Άκου, ακριβή μου, τη δική μου κιθάρα,
άκου, ακριβή μου, τους καημούς μου τραγουδά.
Παν δυο χρόνια που υποφέρει η καρδιά μου
για σένα, πεντάμορφη, γλυκιά κυρά μου.

Durme, durme hermoza donzella,
durme, durme sin ansia ni dolor
Y tu sclavo con ardor desea
Ver lo a tu sueño con grande amor.

Siente hermosa, al son de mi quitara
siente hermosa a mis dertes cantar
Hay dos años que sufte mi alma
por ti hermosa, mi linda dama.

3.
Χαράμισα τα νιάτα μου
για σένα, λατρευτή μου.
Κι άλλη γιατρειά δεν έχω βρει
να γιάνει την πληγή μου.

Όταν θα σμίξουμε τα δυο
ψηλά στα ουράνια πλάτη,
θα σε ρωτήσουν να τους πεις
για την πρώτη σου αγάπη.

Κι αν σε δικάσει ο Θεός
και φταίχτρα θα σε βγάλει
κι εγώ θα κάτσω στο σκαμνί
για τα δικά σου κάλλη.

La mancevez yo la pedri

La mancevez yo la pedri
por tu amor querida
Ayinda yo no encontri
Cura a mi ferida.

Quando nos vamos encontrar
al mundo verdadero,
a ti te van apreguntar
por tu amor primero.

Y si el Dio te jusgara
te topara culposa.
Ma yo mismo me acusare
por ti mi linda rosa.

4.
Στο Μπεξινάρι κάθισα
κάτω απ' τα λουλούδια
σηκώθηκα για σένανε
μ' αγάπη ως τα μεδούλια.

Ταίρι δεν έχει η ομορφιά
και το χαμόγελό σου
Να 'τανε να σ' αγκάλιαζα
με το πουκάμισό σου.

A becinar yo m' asenti
de basso d' unas flores
alevantar yo me alevanti
con suspiros d' amores.

Hermosa sos en candidad
grasiosa en tu risa
Yo te quieria abrasar
desnuda en camisa.

5.
Άνοιξη στη Σαλονίκη
στου «Μαζλούμ» τον καφενέ,
μαυρομάτα με το ούτι,
τραγουδάει τον αμανέ.

Μη μου λείψεις, μαυρομάτα
στου «Μαζλούμ» τον καφενέ!
που τα ντέρτια μας σκορπίζεις
τραγουδώντας αμανέ.

Με το ούτι σου στο χέρι
και την τόση τσαχπινιά,
με τα δυο σου μαύρα μάτια,
μ' άναψες τρανή φωτιά.

Primavera en Salonico
cayi al café Mazlum.
Una niña d' ojos pretos
que canta y sona ud.

No me manques mis ojos pretos
del cafe de Avram Mazlum!
Tu quitas las nuestas dertes
que cantas y sonas ud.

El ud tomas en la mano
con jilves y con sakas
los tus ojos relucientes
a mi me haces quemar.

Μοναδική φωτογραφία με «εστεμμένο» το Λευκό Πύργο. 1937.

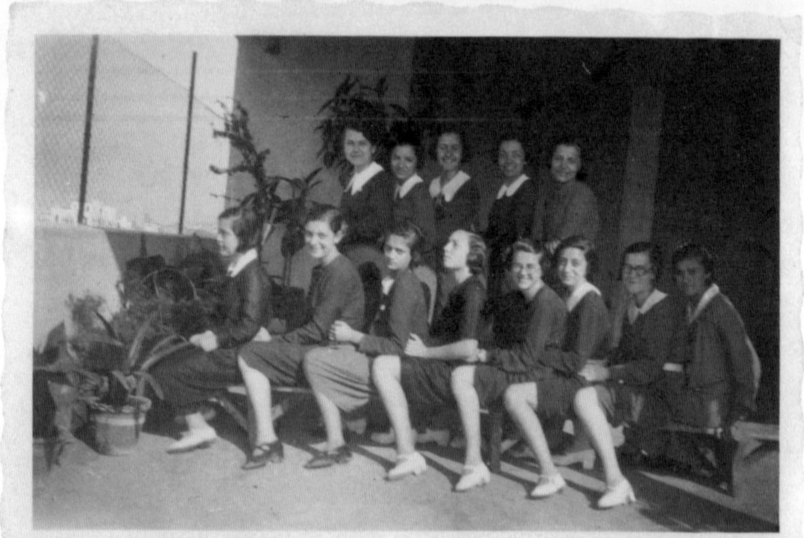

Προπολεμική εκδρομή με ταξί στο Ρεντζίκι. (Αρχείο Α.Π.)

Κάτω: Η Ε΄ τάξη της Σχολής Βαλαγιάννη το 1934.

Στη δεξιά σελίδα: Θεσσαλονικιά αστή. Φωτογραφία του 1938.

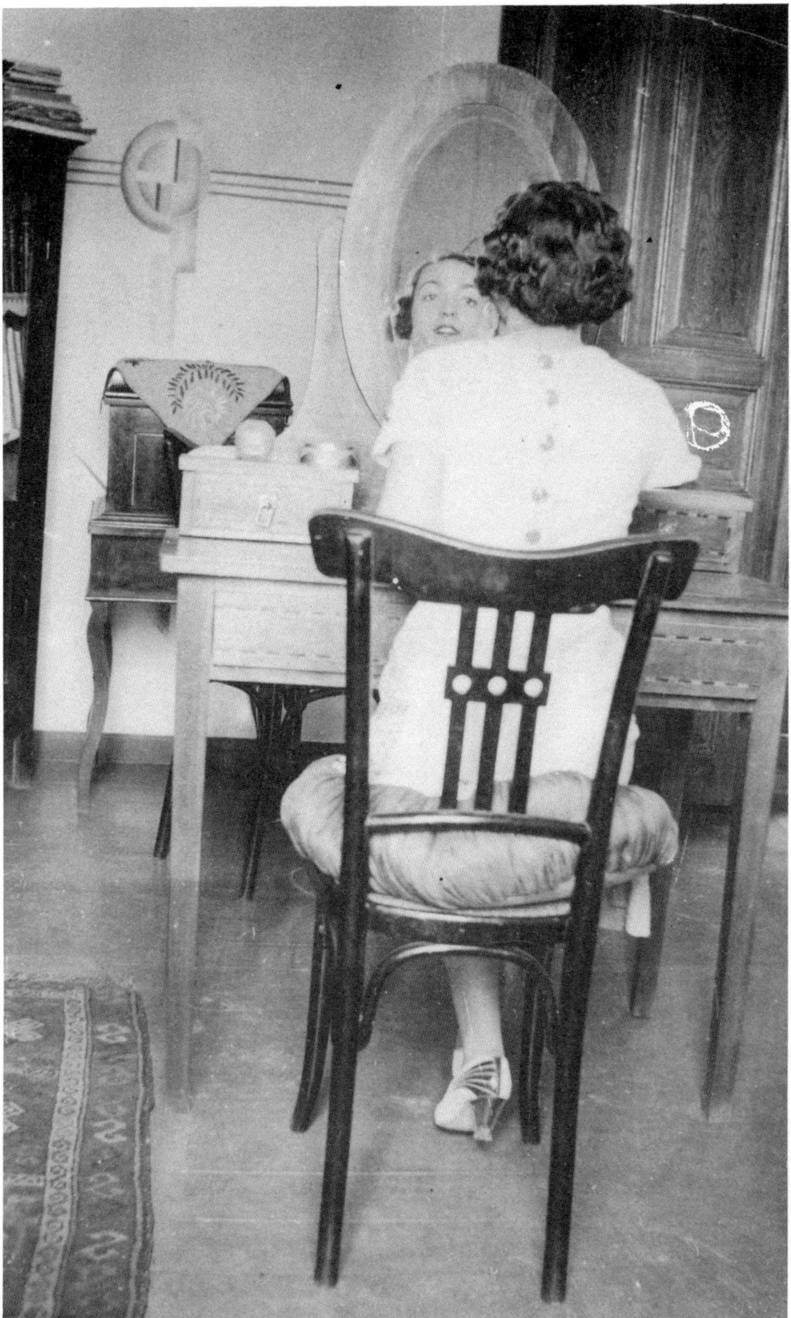

Πάνω: Εξοχικό κέντρο στο Καραμπουρνάκι στη δεκαετία του '30. (Συλλογή Χρ. Ζαφείρη).

Στο κέντρο: Η πλατεία του Λευκού Πύργου πριν από το 1930. (Αρχείο ΚΙΘ.)

Κάτω: Στο Λευκό Πύργο το 1938. (Αρχείο Α.Π.)

Στη δεξιά σελίδα: Ποζάροντας στο κατάστημα Υιοί Χαΐμ Ρ. ντε Μπόττον, Βενιζέλου 10. Πίσω το «Zenith, το ωρολόγιον ακριβείας». (Αρχείο Α.Π.)

Πάνω: Ντουέτο σε ταβέρνα της Θεσσαλονίκης στη δεκαετία του '40. (Αρχείο Α.Π.).

Στη δεξιά σελίδα: Ιστιοφόρο μπροστά στην προκυμαία της Θεσσαλονίκης. (Αρχείο Α.Π.)

Στην επόμενη σελίδα: Ιστιοπλοϊκοί αγώνες στις αρχές της δεκαετίας του '50. (Αρχείο Χρ. Ζαφείρη)

Πάνω: Στο πάρκο της ΧΑΝΘ στις 9.11.1941, όπου ήταν στημένο το άγαλμα του Βασ. Κωνσταντίνου, πριν μεταφερθεί στην πλατεία Δημοκρατίας. (Αρχείο Α.Π.)

Κάτω: Λουόμενοι στο «Μιραμάρ» το μεσοπόλεμο μπροστά από τις καμπίνες της πλαζ. (Αρχείο Α.Π.)

Ζευγάρι στην παραλία Θεσσαλονίκης το 1938.

Πάνω: Το κέντρο «Αρζεντίνα» στην οδό Βασ. Γεωργίου. (Αρχείο Α.Π.)

Κάτω: Εκδρομή στο Κουρί (Αρχείο Α.Π.)

Πάνω: Η περιοχή πριν από τη δημιουργία της Πανεπιστημιούπολης Θεσσαλονίκης. Δεξιά το πρώτο γήπεδο του ΠΑΟΚ.

Κάτω: Το τραμ μπροστά στο Λευκό Πύργο σε καρτποστάλ του 1952.

Όψεις από τη Διεθνή Έκθεση Θεσσαλονίκης της πρώτης μεταπολεμικής περιόδου. (Συλλογή Χρ. Ζαφείρη)

Στην προηγούμενη σελίδα: Η πλατεία του Βαρδάρη στις αρχές της δεκαετίας του '50 (Αρχείο «Γιατί»)

6.
Όλοι πάνε στη συναγωγή
κι εγώ στο σπιτικό σου.
*Όλοι φιλάν τη μεζουζά**
μα εγώ το πρόσωπό σου.
Πέρασα από την πόρτα σου
και βρήκα κλειδωμένα
Και φίλησα την κλειδαριά
σαν να φιλούσα εσένα.

Todos se van a la quehila
yo vengo a tu casa.
Todos bezan la mezusa,
yo beso la tu cara.

Por la tu puerta yo pasi
y la topi asserada.
La yavedura yo bezi
como besar tu cara.

Τα ερωτικά τραγούδια των Σεφαράδ, που τραγουδήθηκαν σε γιορτές, αρχοντικά, δρόμους, εργοστάσια και καπνομάγαζα, χάθηκαν μαζί με τους τελευταίους ερωτευμένους Εβραίους στα κρεματόρια της Γερμανίας και της Πολωνίας. Σήμερα τα τραγούδια που ζωντάνεψαν έρωτες και πάθη στις εβραϊκές συνοικίες της πόλης επί πέντε αιώνες, διασώζονται ως μουσικές συλλογές στα εβραϊκά αρχεία και συγκινούν με τις επετειακές νοσταλγικές αναδρομές τους τελευταίους επιζώντες της παλιάς καλής εποχής πριν από τον εβραϊκό θρήνο.

«Πού πνίγηκαν τόσα μεράκια;» αναρωτιέται ο μελετητής της ιστορίας των Εβραίων της Θεσσαλονίκης Αλμπέρτος Ναρ. *«Μόνο τα βράδια, καμιά φορά, στην έρημη τώρα πλατεία του*

* Μεταλλική θήκη, που μέσα της φυλάσσεται μια χειρόγραφη περγαμηνή με απόσπασμα από το *Δευτερονόμιο*. Τοποθετείται στην είσοδο κάθε εβραϊκού σπιτιού.

παλιού σταθμού, νιώθεις κάποιες μυστικές φωνές να ανασταίνονται· στο σφύριγμα του τρένου, στο βραχνό γραμμόφωνο της κοντινής ταβέρνας, στις χοντρές σταγόνες της βροχής... Μια τις χάνεις, μια τις βρίσκεις.»

ΣΤΑ ΕΒΡΑ·Ι·ΚΑ ΜΝΗΜΑΤΑ ΚΑΙ ΤΗ ΔΟΞΑ

Μόνο ο έρωτας ξέρει
να εκμεταλλεύεται τα χαλάσματα.

ΝΤΙΝΟΣ ΧΡΙΣΤΙΑΝΟΠΟΥΛΟΣ
Νεκρή πιάτσα

Στην εκτός των τειχών περιοχή της ανατολικής Θεσσαλονίκης έρωτας και θάνατος συμβίωσαν επί αιώνες και η σημερινή ανυποψίαστη για τις πολεοδομικές και ψυχολογικές αλλαγές του χώρου νεολαία, που συχνάζει στην πανεπιστημιούπολη και ερωτεύεται στα αμφιθέατρα και το γρασίδι της, ψαύει και ποδοπατεί μνήματα και παχιά χώματα που τα λίπαναν οι απανωτές ταφές αιώνων. Οι ιεροί τόποι με τους θαμμένους νεκρούς στους εβραϊκούς, χριστιανικούς και μουσουλμανικούς τάφους με τα βαθύτερα επιχωμένα ελληνιστικά, ρωμαϊκά και βυζαντινά νεκροταφεία, μεταβλήθηκαν, με την αλλαγή χρήσης της γης και την επελθούσα ημεράδα, σε ερωτικούς χώρους, πέρα από την κεντρική εκπαιδευτική διαδικασία, αν και το θανατερό τοπίο προσείλκυε παλαιόθεν ερωτικά ζευγάρια που αποζητούσαν τη φυγή και την απομόνωση.

Το ήμερο τοπίο της πανεπιστημιούπολης, που εξασφάλιζε ζωτικό χώρο για την ανάπτυξή της από την εβραϊκή ναζιστική εκατόμβη και το ξεσπίτωμα εκατοντάδων προσφυγικών παραπηγμάτων, υπήρξε ανέκαθεν το πλησιέστερο ερωτικό στέγαστρο της σπουδάζουσας νεολαίας. Τα πανεπιστημιακά αλσύλλια του μετεωρολογικού σταθμού, της ιατρικής σχολής και του κεντρικού κτιρίου πέριξ της επιτύμβιας στήλης για τους πεσόντες στους εθνικούς αγώνες φοιτητές με το επίγραμμα του Σιμωνίδη «ακμής εστηκυίαν επί ξυρού Ελλάδα...» ολοκλήρωσαν έρωτες που ξεκίνησαν σε αμφιθέατρα και εργαστήρια, σε διαδηλώσεις κατά γερμανών και βουλγάρων κατακτητών, για το 114 της συνταγματικής προστασίας και για «Ψωμί, Παιδεία, Ελευθερία» της χούντας.

Τα νεανικά σώματα που ξαπλώνουν ράθυμα κάτω από τα βαθύσκια πλατάνια της πανεπιστημιούπολης στα ακαδημαϊκά διαλείμματα και την ευφρόσυνη εκπαιδευτική αποχή, με κύριο μέλημα την ερωτική τους ανασύνταξη και πρόοδο, καλύπτουν το περίγραμμα των τάφων από το τεράστιο εβραϊκό νεκροταφείο Μπεδαχαγίμ που απλωνόταν σε έκταση 360 στρεμμάτων, κρατώντας στα υπέργεια κιβούρια τους από το 15ο αιώνα πάνω από πεντακόσιους χιλιάδες νεκρούς, μια και η ιουδαϊκή θρησκεία απαγόρευε την ανακομιδή των λειψάνων. Πάνω στις ταφόπετρες με τις εβραϊκές επιγραφές, όπου ήταν χαραγμένα τα ονόματα των νεκρών και σύμβολα του επαγγέλματός τους, και μέσα στους λάκκους των τάφων αγκαλιάστηκαν ερωτικά ζευγάρια, θρηνώντας από ερωτική πλησμονή ή στέρηση, μια και ο ιερός τόπος με τη χρονική κατάχωση των προσφιλών νεκρών είχε απωθήσει το φόβητρο του νεκροταφείου κι είχε μετατρέψει τους τάφους σε ήρεμα αρχαιολογικά ερείπια. Προπολεμικά, όσο ακόμη η εβραϊκή κοινότητα της πόλης ήταν ισχυρή, ανάμεσα στο εβραϊκό νεκροταφείο είχε διανοιγεί ένας δρόμος, η οδός Χορτατζήδων, με δυο πύλες εκατέρωθεν απ' όπου περνούσαν οι ερωτευμένοι και, όπως σημειώνει ο Κώστας Τομανάς, «οι φύλακες μ' ένα μικρό μπαξίσι προστάτευαν τα ζευγαράκια που κατέφευγαν εκεί για να χαρούν τον έρωτά τους».

Οι περικοπές τμημάτων του εβραϊκού νεκροταφείου τον τρέχοντα αιώνα άρχισαν από τις παρυφές της πόλης και ολοκληρώθηκαν με τις εγκαταστάσεις της πανεπιστημιούπολης, εξαφανίζοντας κάθε ίχνος του ιστορικού κοιμητηρίου, έστω κι ενός ενδεικτικού κενοτάφιου για το διαιώνιο ιερό τόπο των Εβραίων. Σε προπολεμική φωτογραφία που τραβήχτηκε από την περιοχή της Ροτόντας, προς Ανατολάς, αποτυπώνεται σε κεντρικό πλάνο το κτίριο της φιλοσοφικής σχολής και εκατέρωθεν, νοτιοανατολικά, εκεί όπου υψώνεται η θεολογική σχολή, το γήπεδο του

ΠΑΟΚ και αριστερά, στην πλατεία του Χημείου, το γήπεδο του «Ηρακλή», το οποίο στήθηκε πάνω σε ξηλωμένα εβραϊκά μνήματα από το 1915 ως το 1937, όταν παραχωρήθηκε για την ανέγερση του πανεπιστημιακού κτιρίου του Χημείου. Στο πρώτο πλάνο της φωτογραφίας, τα χαμόσπιτα της οδού Μελενίκου και στο βάθος δεξιά τα παραπήγματα του προσφυγικού συνοικισμού της Αγίας Φωτεινής. Ανάμεσα στο γήπεδο και τα χαμόσπιτα των προσφύγων διακρίνεται ο κεντρικός δρόμος που οδηγούσε στο Βενιζελοχώρι, το σημερινό δήμο Τριανδρίας. Πάνω από το γήπεδο του ΠΑΟΚ φαίνονται σποραδικοί τάφοι Εβραίων και εμφανή μονοπάτια που διέσχιζαν το ερημικό τοπίο.

Οι μεταμορφώσεις του τοπίου ευτυχώς άφησαν αναλλοίωτο τον κεντρικό άξονα της περιοχής, το χτίσμα του Βιταλιάνο Ποζέλι, το πρώτο κτίριο του πανεπιστημίου, έργο της οθωμανικής διοίκησης, πριν από την απελευθέρωση της πόλης. Ο συνοικισμός της Αγίας Φωτεινής και το γήπεδο του ΠΑΟΚ στήθηκαν μετά το 1922 πάνω στο τμήμα όπου θάφτηκαν στο φοβερό λοιμό του 1911 χιλιάδες χολεριασμένοι Εβραίοι. Ακολούθησε νέα αναγκαστική παραχώρηση το 1937 για να χτιστεί πάνω από το γήπεδο του «Ηρακλή» η γεωπονική σχολή και στην Κατοχή οι ναζί, με την ανοχή των ελληνικών αρχών, κατέστρεψαν το εβραϊκό νεκροταφείο και οι ταφόπλακες κάλυψαν πεζοδρόμια, δάπεδα εκκλησιών, πλατείες και τα ρείθρα των πεζοδρομίων της γενέθλιας πόλης τους. Όσες απ' αυτές διέσωζαν από την άλλη όψη ελληνικές επιγραφές και σύμβολα από βυζαντινούς τάφους, μέσα στη μιζέρια της εποχής, ερεύνησε και συγκέντρωσε ο βυζαντινολόγος καθηγητής και έφορος αρχαιοτήτων Στρατής Πελεκίδης.

Αυτός ο ιερός και ιστορικός τόπος που μετατράπηκε σε χώρο παντοειδών ερώτων, συγκέντρωνε κάθε βράδυ ερωτικά ζευγάρια, υπαίθριες πόρνες, ομοφυλόφιλους και ηδονοβλεψίες, που διακρίνονταν στην ανταύγεια από τα φώτα της πόλης και διασπούσαν τη νεκρική σιωπή με ερωτικά αγκομαχητά και κλάματα.

«Ακόμα δεν φτάναμε στα εβραϊκά μνήματα και γύρω μας άρχιζαν οι σκιές», γράφει ο Γιώργος Ιωάννου. *«Ένιωθες την ερημιά γεμάτη ανθρώπους που αγκομαχούσαν. Λένε πως μόλις*

παίρνει να νυχτώνει κάτι τους πιάνει. Παρατούν σπίτια, οικογένεια και τα πάντα και ξεβράζονται εκατοντάδες απ' όλες τις διευθύνσεις. Κάθε βράδυ τα παίζουν όλα για όλα... Οι πραγματικά ερωτευμένοι αποφεύγουν βέβαια αυτόν τον τόπο. Δεν τους σηκώνει η αγωνία του χώρου. Είναι βαρύ να βολοδέρνεσαι τη νύχτα σε χώρους που κατά βάθος πολύ τους σέβεσαι. Είναι όπως όταν ασχημονείς μέσα στο ίδιο σου το σπίτι, όπου σε περιτριγυρίζουν πράγματα που αγγίζουν συνεχώς τα πιο αγαπημένα σου πρόσωπα ή τα μικρά σου αδέρφια...

»Οι τάφοι ήταν ορθογώνιοι λάκκοι κτιστοί από μέσα. Πηγαίναμε τόσο συχνά, ώστε στο τέλος συνηθίσαμε σε ορισμένους λάκκους. Έριξα κατόπιν την ιδέα και δίναμε ραντεβού μέσα στους λάκκους. Οι γυναίκες μας περίμεναν εκεί ξαπλωμένες ή καθισμένες. Όταν όμως φτάναμε εμείς πιο μπροστά, τις περιμέναμε καθισμένοι απ' έξω, ο καθένας στην τάφο του...»

Οι ψυχές των νεκρών σωμάτων, της Τζιοκόντας, του Ιωσήφ, της Ρόζας, του Χαΐμ, της Σάρας, του Ιακώβ, της Ίζης, της Ρασέλ, συναπαντήθηκαν πάνω και γύρω από τα μνήματα με τις ψυχές ερωτευμένων και καταπιεσμένων που καμώνονταν πως έβγαιναν από τα σπλάχνα, η νεκρική σιωπή διαλύθηκε από τις κραυγές και την ερωτική προσμονή, ήταν η κοινή αναζήτηση της διαφορετικής ανάστασης. Αυτή η εφήμερη συμβίωση των ψυχών νεκρών και ζωντανών οδήγησε σε παραληρηματική έξαρση το Γιώργο Ιωάννου που επιλέγει: «Θα αναστηθούνε κάποτε όλοι αυτοί. Και θα καθίσουν σαν άσπιλες χρυσαλλίδες, πάνω στο κουκούλι. Κι αυτοί που κείτονταν, κι αυτοί που κάναν έρωτα τις νύχτες από πάνω. Δεν μπορούν να ματαιώσουν τίποτα οι μπουλντόζες...», αλλά –φευ– αυτό έμεινε μακρινή προσδοκία.

Τα εβραϊκά μνήματα ήταν στη δεκαετία του '40 καταφυγή χασικλήδων που απέφευγαν στην ερημιά του νεκροταφείου το μάτι των περαστικών και το χέρι της αστυνομίας. Διάσημος τεκές ήταν του Τσικρικόνη στο χώρο όπου χτίστηκε το κτίριο της Γεωπονικής Σχολής.

«Στην αρχή», γράφει ο Ηλίας Πετρόπουλος, *«ο Τσικρικονάκιας, όπως τον έλεγε η φάρα, είχε στημένο το πριγκιπάτο του, δηλαδή τον υπαίθριο τεκέ του, πλάι στη Γεωπονική Σχολή που*

ήταν τότε καραγιαπί, αλλά, μετά το '43, κατέληξε πίσω από μια ντάνα ταφόπλακες. Οι ταφόπλακες προστάτευαν τους χασικλήδες από τα περίεργα μάτια, από τον καυτερό ήλιο και το Βαρδάρη. Ο κάθε υπαίθριος τεκετζής έκρυβε τα σέα ανάμεσα στις ταφόπλακες.»

Στις ταφόπλακες, σε θάμνους και άλλα κρυφά σημεία έκρυβαν και οι εραστές της περιοχής, ως τη δεκαετία του '70, τα ερωτικά σύνεργα που τα έβγαζαν σε κάθε ερωτική πράξη, μια κουρελού ή ένα χαρτόνι, εφημερίδες για κάθε χρήση κι ένα μαχαίρι για κάθε ενδεχόμενο.

Νοτιοανατολικά του εβραϊκού νεκροταφείου, βρίσκονταν ως τα μέσα της δεκαετίας του '60 οι προσφυγικοί συνοικισμοί της *Αγίας Φωτεινής* και του *Μεγάλου Αλεξάνδρου* όπου, όταν γκρεμίστηκαν τα μίζερα χαμόσπιτα, απλώθηκαν με ανοιχτωσιά τα κτίρια της Διεθνούς Έκθεσης, του πανεπιστημίου και το Αλεξάνδρειο Μέλαθρο. Θρακιώτες και Μικρασιάτες πρόσφυγες, που έζησαν τα δύσκολα χρόνια της προσφυγιάς στις αυθαίρετες παράγκες και αποκατεστημένοι στεγάστηκαν εντέλει σε πολυκατοικίες της Νέας Κρήνης, θυμούνται από τη συνοικία τους ερωτικές και περιθωριακές λειτουργίες, που μεγεθύνονται μέσα από το χρόνο και τη νοσταλγία του χώρου.

Η Αγία Φωτεινή, ξεχασμένη συνοικία στη συνείδηση της νεότερης πόλης, συγκέντρωνε μπορντέλα, τεκέδες και ταβέρνες όπου σύχναζαν χασικλήδες και άνθρωποι της νύχτας. Στον κεντρικό δρόμο της συνοικίας, την οδό Νοσοκομείων, απ' όπου περνούσαν για τα καπνομάγαζα και τ' άλλα εργοστάσια της πόλης πρόσφυγες από την Τούμπα, υπήρχαν ουζάδικα με γραμμόφωνα και φως ασετυλίνης, ενώ στους πίσω δρόμους στεγάζονταν οίκοι ανοχής και κρυφοί τεκέδες. Η φτωχολογιά της Αγίας Φωτεινής, που ήταν άσχετη με τα δρώμενα της νύχτας, σύχναζε με τις κυριακάτικες ουρές στον κινηματογράφο *Ζάππειον*, κοντά στη βόρεια πύλη της ΔΕΘ, που κατεδαφίστηκε το 1930 για να επεκταθεί ο χώρος της Διεθνούς Έκθεσης.

Η ζωή του θανάτου απλωνόταν και πέρα από τα εβραϊκά μνήματα, με τη δημιουργία, στο μεσοπόλεμο, του νεκροταφείου «απόρων ορθοδόξων» στη *Δόξα*, που λειτουργούσε ως παράρτημα της Ευαγγελίστριας και βρισκόταν μεταξύ του εξοχικού κέντρου *Χορτατζήδες* και του προσφυγικού συνοικισμού της Τριανδρίας, γνωστό ως κοιμητήριο της Αγίας Φωτεινής. Μέσα στην Κατοχή, όταν οι λοιμοί, η πείνα και οι εκτελέσεις, μαζί με τους διαχρονικούς οικογενειακούς τάφους προκάλεσαν αδιαχώρητο στην Ευαγγελίστρια, ο Δήμος οργάνωσε το εγκαταλειμμένο κοιμητήριο της Αγίας Φωτεινής για να θάψει τούς αδικοσκοτωμένους και πολυάριθμους νεκρούς της Κατοχής και του Εμφυλίου.

Την έρημη περιοχή, που απέπνεε φρίκη και πόλεμο με τις συνεχείς στρατιωτικές ασκήσεις και τους φτωχούς τάφους των φαντάρων που πέθαιναν στο γειτονικό στρατιωτικό νοσοκομείο, διέσχιζαν καθημερινά οι κάτοικοι της Τριανδρίας που έφταναν στην Εγνατία περνώντας από το νεκροταφείο της Αγίας Φωτεινής, τη δροσερή και χαμένη σήμερα ρεματιά του Μπιλίρη, και μέσω της οδού Χορτατζήδων, στο ύψος του νοσοκομείου ΑΧΕΠΑ, έφταναν στο Σιντριβάνι. Οι νεαρές προσφυγοπούλες, που ανεβοκατέβαιναν με τα πόδια στα καπνομάγαζα της πόλης, προτιμούσαν να κυκλοφορούν ομαδικά, για να αποφύγουν τα πειράγματα των ξεμοναχιασμένων φαντάρων που απασχολούνταν στα κινητά σκοπευτήρια και το ξεχορτάριασμα του στρατιωτικού κοιμητηρίου. Όμως, παρά την ερημιά του χώρου και το φόβο που προκαλούσαν τα γειτονικά κοιμητήρια, τις ελεύθερες χορταριασμένες αλάνες της Δόξας προτιμούσαν ως ασφαλή ερωτικά καταφύγια πολλά ζευγάρια που έφθαναν τα απογεύματα ως το σούρουπο από τη Θεσσαλονίκη και τους πέριξ προσφυγικούς συνοικισμούς.

Το νεκροταφείο της Αγίας Φωτεινής στάθηκε το κοιμητήριο των ομαδικών τάφων με εκτελεσμένους από τα τάγματα ασφαλείας στο τέλος της Κατοχής και τον Εμφύλιο και τους απροσδιόριστους νεκρούς της αδερφοσφαγής, και μεταπολεμικά εγκαταλείφθηκε για να ανεγερθεί στη μεγαλύτερη έκτασή του το Καυτατζόγλειο Στάδιο. Οι μπουλντόζες που ανέσκαψαν τα θεμέλια του σταδίου βρήκαν τα οστά ομαδικών τάφων ανώνυμων νεκρών του Εμφυλίου και τα πέταξαν ως κοινά μπάζα στις επιχώσεις της νέας παραλίας της πόλης.

Την ίδια τύχη με το νεκροταφείο της Αγίας Φωτεινής είχε και το μνήμα του ηρωικού επίλαρχου Στ. Βολάνη, του πρώτου αξιωματικού που εκτελέστηκε στα έμπεδα της Δόξας με συνοπτικές διαδικασίες για τη συμμετοχή του στο κίνημα των δημοκρατικών αξιωματικών το Μάρτιο του 1935. Το μνήμα του Βολάνη, που είχε μπει στο μάτι αντιβενιζελικών καὶ φασιστών προκαλώντας την αντίδραση της Παγκρήτιας Αδελφότητας της Θεσσαλονίκης, καταστράφηκε τελικά, αποκόβοντας και την εμπράγματη ιστορική μνήμη των δημοκρατικών στρατιωτικών κινημάτων, με την προέκταση της οδού Αγίου Δημητρίου.

Η ιστορική μνήμη της ανατολικής ζώνης της Θεσσαλονίκης, ανάμεσα στα βυζαντινά τείχη και τους προσφυγικούς οικισμούς της Τούμπας, της Μαλακοπής και της Τριανδρίας, έχει αλλοιωθεί παντελώς, μια και κανένα ενδεικτικό ιστορικό κατάλοιπο δεν έχει διασωθεί, πέρα από ελάχιστους ρωμαϊκούς και παλαιοχριστιανικούς τάφους που διατηρήθηκαν στην πανεπιστημιούπολη. Ούτε ακόμη και το περιβόητο *Κόκκινο Σπίτι*, δίπλα στην ταβέρνα *Λαδά*, όπου γίνονταν οι εκτελέσεις πατριωτών στην περιοχή των Σαράντα Εκκλησιών, δεν διατηρήθηκε ως ζωντανό μνημείο της άδικης θυσίας. Κι αν δεν υπήρχε ο πίνακας του Παύλου Μοσχίδη, θα έμειναν μόνο οι μνήμες των παιδιών της δεκαετίας του '40, που παρακολουθούσαν από γειτονικούς γηλόφους τις εκτελέσεις, και οι περιγραφές των διαδηλωτών αγωνιστών που τον Οκτώβριο του 1945 έφτασαν με πορεία από τη μεγάλη διαδήλωση στην πλατεία της Αγίας Σοφίας ως το ματωμένο ερείπιο και κατέθεσαν στεφάνι για τους αδικοσκοτωμένους. Τα μεταχουντικά χρόνια, οι καταθέσεις των στεφανιών για τους εκτελεσμένους της Κατοχής, κάθε 30 Οκτώβρη, γίνονται στον τοίχο του αυλόγυρου του *Λαδά*, καθώς οι ανύποπτοι σερβιτόροι χαμογελούν αμήχανα για τη μετατροπή της ταβέρνας σε περιστασιακό ηρώο.

Ο μοναδικός ειδυλλιακός τόπος, στη μαυρίλα του θανάτου της περιοχής, ήταν προπολεμικά το ρέμα του Μπιλίρη, με το οικογενειακό κέντρο *Χορτατζήδες* του Γ. Πεντζίκη στο χώρο των φοιτητικών εστιών και στο βάθος του ρέματος με τις καρυδιές και τα πλατάνια το κέντρο *Καρυδιές* όπου έφταναν σε πρόχειρα σεπαρέ ερωτικά ζευγαράκια.

«*Το ρέμα του Μπιλίρη ήταν ένα όνειρο*», θυμάται ο Ηλίας Πετρόπουλος, «*καστανιές, συκιές, ευκάλυπτοι, καρίκια με ζαρζα-*

βατικά, χιλιάδες πουλιά και βατράχια. Στο βάθος είχε κι ένα χορευτικό κέντρο με γιρλάντες από κόκκινα λαμπιόνια. Οι ηλίθιοι πολεοδόμοι μας κατέστρεψαν όλες τις ρεματιές της Θεσσαλονίκης, μαζί και τη ρεματιά του Μπιλίρη με το γάργαρο νεράκι. Πάντως το '44 στο κέντρο του Μπιλίρη συχνάζανε μόνο ταγματασφαλίτες που ξενυχτάγανε με τις πουτάνες.»

Δίπλα στο εξοχικό κέντρο *Χορτατζήδες*, ανάμεσα στο εβραϊκό νεκροταφείο και τις Σαράντα Εκκλησιές, βρισκόταν από τη δεκαετία του '20 ο οικισμός «Παύλος Μελάς», ο οποίος μετά την οικοδομική ένωσή του με τον υπερκείμενο συνοικισμό των θρακιωτών προσφύγων εξαφανίστηκε, όπως σ' ολόκληρη την περίμετρο της πόλης οι ενδιάμεσες αλάνες και τα ευδιάκριτα όρια των νέων οικισμών. Στα σπίτια του «Παύλου Μελά» είχαν αποκατασταθεί τριάντα περίπου οικογένειες αγωνιστών του Μακεδονικού αγώνα από τη μείζονα Μακεδονία.

Στους *Χορτατζήδες*, τραγούδησαν στη δεκαετία του '50 ο Στέλιος Καζαντζίδης, ο Βασίλης Τσιτσάνης, ο Μανώλης Χιώτης, η Μαίρη Λίντα και η Σεβαστή Παπαδοπούλου από τα Κοκκινώγια Δράμας, γνωστή στον κόσμο του ρεμπέτικου ως Σεβάς Χανούμ, που έζησε τα παιδικά και γεροντικά της χρόνια στην κοντινή Νεάπολη και πέθανε ξεχασμένη και μόνη το 1990 στο νοσοκομείο «Γεώργιος Παπανικολάου».

Στην άλλοτε αποτρόπαια περιοχή, νέοι, αθλούμενοι στο Καυτατζόγλειο, το κολυμβητήριο και τον Ηρακλή, φοιτητές και ένοικοι των φοιτητικών εστιών, σεργιανούν αγκαλιασμένοι, κάνουν έρωτα απερίσπαστοι από τα φαντάσματα του παρελθόντος και τραγουδούν στη γειτονική ταβέρνα *Μπλε παράθυρα*, το μοναδικό παλιό αρχοντικό που διατηρεί την προπολεμική ατμόσφαιρα της περιοχής, όπου τα φυσικά χώματα, ρέματα και λόφοι, έχουν αναδευτεί με τεχνητές επιχώσεις και εκσκαφές για την πολεοδομική μεταμόρφωση και την επέκταση της πόλης.

ΣΕΊΧ ΣΟΥ, ΤΟ ΕΡΩΤΙΚΟ ΘΑΒΩΡ

Και πρέπει για πολλούς το Σέιχ Σου να έγινε το ερωτικό Θαβώρ, όπου το άκτιστο φως που εκπορεύεται από το περιπόθητο κορμί του άλλου, τους πέρασε για μια στιγμή, κι από τότε ως τα γηρατειά δεν κατόρθωσαν να ηρεμήσουν.

ΓΙΩΡΓΟΣ ΙΩΑΝΝΟΥ
Το δικό μας αίμα

Το περιαστικό δάσος του Σέιχ Σου, διαβόητο ανά το πανελλήνιο ως δρακοβούνι, ζωογόνα λοφοσειρά στη νεφόπληκτη πόλη, διασώζεται στην ατομική και καθολική μνήμη ως ερωτικό λίκνο των περισσότερων Θεσσαλονικιών, νέων, παρεπιδημούντων και εφήμερων επισκεπτών, κατάλληλο για «εμποδισμένους και συνταρακτικούς έρωτες», όπου ο ιδρώτας της ανάβασης αναμειγνύεται μ' αυτόν της ερωτικής αγωνίας και προσμονής. «Και πρέπει για πολλούς το Σέιχ Σου να έγινε το ερωτικό Θαβώρ», επισημαίνει ο Γιώργος Ιωάννου, «όπου το άκτιστο φως που εκπορεύεται από το περιπόθητο κορμί του άλλου, τους διαπέρασε για μια στιγμή, κι από τότε ως τα γηρατειά τους δεν κατόρθωσαν να ηρεμήσουν.»

Ερωτικό καταφύγιο μυστικών ερώτων και αναχωρητών, επί χρόνια προσπελάσιμο με τα πόδια, όπου το βραχώδες έδαφος και τα δύσβατα μονοπάτια έδιναν τις προϋποθέσεις για ψαυσίματα χεριών και κορμιών, πριν η δασική υπηρεσία, για το φόβο της φωτιάς, ανοίξει δρόμους και αντιπυρικές ζώνες, βοηθώντας έτσι τους εραστές να προσεγγίζουν το δάσος με ποικιλία οδικών διαδρομών προς τις κορυφές και διαμετρικά από το Επταπύργιο προς το Χορτιάτη και τον κάμπο του Λαγκαδά. Το δάσος το Σέιχ Σου διαταράχτηκε από τη διάνοιξη της περιφερειακής οδού στη δεκαετία του ογδόντα, αποκόβοντας την πόλη από την άμεση δασική προσέγγιση και αναγκάζοντας τους αμέριμνους ερωτευμένους να αναζητούν διαβάσεις για να φτάσουν κατά την περιφλεγή άνοδο ασφαλείς στα φυσικά κρυσφύγετα.

Το δάσος του Σέιχ Σου έχει διαφορετικά δασολογικά και κτηματολογικά όρια και άλλη ερωτική οριοθέτηση. Η παραδοσιακή προσέγγιση ερωτικών ζευγαριών γινόταν πάντα από τη νότια πλευρά, ανατολικά της παλιάς πόλης, από τα βυζαντινά τείχη, τον Άγιο Παύλο, πάνω από το δημοτικό νοσοκομείο και τα νεκροταφεία, την Αγία Παρασκευή, τις Σαράντα Εκκλησίες και την Άνω Τούμπα. Ο πυρήνας των ερωτικών περιπτύξεων ήταν γύρω από το σημερινό θέατρο δάσους και το νερό του Σεΐχη, όπου οι ανταύγειες των αστικών φώτων και η αχοβολή της πόλης ημέρευαν τα βράδια τα κορίτσια καλύτερα από τα αγχώδη λόγια των εραστών. Οι διαδρομές του έρωτα προς το Σέιχ Σου ακολουθούσαν και τα καλντερίμια της πάνω πόλης, από το Διοικητήριο και το Τσινάρι, τη μονή Βλατάδων, τον Άγιο Νικόλαο Ορφανό και την πλατεία Καλλιθέας, με ενδιάμεσες στάσεις της καθοδικής ευδαιμονίας τις γραφικές ταβέρνες των κάστρων. Στα χρόνια του μεσοπολέμου νεαροί κανταδόροι με κιθάρες περιέφεραν τη μουσική ερωτική αναζήτηση στα λειψόφωτα δρομάκια της πάνω πόλης και μεταπολεμικά διάσπαζαν τη νυχτερινή ησυχία ευτυχισμένα χαχανητά και απαγορευμένα τραγούδια φοιτητών, που κορύφωναν την ερωτική ευωχία στις ανωπολίτικες ταβέρνες και τα σύδεντρα του Σέιχ Σου.

«*Οι δρόμοι που υπερπηδούν τους λόφους που υψώνονται πάνω από τη Θεσσαλονίκη, σέρνονται από τα χαμηλά στα ψηλά φαντασίες αμέριμνες*», γράφει στην *Πραγματογνωσία* του ο Νίκος Γαβριήλ Πεντζίκης. «*Ιδιαίτερα εκείνοι που ξεκινώντας από την Τούμπα, τους παίρνουν τα παιδιά, θέλοντας να μάθουν ως πού θα προχωρήσουν και τι θα κάνουν τα ζευγάρια των ερωτευμένων που ξεμοναχιάζονται. Βλέπουν και τ' αθώο στόμα τους γεμίζει βρομόλογα. Άλλα βαριούνται να βλέπουν και αρχινάν να ρίχνουν πέτρες στις ρεματιές με τα κάρδαμα και τους βατράχους. Άλλα κρατούν ισορροπία πάνω στους σωλήνες που φέρνουν από το Καρατεπέ το νερό.»*

Το δασολογικό Σέιχ Σου εκτείνεται από τις παρυφές των αυθαίρετων στα Μετέωρα και το Δήμο Πολίχνης, τη Νεάπολη, την Τριανδρία, την Τούμπα και την Πυλαία, που το κατατρώγουν με αγροικίες και πολεοδομικές επεκτάσεις, ως το Πανόραμα, το Ρεντζίκι και την Εξοχή,* με βόρειο όριο το παραδείσιο ρεύμα του Ασβεστοχωρίου όπου το άφθονο νερό κινούσε στα βυζαντινά χρόνια νερόμυλους.

Το ειδυλλιακό πάρκο, με πεύκα, πλατάνια, λεύκες, σφεντάμια, κυπαρίσσια, πουρναριές και σχίνα, ταυτίστηκε κατά καιρούς με τη θάλλουσα ηρεμία και ευδαιμονία της πόλης και απογυμνώθηκε σε αλώσεις, ερημώσεις και λεηλασίες βαρβάρων και αδέσποτων ντόπιων. Την οργανωμένη δεντροφύτευση, για τη συγκράτηση των πετρωμάτων και τον έλεγχο των κατολισθήσεων στις αποσαθρωμένες πλαγιές ανατολικά των βυζαντινών τειχών, όπως αποτυπώθηκαν στις φωτογραφίες του Φρεντ Μπουασονά στις αρχές του αιώνα, ακολούθησαν στο μεσοπόλεμο εξορμήσεις σχολείων, ΕΠΟΝιτών, στρατιωτών, φυλακισμένων του Γεντί Κουλέ, φοιτητών, προσκόπων και φιλανθρωπικών οργανώσεων, και μετά την εμφύλια αναταραχή η ορατή από τη θάλασσα γύμνια του βουνού καλύφθηκε με πολύχρονη φύτευση. Και ως πρόσφατα οι απόγονοί τους ανακαλύπτουν ξύλινες ή τσίγκινες πινακίδες με βαπτιστικά ονόματα πάνω σε ατροφικά κλωνάρια πεύκων και κυπαρισσιών, που ως βρόχοι αναμνήσεων διασώζουν τα ονόματα των νεαρών φυτευτών, των οποίων τώρα παιδιά και εγγόνια τους απολαμβάνουν χάδια και θαλπωρή κάτω από τον ίσκιο των πατρογονικών δέντρων, που η φύτευσή τους ήταν αφορμή για τις ερωτικές αναβάσεις τους.

«Το Σέιχ Σου ήταν κατάλληλο για το απόγευμα, νωρίς το βράδυ, ακόμα και για τα πρωινά, σε έρωτες σφοδρούς και απελπισμένους, που βγάζουν από τον κοινό ρυθμό τους ανθρώπους», γράφει ο Γιώργος Ιωάννου. *«Τα παρθενικά άβγαλτα σώματα, που πολλά τους έχουν από καιρό αναλυθεί σε χώμα, φυτά και*

έντομα, ήθελαν να εισχωρούν βαθιά μες στο βουνό, εκεί να δίνουν τα φιλιά και τους όρκους των, να δέχονται με κατάνυξη την αψιά μυρωδιά του τραχιού κορμιού, μαζί με τα συνθλιμμένα αγριόχορτα και ραδίκια, που την άνοιξη μαζεύαμε για ζεμάτισμα, κι ύστερα, αν κάτι στη σχέση δεν πήγαινε καλά, πράγμα πιθανότατο, να περιφέρονται εδώ και να θρηνούν, να κάθονται και να μουσκεύουν τις πευκοβελόνες με καυτά δάκρυα, που δεν είναι καθόλου για ξινά γέλια όταν αναβλύζουν από τα δικά σου ή σχεδόν τα δικά σου μάτια. Και αυτοκτονίες αρκετές έχουν σημειωθεί εδώ, κυρίως με δηλητήριο ή με αγχόνη. Και πρέπει οπωσδήποτε τα δέντρα που διάλεγαν οι αυτόχειρες να μην ήταν άσχετα με το σημείο όπου κάποια στιγμή, σαν ισχυρότατη ηλεκτρική εκκένωση δέχτηκαν την κορύφωση του έρωτά τους. Το κλαδί του δέντρου απ' όπου περνιόταν το σκοινί ήταν το δυνατό μπράτσο του παλικαριού ή το νευρικό χέρι της κοπέλας, και το έδαφος με τις πευκοβελόνες, όπου σφάδαζε το φαρμακωμένο κορμί, είχε ακόμη τα ίχνη από τα πολύωρα ξαναμμένα καθίσματά τους, ξαπλώματα, ακόμα και σταξίματα.»

Σε παλιότερους καιρούς η χλωρίδα του βουνού εντυπωσίαζε σε σημείο που δεν είναι υπερβολικά όσα έγραφε για το Σέιχ Σου ο βυζαντινός ιστορικός Ιωάννης Καμενιάτης: «Το προς ανατολάς δε της πόλεως όρος ως λίαν εστί πάγκαλες και εράσμιον. Κεκοσμήται γαρ δένδρεσιν αμφιλαθέσιν, παραδείσοις ποικίλοις, ύδασιν απείροις τοις μεν πηγαίοις τοις δε ποταμίοις, οις αι λόχμαι του όρους τω πεδίω χαρίζονται και αυτήν δε δεξιούνται την θάλασσαν, άμπελοι γαρ αλλήλαις παραπεφυτευμέναι τα χωρία στεφανούσι, και τον φιλόκαλον οφθαλμόν τη πληθύι των καρπών εις ευφροσύνην προτρέπονται.»

Χτίσματα δεν υπήρχαν παλιά στο Σέιχ Σου, ή όπως αλλιώς το λένε «Χίλια Δέντρα» και «Κεδρηνό Λόφο», μερικές μόνο αγροικίες και στάνες, ούτε σκυλάδικα στήθηκαν ποτέ ούτε εξοχικά κέντρα ψυχαγωγίας. Το μεθοριακό εξοχικό κέντρο ήταν γύρω από το δεύτερο πόλεμο, στην περιοχή των Σαράντα Εκκλησιών, οι *Χορτατζήδες*, όπου σήμερα είναι χτισμένες οι φοιτητικές εστίες. Δεξιότερα, μέσα στη ρεματιά, ήταν το κέντρο *Καρυδιές*, όπου κατέφευγαν ρομαντικά ζευγαράκια, και ανατολικότερα, στην αρχή της ρεματιάς, ήταν το *Κόκκινο Σπίτι* όπου στα χρόνια της Κατοχής και του Εμφυλίου γίνονταν εκτελέσεις πατριωτών από Γερμανούς και δοσίλογους.

Το Σέιχ Σου ήταν χώρος εκτελέσεων και πολλοί έρωτες ανθοβόλησαν πάνω στο αίμα αθώων νέων, που πάλεψαν για την ατομική και εθνική αξιοπρέπεια, και πολλών άτυχων θυμάτων που εκτελέστηκαν στη δίνη του Εμφυλίου από Ταγματασφαλίτες, αλλά και από Ελασίτες μετά τη Βάρκιζα.

Στα χρόνια της Κατοχής και του Εμφυλίου οι παρυφές του Σέιχ Σου ήταν γεμάτες με τάφους εκτελεσμένων. Πίσω από το Επταπύργιο, ήταν τον καιρό του Εμφυλίου το νεκροταφείο των Τουφεκισμένων όπου παράχωναν πρόχειρα τους εκτελεσμένους από τις συνοπτικές διαδικασίες των έκτακτων στρατοδικείων.

«Αυτοί οι τάφοι δεν είχανε μήτε πλάκα, μήτε σταυρό, μήτε τίποτα», περιγράφει ο Ηλίας Πετρόπουλος. *«Η κάθε μάνα ήξερε τον τάφο του παιδιού της από ένα μικρό σημάδι, τούβλο ή παλουκάκι. Κάπου κάπου ερχόταν στο, επισήμως ανύπαρκτο, Νεκροταφείο των Τουφεκισμένων μια χαροκαμένη και σιγόκλαιε, ενώ από την πίσω σκοπιά της φυλακής ο χωροφύλακας κοίταγε με περιέργεια. Όταν κοπάσανε οι τουφεκισμοί, με την κυβέρνηση Πλαστήρα, οι μανάδες ξεθάρρεψαν κι έχτισαν, μέσα σε χρόνο ρεκόρ, όλους τους τάφους. Μόλις έπεσε ο Πλαστήρας, ο διοικητής του Γ΄ Σώματος Στρατού έστειλε την μπουλντόζα και κατέστρεψε διά παντός το σεπτό νεκροταφείο των Τουφεκισμένων Κομμουνιστών.»*

Τα χαράματα της 5ης Μαρτίου 1951, στις παρυφές του Σέιχ Σου εκτελέστηκε μαζί με έξι ακόμη νέους μελλοθάνατους ο Νίκος Νικηφορίδης, ο οποίος μάζευε υπογραφές μαζί με άλλα διακόσια εκατομμύρια σ' όλον τον κόσμο για την «Έκκληση της Στοκχόλμης», που ζητούσαν να τεθεί υπό διεθνή έλεγχο η χρήση των ατομικών όπλων. Ο ομαδικός τάφος του αγωνιστή στο Σέιχ Σου δεν είναι γνωστός στους οικείους του, παρά μόνο ο χέρσος τότε χώρος που γέμισε σήμερα πολυκατοικίες.

Στη μνήμη των παλικαριών που χόρεψαν και τραγούδησαν, ως τελευταία επιθυμία, μπροστά στο εκτελεστικό απόσπασμα, μαζί με τις ζητωκραυγές υπέρ της ειρήνης, ας είναι ως μνημόσυνο για τους νεότερους επισκέπτες του Σέιχ Σου τα ονόματα: Νίκος Νικηφορίδης, Θεόδωρος Ορφανίδης, Μόσχος Στογιάννης, Κωνσταντίνος Σπρίντζος, Κωνσταντίνος Μήτσας, Χαράλαμπος Παπαδόπουλος, Ρήγας Παραθυράς.

Το Σέιχ Σου ήταν για τους χιλιάδες φυλακισμένους και μελλοθάνατους του Γεντί Κουλέ η απεραντοσύνη της ελπίδας, το χώμα που σκέπασε τους συντρόφους τους, η ερωτική φαντασίωση της ελεύθερης νεότητας, το πράσινο σκηνικό του δικού τους τέλους. Οι οιμωγές των εγκλείστων και οι ζητωκραυγές των μελλοθανάτων ξυπνούν με το επαναλαμβανόμενο θρόισμα των πεύκων και με το βουητό του Βαρδάρη. Αυτές τις μνήμες των πολιτικών θανάτων και τη διαδρομή από το Επταπύργιο ως το συνήθη τόπο των εκτελέσεων θυμάται στο ποίημα *Το πρωί* ο Μανόλης Αναγνωστάκης, έγκλειστος του Εμφυλίου στο Γεντί Κουλέ:

Το πρωί
Στις 5
Ο ξηρός
Μεταλλικός ήχος
Ύστερα τα φορτωμένα καμιόνια
Που θρυμματίζουνε τις πόρτες του ύπνου.
Και το τελευταίο αντίο της παραμονής
Και οι τελευταίοι βηματισμοί στις υγρές πλάκες
Και το τελευταίο σου γράμμα
Στο παιδικό τετράδιο της αριθμητικής
Σαν του μικρού παραμυθιού το δίχτυ
Που τεμαχίζει με κάθετες μαύρες γραμμές
Του πρωινού χαρούμενου ήλιου την παρέλαση.

Στις 16 Φεβρουαρίου του '68, στο δεύτερο χρόνο της χούντας, εκτελέστηκε στο Σέιχ Σου, φωνάζοντας «μανούλα μου, είμαι αθώος», ο Αριστείδης Παγκρατίδης, που είχε καταδικαστεί σε θάνατο, παρά τα αδιάσειστα στοιχεία της αθωότητάς του που προέκυψαν από την ακροαματική διαδικασία και απ' όσα έκτοτε αποκάλυψε η δημοσιογραφική έρευνα.

Η σύλληψη του εικοσιτετράχρονου Αριστείδη, το Δεκέμβριο

του 1963, και η σκευωρία ενοχοποίησής του για εγκλήματα που έγιναν το 1959, έδρασε για την παρακρατική τότε αστυνομία της Θεσσαλονίκης ως καταλύτης στις συλλήψεις και φυλακίσεις των οργανωμένων παρακρατικών και αστυνομικών που συνεργάστηκαν στη δολοφονία του βουλευτή Γρηγόρη Λαμπράκη, το Μάη του 1963. Η σύλληψη ενός αθώου περιθωριακού ηδονοβλεψία και το φόρτωμα σ' αυτόν, με βασανιστήρια, τριών θανάτων, δύο τραυματισμών, του βιασμού μιας κοπέλας και της ληστείας των θυμάτων, έγινε μόνο και μόνο να ανυψωθεί το καταρρακωμένο κύρος της αστυνομίας.

Τρία χρόνια μετά την εκτέλεση του Παγκρατίδη, τον Αύγουστο του 1971, συνελήφθη άλλος «δράκος» του Σέιχ Σου, ο Ιωάννης Σερεσλής, που ομολόγησε απόπειρες ανθρωποκτονιών, βιασμούς και ληστείες σε βάρος δέκα περίπου ζευγαριών στο Σέιχ Σου, που τελέστηκαν στο ίδιο χρονικό διάστημα των εγκλημάτων που αποδόθηκαν στον Παγκρατίδη. Φήμες, ακόμη, που αιωρούνται στους παλιότερους Θεσσαλονικείς, αποδίδουν πολλές δρακικές ενέργειες της ίδιας εποχής σε νεαρό ψυχίατρο της Θεσσαλονίκης, γόνο παλιάς οικογένειας της πόλης, που είναι άγνωστο αν τον απέκρυψαν τα πολιτικοοικονομικά πλέγματα της εποχής ή η αδυναμία των διωκτικών υπηρεσιών να βρουν τον πραγματικό δράστη. Ένα πάντως είναι βέβαιο, ότι δράκος δεν υπήρξε στη Θεσσαλονίκη στην ένταση και έκταση που έδωσαν οι εφημερίδες, προκαλώντας πανικό στους Θεσσαλονικείς και δυσφημώντας στο πανελλήνιο ως δρακοβούνι έναν κατεξοχήν ερωτικό και ειδυλλιακό χώρο.

Τα διαπιστωμένα ερωτικά εγκλήματα έγιναν από άγνωστο νεκρόφιλο δολοφόνο, πέρα από τον κατάδικο Αριστείδη Παγκρατίδη, ο οποίος άδικα συκοφαντήθηκε από την αστυνομία και γνωστούς παιδεραστές, που κατέθεσαν στη δίκη ως ευυπόληπτοι πολίτες ότι είχαν διαφθείρει παιδί τον Αριστείδη. Εκτελέστηκε από τη χούντα, για να δείξει τη δήθεν ηθική της υπόσταση, σε μια εποχή που βασανίζονταν και φυλακίζονταν δημοκράτες αγωνιστές, αντίπαλοι στα εγκλήματά της κατά των ανθρωπίνων δικαιωμάτων και των συνταγματικών ελευθεριών.

Στο συνήθη χώρο των εκτελέσεων του Σέιχ Σου, λίγες μέρες μετά την εκτέλεση του Παγκρατίδη, το εκτελεστικό απόσπασμα σκότωσε την ίδια ώρα τους θανατοποινίτες Μιχάλη Σπυριδάκη και Δημήτρη Γιακουμάκη, τους τελευταίους εκτελεσμένους του Σέιχ Σου, αλλά και τα τελευταία θύματα της θανατικής ποινής στην Ελλάδα.

Σήμερα, αν και τη μυθολογία του τόπου επηρεάζει ακόμα η σκιά του δράκου, το Σέιχ Σου με τις εγκαταστάσεις θέας από το Καρατεπέ προς το Θερμαϊκό και τον κάμπο του Αξιού, το ξενοδοχείο *Φιλίππειο*, με τα κιόσκια γύρω από τις ελάχιστες πηγές των φυσιολατρών, τις ομάδες πυροπροστασίας από αγρυπνούντες πολίτες τα καλοκαίρια, προσελκύει εν ηρεμία και ασφαλεία ερωτευμένους και οικογένειες στα πεύκα και τα κέντρα γύρω από τον τουρμπέ ενός μουσουλμάνου αγίου και το τούρκικο χτίσμα της πηγής που έδωσε το όνομα στο δάσος, γνωστής με το όνομα Σέιχ Σου, δηλαδή το νερό του Σεΐχη. Στο ερείπιο της πηγής σώζεται λιθόγλυπτη τουρκική επιγραφή του 1760 για τον έρωτα που εμπνέει στους ερωτόπληκτους επισκέπτες της παραδείσιας θέας:

«Και αυτή η θέα του νερού της πηγής εμπνέει αναμφιβόλως εμπαθή έρωτα και εις αυτόν τον κάτοικον του παραδείσου. Ο με καρδίαν ερωτόληπτον επισκεπτόμενος την υψηλήν ταύτην θέαν αναγνωρίζει ότι η τιμή της εξωραΐσεως του μέρους τούτου ανήκει εις τον Σεΐχην...»

Στο θελκτικό τοπίο της πηγής υπήρχε η μονή του Αγίου Δημητρίου του Αρμογένη, που καταλήφθηκε μετά την άλωση της Θεσσαλονίκης από ζηλωτή δερβίση ο οποίος σκοτώθηκε στις λυσσώδεις επιθέσεις των Τούρκων προς τον πύργο του Τριγωνίου και θάφτηκε στο χώρο της χριστιανικής μονής, η οποία μετατράπηκε σε μουσουλμανικό προσκύνημα.

Πριν από την πηγή του Σεΐχη είναι το άγιασμα του Αγίου Παύλου όπου παλιότερα οι ερωτευμένοι τη μέρα της γιορτής του Πρωταποστόλου έριχναν μέσα στην πηγή μεταλλικά νομίσματα, εκεί που, κατά την παράδοση, ήπιε νερό και δίδαξε ο Παύλος κατά τη διέλευσή του από τη Θεσσαλονίκη.

Πάνω από την πηγή του Σεΐχη δεσπόζει το θέατρο Δάσους όπου χιλιάδες θεατές στις τσιμεντένιες κερκίδες και την υπερκείμενη πλαγιά είδαν με πανσέληνο τη Μελίνα Μερκούρη και την Τζένη Καρέζη ως Μήδειες, άκουσαν τον Μάνο Χατζηδάκι, τους ρεμπέτες της Θεσσαλονίκης, τον Νίκο Παπάζογλου, τον Δημήτρη Σγούρο και τον ογδοντάχρονο ρεμπέτη Γιώργο Κατσαρό, που ήρθε επιτούτου από την Αμερική για τη συναυλία των «Χειμερινών Κολυμβητών» με τον Αργύρη Μπακιρτζή.

Στις δυτικές παρυφές του Σέιχ Σου, σε έρημες αλάνες, αμπέλια και χωράφια, κοντά στους προσφυγικούς συνοικισμούς της Νεάπολης και της Βάρνας, στήθηκαν τη δεκαετία του '50 τα πρώτα αυθεντικά σκυλάδικα, για μάγκες και χασικλήδες που απόφευγαν τα μεταπολεμικά κέντρα διασκέδασης. Στην υποτυπώδη παράγκα-ταβέρνα οι λίγοι θαμώνες άκουγαν ρεμπέτικα από τον ιδιοκτήτη και μπουζουξή, ενώ δίπλα βρισκόταν μια φτωχή κάμαρα για περιστασιακή συνουσία των πελατών με την κοινή γυναίκα του σκυλάδικου.

Ο Ηλίας Πετρόπουλος, που ερεύνησε το περιφερειακό περιθώριο της Θεσσαλονίκης, θυμάται ως τυπικό δείγμα το σκυλάδικο του Τάκαρα στη Νεάπολη,

> *«όπου σύχναζαν μάγκες, ψευτόμαγκες, αρχιδόμαγκες, αρκουδόμαγκες, εργατικοί, νεαροί τσογλάνοι, τέως νταήδες, νταβατζήδες εν ενεργεία, μικροχασισέμποροι και, εν γένει, παιδιά της φάρας. Η παρουσία γυναικών και πούστηδων ήταν απαγορευμένη»*, γράφει. *«Αν έβλεπες εκεί θηλυκό, αυτό εσήμαινε ότι ήταν του γλυκού νερού. Με λίγα τάλιρα ο κάθε πελάτης μπορούσε να ξεχαρμανιάσει μαζί της, στη διπλανή καμαρούλα, όπου δεν υπήρχε παρά το απαραίτητο ντιβάνι».*

Εκτός από τα κρυμμένα σε ρεματιές και έρημα χωράφια σκυλάδικα και κρυφούς τεκέδες, μετά το δεύτερο πόλεμο λειτούργησαν στη Νεάπολη, στο δρόμο προς το Ρετζίκι και το Ασβεστοχώρι, εξοχικά κέντρα διασκέδασης με ευρωπαϊκή μουσική και λαϊκές κομπανίες. Στα ανακαινισμένα *Δειλινά*, σε μια από τις τελευταίες επισκέψεις του στη Θεσσαλονίκη, το 1966, έπαιξε και τραγούδησε ο Μάρκος Βαμβακάρης. Ήταν η δεκαετία που σκυλάδικα και ταπεινά ρεμπετάδικα ανακαλύπτονται από νέους, αριστερούς, διανοούμενους και γυναίκες, και στα πάλκα τους ξαναγυρίζουν οι παλιοί καλοί ρεμπέτες που ψωμοζητούσαν ή ξενιτεύτηκαν τα προηγούμενα χρόνια μετά τον Εμφύλιο.

Δυτικότερα, στη Βάρνα, ένα προσφυγικό καφενείο, ο *Πράσι-*

νος μύλος, εξελίχθηκε μετά τον πόλεμο σε διάσημη μπαρμπουτιέρα και λαϊκό κέντρο, όπου τραγουδήσαν, γράφοντας και το ομώνυμο τραγούδι, ο Μπάμπης Μαρκάκης και η Κατερίνα Καρόλ.

Μες στον Πράσινο το Μύλο
μου τα παίρναν ταχτικά,
μα τους τα 'χω πάρει πίσω
από μια καλή ζαριά.
....
Μου τα παίρναν και γυρνούσα
με τα πόδια απ' τις Συκιές
και δεν είχα να γουστάρω
στα μπουζούκια δυο πενιές.

Στη βόρεια πλευρά του Σέιχ Σου, κατά μήκος του ρέματος που συγκέντρωνε τα νερά της βόρειας πλαγιάς του, έφθαναν στο Ρετζίκι αρκετά ζευγάρια με αυτοκίνητα και λεωφορεία, αν και η διαδρομή για το Ασβεστοχώρι με τους καπνούς των ασβεστοκάμινων και το παλιό Σανατόριο, που εξελίχθηκε στο γιγαντιαίο νοσοκομείο «Γεώργιος Παπανικολάου», δεν ήταν ιδιαίτερα γοητευτική. Τον ανήλιο δρόμο έπαιρναν συνήθως φιλέρευνοι νέοι και εκδρομείς για το γειτονικό δάσος Κουρί και τα χαμηλώματα του Χορτιάτη, πρωτομαγιές και φθινόπωρα, αποκομίζοντας μετά την ορεινή ερωτική ανάβαση μπουκέτα και στεφάνια με κυκλάμινα, μενεξέδες και ανεμώνες.

ΕΠΙΛΟΓΗ ΒΙΒΛΙΟΓΡΑΦΙΑΣ

Περιλαμβάνει τα βασικά βοηθήματα και βιβλία, πεζογραφήματα, ποιητικές συλλογές, άρθρα και ρεπορτάζ από τα οποία παραθέτονται εδώ αποσπάσματα.

Αναγνωστάκης Μανόλης, *Τα ποιήματα*, δεύτερη έκδοση, Πλειάς, Αθήνα 1975.

Αναστασιάδης Γιώργος, *Αναζητώντας τη σύγχρονη πολιτική ιστορία της Θεσσαλονίκης*, πέντε κείμενα, Παρατηρητής, Θεσσαλονίκη 1990.

Ασλάνογλου Νίκος-Αλέξης, *Ο δύσκολος θάνατος*, ποιήματα, Νεφέλη, Αθήνα 1985.

Ασλάνογλου Νίκος-Αλέξης, *Τρία ποιήματα*, Νεφέλη, Αθήνα 1987.

Βακαλίδης Περικλής, *Μπέττυ*, Εξάντας, Αθήνα 1979.

Βακαλόπουλος Απόστολος, *Ιστορία της Θεσσαλονίκης*, Θεσσαλονίκη 1983.

Βακαλόπουλος Απόστολος, *Ιστορικές έρευνες έξω από τα τείχη της Θεσσαλονίκης*, «Παγκαρπία Μακεδονικής Γης», Εταιρεία Μακεδονικών Σπουδών, Θεσσαλονίκη 1980.

Βαμβακάρης Μάρκος, *Αυτοβιογραφία*, Εισαγωγή-παρουσίαση Αγγέλας Βέλλου-Κάιλ, Παπαζήσης, Αθήνα 1978.

Βαφόπουλος Γ.Θ., *Σελίδες αυτοβιογραφίας*, τόμ. Α΄ - Δ΄, εκδόσεις Βιβλιοπωλείου της Εστίας, Αθήνα 1970-1975, τόμ. Ε΄, Παρατηρητής, Θεσσαλονίκη 1991.

Βουρδουνιώτης Δημ., *Οι πύργοι της Θεσσαλονίκης*, Μακεδονικόν Ημερολόγιον, Θεσσαλονίκη 1968 (αναδημ. από το *Ημερολόγιο του Σκόκου*).

Butor M., *Θεσσαλονίκη 1990*, φωτογραφίες B. Plossu, F. Nunez, P. Devin, Άγρα, Αθήνα 1990.

Γερόλυμπου Αλέκα, Καλογήρου Νίκος, Τρακασοπούλου Κορνηλία, Χαστάογλου Βίλμα, *Λαδάδικα. Αναγνώριση της φυσιογνωμίας και προοπτικές διατήρησης ενός «ιστορικού τόπου»*, περ. «Θεσσαλονίκη», τρίτος τόμος, ΚΙΘ Δήμου Θεσσαλονίκης, Θεσσαλονίκη 1992.

Γούναρης Γιώργος, *Τα τείχη της Θεσσαλονίκης*, ΙΜΧΑ, Θεσσαλονίκη 1982.

Δημητράκος Βασίλης, *Κατάλυμα νέων ποιητών της Θεσσαλονίκης*, 1980-1989 (ποιητική ανθολογία), Μπιλιέτο, Θεσσαλονίκη 1991.

Δημητριάδης Βασίλης, *Τοπογραφία της Θεσσαλονίκης κατά την εποχή της Τουρκοκρατίας 1430-1912*, Εταιρεία Μακεδονικών Σπουδών, Θεσσαλονίκη 1983.

Δροσάκη Ελευθερία, *Εν Θεσσαλονίκη. Από τον πόλεμο, την κατοχή και την αντίσταση*, Οδυσσέας, Θεσσαλονίκη 1985.

Ενεπεκίδης Π.Κ., *Θεσσαλονίκη και Μακεδονία 1798-1912*, εκδόσεις Βιβλιοπωλείου της Εστίας, Αθήνα 1982.

Ενεπεκίδης Π.Κ., *Η Θεσσαλονίκη στα χρόνια 1875-1912*, Αφοί Κυριακίδη, Θεσσαλονίκη 1988.

Ζαφείρης Χρίστος, *Θεσσαλονίκης τοπιογραφία*, Εισαγωγή Ντίνος Χριστιανόπουλος, Φωτογραφίες Γιώργος Πούπης, Παρατηρητής, Θεσσαλονίκη 1990.

Ζησιάδης Λεωνίδας, *Θεσσαλονίκη, όσα θυμάμαι*, Παρατηρητής, Θεσσαλονίκη 1991.

Ζησιάδης Λεωνίδας, *Στη Θεσσαλονίκη, τότε*, Παρατηρητής, Θεσσαλονίκη 1993.

Ζωγραφάκης Γιώργος, *Λευκός Πύργος, ένα μνημείο - μια ιστορία - ένα σύμβολο*, Νέα Εστία, αφιέρωμα στη Θεσσαλονίκη, Χριστούγεννα 1985.

Θεσσαλονίκη από τα προϊστορικά μέχρι τα χριστιανικά χρόνια. Έκδοση Υπουργείου Πολιτισμού - ΤΑΠΑ, Αθήνα 1986.

Ιωάννου Γιώργος, *Η πρωτεύουσα των προσφύγων* (βλ. κεφ. «Θεσσαλονίκη - Αθήνα, μια ερωτική σύγκριση», σελ. 9-28), πεζογραφήματα, δεύτερη έκδοση, Κέδρος, Αθήνα 1984.

Ιωάννου Γιώργος, *Το δικό μας αίμα* (βλ. κεφ. «Σέιχ Σου», σελ. 147-155, «Η πλατεία του Αγίου Βαρδαρίου», σελ. 37-50), πεζογραφήματα, τρίτη έκδοση, Κέδρος, Αθήνα 1980.

Ιωάννου Γιώργος, *Για ένα φιλότιμο* (βλ. κεφ. «Τα εβραίικα μνήματα», σελ. 21-24, «Τα λαϊκά σινεμά», σελ. 17-20), πεζογραφήματα, δωδέκατη έκδοση, Κέδρος, Αθήνα 1980.

Ιωάννου Γιώργος, *Εφήβων και μη* (διάφορα κείμενα), πέμπτη έκδοση, Κέδρος, Αθήνα 1982.

Καζαντζής Τόλης, *Ενηλικίωση* (διηγήματα), Ερμής, Αθήνα 1980.

Καζαντζής Τόλης, *Το τελευταίο καταφύγιο* (διηγήματα), Νεφέλη, Αθήνα 1989.

Καμπούρη Ευαγγ., Μαυρουδή Ευδοξία, Τρακασοπούλου Κορνηλία, *Τα νεώτερα μνημεία της Θεσσαλονίκης*, Αρχαιολογία, τεύχ. 7, Μάης 1985.

Καραβιδόπουλος Ιωάννης, *Αποστόλου Παύλου Α΄ και Β΄ προς Θεσσαλονικείς επιστολές: οι απαρχές της χριστιανικής γραμματείας*. Συμπόσιο για τη χριστιανική Θεσσαλονίκη, ΚΙΘ, Δήμος Θεσσαλονίκης, Θεσσαλονίκη 1990.

Καραδήμου-Γερόλυμπου Αλέκα, *Η οικοδόμηση της Θεσσαλονίκης μετά την πυρκαγιά του 1917. Ένα ορόσημο στην ιστορία της πόλης και στην ανάπτυξη της ελληνικής πολεοδομίας*, έκδοση Δήμου Θεσσαλονίκης, Θεσσαλονίκη 1985-86.

Καφταντζής Γιώργος, *Θέατρο στα βουνά της Δυτικής Μακεδονίας τον καιρό της Κατοχής*, έκδοση περιοδικού *Γιατί*, Σέρρες 1990.

Κοκάντζης Νίκος, *Τζιοκόντα*, τέταρτη έκδοση, Κέδρος, Αθήνα 1975.

Κοκκαλίδου-Ναχμία Νίνα, *Βαρδάρι, το χθες και το σήμερα μιας λαϊκής γειτονιάς*, περιοδικό *Επιλογές* (εφημ. «Μακεδονία»), τεύχ. 32, Απρίλης 1985.

Κοκόλης Ξενοφών, *Η Θεσσαλονίκη στα ρεμπέτικα*, τ. «Η Θεσσαλονίκη μετά το 1912», (Πρακτικά συμποσίου 1-3 Νοεμβρίου 1985), ΚΙΘ, Δήμος Θεσσαλονίκης, Θεσσαλονίκη 1912.

Κοκόλης Ξενοφών, *Η Θεσσαλονίκη στα ρεμπέτικα*, 2. *12 τραγούδια για την πόλη, τους καημούς και τις γυναίκες της*. Μαριώ - Χονδρονάκος, ένθετο στο δίσκο 4593, Λύρα, 1991.

Κολώνας Βασίλης - Παπαματθαιάκη Λένα, *Ο αρχιτέκτονας Vitaliano Poselli. Τα έργα του*. Προλογίζει ο Γ. Ιωάννου, Παρατηρητής, Θεσσαλονίκη 1980.

Κοροβίνης Θωμάς, *Κανάλ ντ' Αμούρ*, περιοδικό *Οδός Πανός*, τεύχη 53 (Ιαν. - Φεβρ. 1991), 54 (Μαρτ. - Απρ. 1991), 55 (Μάιος - Ιούν. 1991).

Κορομηλά Μαριάννα, *Στο Βαρδάρι αγορασμένος έρωτας*, [ανατύπωση 21 καρτ ποστάλ, 1915-1919, με θέμα τους οίκους ανοχής στο Βαρδάρι και ενημερωτικό κείμενο], Πανόραμα, Πολιτιστική εταιρεία, Αθήνα 1985.

Κουζινόπουλος Σπύρος, *Η εκτέλεση της ειρήνης. Υπόθεση Νικηφορίδη*, Καστανιώτης, Αθήνα 1988.

Λαζανάς Βασίλειος, *Αρχαίοι Έλληνες Θεσσαλονικείς επιγραμματοποιοί*. Νέα Εστία, αφιέρωμα στη Θεσσαλονίκη, 2.300 χρόνια, Χριστούγεννα 1985.

Λαδόπουλος Βαγγέλης, *Δημήτρια, ένας θεσμός μέσα στο χρόνο*, Βάνιας, Θεσσαλονίκη 1989.

Λελάκης Γιώργος, *Η Θεσσαλονίκη στο ελληνικό τραγούδι*, Συνέχεια, Αθήνα 1992.

Μαργαρίτη Φωτεινή, *Διαδρομές του έρωτα μέσα στην πόλη. Η παρουσία της κακόφημης συνοικίας στην ποίηση του Καβάφη και του Χριστιανόπουλου*, Αντί, τεύχ. 239 (19.8.83).

Μελίκης Γιώργος, *Λαϊκοί οργανοπαίχτες και τραγουδιστές τραγουδούν τη Θεσσαλονίκη - Τραγούδια και σκοποί των προσφύγων της*, έκδοση Δήμου Θεσσαλονίκης, Θεσσαλονίκη 1985.

Μεταλλινού Αγγελική, *Αι γυναίκες του ελαφρού κόσμου της Θεσσαλονίκης. Από αρχαιοτάτων χρόνων μέχρι της σήμερον*, Θεσσαλονίκη 1944.

Μητροπούλου Κωστούλα, *Το παλαιοπωλείο στην Τσιμισκή*, Κέδρος, Αθήνα 1988.

Μόλχο Μικαέλ, *In Memoriam. Ἀφιέρωμα εις μνήμην των Ισραηλιτών θυμάτων του ναζισμού εν Ελλάδι*, δεύτερη έκδοση, Ισραηλιτική Κοινότητα Θεσσαλονίκης, Θεσσαλονίκη 1970.

Μοσκώφ Κωστής, *Θεσσαλονίκη 1700-1912. Τομή της μεταπρατικής πόλης*, Στοχαστής, δεύτερη έκδοση, Αθήνα 1987.

Μοσκώφ Κωστής, *Ο έρωτας σκέπει την πόλη...*, Νέα Εστία, Αφιέρωμα στη Θεσσαλονίκη, Χριστούγεννα 1985.

Μοσκώφ Κωστής, *Η κοινωνική συνείδηση στην ποίηση της Θεσσαλονίκης*, δοκίμιο, Θεσσαλονίκη 1978.

Μοσχόπουλος Ν., *Η Ελλάς κατά τον Εβλιά Τσελεμπή*, ΕΕΒΣ 16 (1930-40).

Μουτάφης Γιώργος, *Η οικονομική και κοινωνική δομή της Θεσσαλονίκης, 1929-1933. Μια προκαταρκτική εξέταση*. «Θεσσαλονίκη» ΙΙ, ΚΙΘ, Θεσσαλονίκη 1990.

Μουτσόπουλος Νίκος, *Θεσσαλονίκη 1900-1917*, Μόλχο, Θεσσαλονίκη 1980.

Μπακαλάκης Γιώργος, *Ιερό Διονύσου και φαλλικά δρώμενα στη Θεσσαλονίκη*, 3ο συνέδριο για την αρχαία Μακεδονία, ΙΜΧΑ, Θεσσαλονίκη 1983.

Μπακιρτζής Χαράλαμπος, *Η θαλάσσια οχύρωση της Θεσσαλονίκης (παρατηρήσεις και προβλήματα)*, Βυζαντινά, τόμ. 7ος, Θεσσαλονίκη 1975.

Μπακιρτζής Χαράλαμπος, *Περί του συγκροτήματος της Αγοράς Θεσσαλονίκης*, 2ο συνέδριο για την Αρχαία Μακεδονία, ΙΜΧΑ, Θεσσαλονίκη 1977.

Μπακιρτζής Χαράλαμπος, *Πεζά κείμενα με τίτλο αρχαιολογικαί μελέται*, Νέα Πορεία, Θεσσαλονίκη 1978.

Μυριβήλης Στρατής, *Η ζωή εν τάφω. Το βιβλίο του πολέμου*, 27η έκδοση, εκδόσεις του Βιβλιοπωλείου της Εστίας, Αθήνα 1990.

Ναρ Αλμπέρτος, *Οι συναγωγές της Θεσσαλονίκης. Τα τραγούδια μας* (μελετήματα γύρω από την ιστορία και παράδοση των Εβραίων της Θεσσαλονίκης), Ισραηλιτική Κοινότητα Θεσσαλονίκης, Θεσσαλονίκη 1985.

Οδηγός της Θεσσαλονίκης, 1930-32, SHELL.

Παπαϊωάννου Γιάννης, *Ντόμπρα και σταράτα* (αυτοβιογραφία), Κάκτος, Αθήνα 1982.

Παπαϊωάννου Κώστας, *Ο «δράκος» του Σέιχ Σου. Ένας αθώος στο απόσπασμα*, 6 (ντοκουμέντο), Ποντίκι, Αθήνα 1988.

Πεντζίκης Νίκος Γαβριήλ, *Μητέρα Θεσσαλονίκη*, Κέδρος, Αθήνα 1970.

Πεντζίκης Νίκος Γαβριήλ, *Το μυθιστόρημα της κυρίας Έρσης*, ΑΣΕ, Θεσσαλονίκη 1978.

Περπερή Κ.Θ., *Παλιά Θεσσαλονίκη*, Θεσσαλονίκη 1973.

Πετρόπουλος Ηλίας, *Παλιά Θεσσαλονίκη*, Κέδρος, Αθήνα 1980.

Πετρόπουλος Ηλίας, *Ρεμπέτικα τραγούδια*, εικονογράφηση Αλέκου Φασιανού, δεύτερη έκδοση, Κέδρος, Αθήνα 1983.

Πετρόπουλος Ηλίας, *Το μπουρδέλο*, δεύτερη έκδοση, Γράμματα, Αθήνα 1980.

Πετρόπουλος Ηλίας, *Πτώματα, πτώματα, πτώματα...*, Νεφέλη, Αθήνα 1990.

Πετρόπουλος Ηλίας, *Ρεμπετολογία* (σχέδια Α. Καναβάκη), περιοδικό *Ιχνευτής*, τεύχ. 51, Ιανουάριος 1990.

Πετρόπουλος Ηλίας, *Το Άγιο Χασισάκι, δεκαοχτώ κείμενα για τον υπόκοσμο*, προμετωπίδα Α. Φασιανού, Νεφέλη, Αθήνα 1991.

Πλαστήρας Κώστας, *Τάκης Βαρβιτσιώτης, ένας περιπαθής του έρωτα και του θανάτου. «Η Θεσσαλονίκη» 1*, ΚΙΘ, Δήμος Θεσσαλονίκης, Θεσσαλονίκη 1985.

Ροδοκανάκης Κωνσταντίνος-Χριστόφορος. *Ιστορίες μιας χαμένης γειτονιάς - αναπαλαίωση με παραλλάξεις*, αυτοέκδοση, Θεσσαλονίκη 1988.

Σαιν-Μαρτέν Κατερίνα, *Λαμπράκηδες. Ιστορία μιας γενιάς*, Πολύτυπο, Αθήνα 1984.

Σατραζάνης Αντώνης, *Η λαϊκή πλατεία Βαρδάρη μέσα από τρεις πεζογράφους της Θεσσαλονίκης*: Ντίνος Χριστιανόπουλος, Νίκος Γαβριήλ Πεντζίκης, Τόλης Καζαντζής, τ. «Η Θεσσαλονίκη μετά το 1912», ΚΙΘ, Δήμος Θεσσαλονίκης 1986.

Σατραζάνης Αντώνης, *Η πλατεία «Αγίου Βαρδαρίου» και ο Γιώργος Ιωάννου*, Παρατηρητής, τ. 8, Οκτώβρης 1988.

Σατραζάνης Αντώνης, *Η πλατεία Βαρδάρη στο πεζογραφικό έργο του Γιώργου Ιωάννου*, «Θεσσαλονίκη», τρίτος τόμος, ΚΙΘ, Θεσσαλονίκη 1992.

Σατραζάνης Αντώνης, *Η ιδεολογία της πόλης στη λογοτεχνία – Η περίπτωση των λαϊκών σινεμά στο πεζογραφικό έργο του Γιώργου Ιωάννου*, περιοδικό *Γιατί*, τεύχ. 201, Μάης 1992.

Satrazanis Antoine - Manakou Voula, *La transformation urbaine de l' espace de Thessaloniki - dans l' oeuvre de Dinos Christianopoulos et Giorgos Ioannou*, «Θεσσαλονίκη» ΙΙ, ΚΙΘ, Θεσσαλονίκη 1990.

Satrazanis Antonis, *Le theme de la ville dans «l' Ecole de Thessalonique»* (διδακτορική διατριβή στο πανεπιστήμιο Sorbonne - Paris IV), Paris 1992.

Σερέφας Σάκης, *Η πλατεία Ελευθερίας στα 1916-17. Μαρτυρίες εποχής πίσω από την τζαμαρία ενός ζαχαροπλαστείου*, Επιλογή κειμένων, *Εντευκτήριο*, τεύχ. 11, Ιούνης 1990.

Σερέφας Σάκης, *Η Θεσσαλονίκη εξ αποστάσεως (βλέμματα από τα χρόνια του μεγάλου πολέμου 1914-1919*). Μεταφρασμένες μαρτυρίες με εισαγωγή και σχόλια, *Εντευκτήριο*, Θεσσαλονίκη 1991.

Σερέφας Σάκης, *Φιλμογραφία της Θεσσαλονίκης*, *Εντευκτήριο*, Θεσσαλονίκη 1992.

Σουλιώτης - Νικολαΐδης Αθανάσιος, *Ο Μακεδονικός Αγών - «Η Οργάνωση Θεσσαλονίκης»* 1906-1908, Απομνημονεύματα, ΙΜΧΑ, Θεσσαλονίκη 1984.

Σταμπουλής Γιώργος, *Η ζωή των Θεσσαλονικέων πριν και μετά το 1912*, Λαογραφία - ήθη - έθιμα, Διόσκουροι, Θεσσαλονίκη 1984.

Στεργίου Αγγελική, *Καλαμαριά, Μνήμη και φως*. Έκδοση Δήμου Καλαμαριάς, Θεσσαλονίκη 1993.

Σχινάς Νικόλαος Θ., *Οδοιπορικαί σημειώσεις Μακεδονίας, Ηπείρου, Νέας Οριοθετικής Γραμμής και Θεσσαλίας συνταχθείσα τη εντολή του επί των στρατιωτικών υπουργού*, Αθήναι, Messager d' Athenes, 1887.

Τασούλας Μανόλης, *Σεβάς Χανούμ, η ιστορία μιας τραγουδίστριας*, Οδός Πανός, Αθήνα 1992.

Τομανάς Κώστας, *Τα καφενεία της παλιάς Θεσσαλονίκης*, Εκδοτική Ομάδα, Θεσσαλονίκη 1990.

Τομανάς Κώστας, *Οι ταβέρνες της παλιάς Θεσσαλονίκης*, Εξάντας, Αθήνα 1991.

Τομανάς Κώστας, *Οι κάτοικοι της παλιάς Θεσσαλονίκης*, Εξάντας, Αθήνα 1992.

Τσελεμπί Εβλιά, *Ταξίδι στην Ελλάδα.* Έρευνα - Λογοτεχνική απόδοση: Νίκος Χειλαδάκης, Εκάτη, Αθήνα 1991.

Χαραλάμπους Μαρίνος, *Συνομιλία με τους ανέμους.* Εποχή πρώτη, Διηγήσεις, Τα τραμάκια, Θεσσαλονίκη 1991.

Χαστάογλου Βίλμα, Καραδήμου-Γερόλυμπου Αλέκα, *Θεσσαλονίκη 1900-1940. Από τον κοσμοπολιτισμό στη νεοελληνική πόλη*, τ. «Η Θεσσαλονίκη μετά το 1912», ΚΙΘ, Δήμος Θεσσαλονίκης 1986.

Χατζή Ιωάννου Μιχαήλ, *Αστυγραφία Θεσσαλονίκης, ήτοι τοπογραφική περιγραφή της Θεσσαλονίκης*, εν Θεσσαλονίκη 1880, δεύτερη έκδοση, Νέα Πορεία, Θεσσαλονίκη 1976.

Χατζηδουλής Κώστας, *Βασίλης Τσιτσάνης, η ζωή μου, το έργο μου*, Νεφέλη, Αθήνα 1979.

Χριστιανόπουλος Ντίνος, *Τα ποιήματα*, Διαγώνιος, Θεσσαλονίκη 1985.

Χριστιανόπουλος Ντίνος, *Νεκρή πιάτσα* (πεζά ποιήματα), τρίτη έκδοση, Διαγώνιος, Θεσσαλονίκη 1990.

Χριστιανόπουλος Ντίνος, *Το επ' έμοι* (δοκίμια), περιοδικό *Εκηβόλος*, τεύχ. 16-17, Αθήνα, Φθινόπωρο 1987, και (ξαναδουλεμένη έκδοση) εκδόσεις Μπιλιέτο, Αθήνα 1993.

Χριστιανόπουλος Ντίνος, *Ο συγγραφέας Γιώργος Ιορδάνου και το βιβλίο του για το Γεντί Κουλέ*, *Εντευκτήριο*, τεύχ. 1, Οκτώβρης 1987.

Χριστιανόπουλος Ντίνος, *Δώδεκα τραγούδια*, εικονογραφημένα με ξυλογραφίες του Νίκου Νικολαΐδη, Διαγώνιος, Θεσσαλονίκη 1984.

Χριστιανόπουλος Ντίνος, *Η πόλη μου Θεσσαλονίκη* (συνέντευξη στο περιοδικό *Ταχυδρόμος*), τεύχ. 30, 22 Ιουλίου 1992.

Χρυσοχόου Ιφιγένεια, *Ξεριζωμένη γενιά. Το χρονικό της προσφυγιάς στη Θεσσαλονίκη*, Φιλιππότης, Αθήνα 1981.

ΠΗΓΕΣ ΦΩΤΟΓΡΑΦΙΩΝ

Κέντρο Ιστορίας Θεσσαλονίκης του Δήμου Θεσσαλονίκης (ΚΙΘ)
Λαογραφικό και Εθνολογικό Μουσείο Μακεδονίας (ΛΕΜΜ)
Αρχείο Άρη Παπατζήκα (Αρχείο Α.Π.)
Αρχείο Πολιτιστικής Εταιρείας «Πανόραμα»
Συλλογή περιοδικού «ΓΙΑΤΙ»
Συλλογή Ασπιώτη-ΕΛΚΑ
Συλλογή Χρίστου Ζαφείρη

Στοιχειοθεσία: Εργοεκδοτική
Φωτολιθογραφική επεξεργασία: Διάγραμμα
Καλλιτεχνική επιμέλεια: Μαρία Βεϊοπούλου
Διόρθωση κειμένου: Αλεξάννα Τριανταφύλλου
Τυπογραφείο: Άγγελος Ελεύθερος
Α΄ έκδοση: Δεκέμβριος, 1993